Geliebte Küche

Elfie Casty

Geliebte Küche

Ein Kochbuch für Geniesser

8. Auflage

Gestaltung: Albi Brun, Chur
Photos: Andreas Joos, Chur
Satz: OD Offsetdruck Chur AG, Chur
Lithos: Offset-Repro AG, Zürich
Druck: Neidhart + Schön AG, Zürich
Bindung: Buchbinderei Burkhardt AG, Mönchaltorf ZH

ISBN 3-905273-01-2

Inhalt

Für meine liebe Mutter, die mich gelehrt hat, das Echte vom Unechten zu unterscheiden.

Der Geist bringt Sterblichen die Liebe,
Der Magen aber bringt das Glück.

(J. - C. Dorat)

Haben Sie gewusst,

dass Kochen etwas mit Glücklichsein zu tun hat,

wo der Wunsch zum Spiel Wirklichkeit werden darf?

Meine Kochphilosophie

Kochen und **Glücklichsein** — ist es nicht reizvoll, das Handwerk Kochen einmal unter einem völlig neuen Aspekt zu betrachten? Und nachzulesen, wie sich das Bekenntnis zu einer besonderen Liebe anhört, die Kochen und Küche heisst, und was sich daraus machen lässt? Wie ein langer Brief hört es sich an, in aller Konsequenz. Aus Lust an der Sache und Ihnen zur Freude.
Wie der Titel vermuten lässt, ist mein Buch zu einem ungewöhnlichen Kochbuch geworden. Nicht nur, weil die Liebe zur Küche spürbar wird, nicht nur, weil es durch und durch vom Individuellen lebt, sondern besonders deshalb, weil es gelesen sein will: Zu einem Kochbuch zum Lesen nämlich, was wahrhaftig und wörtlich zu verstehen ist. Und weil Sie mit dem Lesen schon begonnen haben, sollten Sie auch dabei bleiben. Es wird mit Sicherheit auf eine lange Reise gehen, die über unbekannte Pfade, über schmale Brücken und manchmal auch über schwierige Hindernisse führt. Am Ende aber kennen Sie eine engagierte, ursprüngliche Küche, die zwar nicht alltäglich, jedoch bei echtem Einsatz zu verwirklichen ist.

Am Anfang steht meine **Kochphilosophie,** die geistige Grundlage, auf der alles aufgebaut ist. Dann folgt die handwerkliche Voraussetzung, das **Werkzeug,** welches zur Zubereitung der Gerichte nötig ist, ehe im anschliessenden Kapitel die **Küchensprache** beides zu einer Einheit findet. Sobald Sie die Rezepte zu lesen verstehen, führt der Weg über **Einkauf** und **Produkte** hin zu den **Grundzubereitungen,** die als Basis für die Gerichte unerlässlich sind. Erst im letzten Kapitel begegnen Sie zwölf **Menus,** die sich nach Lust und Laune erweitern, reduzieren oder gar verändern lassen — mit einem Wort: Spielen Sie!

Das Buch ist zu einer leisen Botschaft herangewachsen, für Menschen, die meine Sprache verstehen können. Es ist gemacht mit Liebe, die zweifelsohne zu meiner Küche gehört, ohne die ich mich kaum jemals an den Herd gestellt hätte. Aber lässt sich mit Worten überhaupt beschreiben, was Liebe zur Küche bedeutet? Meint es die Hingabe an ein Handwerk, das Hineinfühlen in Produkte, ein Gefühl des Glücks aller Anstrengungen zum Trotz, das Streben nach vollkommener, geschmacklicher und ästhetischer Harmonie oder die Vorfreude, jemanden mit einem schönen Essen eben an dieser Freude teilhaben zu lassen?
Gewiss kann dieses Buch nicht für Menschen geschrieben sein, die, immer in Eile, sich aus Notwendigkeit ernähren, und auch nicht für jene, die so tun, als wäre Essen gar eine Sünde. Es ist gedacht für eine Handvoll Menschen, welche der unantastbaren Überzeugung sind, dass Essen die wundervollste Sache der Welt sein kann. Für Menschen auch, die den Tisch

zum Ort der Begegnung und der Freundschaft bestimmen und die wissen, dass gerade solche Freundschaft Wärme, Geborgenheit und glückliche Augenblicke schenkt. Werte also, welche wir nie missen möchten und auf die wir wohl kaum jemals verzichten können. Es ist aber auch ein Buch für jene, denen Kochen etwas fast unverschämt Schönes bedeutet und die spüren, dass Kochen nicht nur ein schöpferisches Handwerk ist, das unzählige Möglichkeiten zum Experimentieren und Spielen lässt, sondern ebenso eine Angelegenheit des Herzens, der Sensibilität und der Zärtlichkeit. Wer die Küche wirklich liebt, wird dies erleben dürfen.

Küche ist aber auch ein Stück Natur. Grosse Köche haben nach *der* ästhetischen Vollkommenheit und Harmonie gesucht, die in der Natur beginnt und in der Natur endet. Sie haben es verstanden, die Bewusstmachung einer subtilen Küche zu erreichen, die von verblüffender, raffinierter Einfachheit und Transparenz ist. Lassen wir diese Bewusstmachung zu, denn nur so kann jene Lehre verstanden werden, die, wie ich meine, unter einem völlig falschen Namen um die Welt ging. Der Begriff **Neue Küche** hat in der Tat viel Verwirrung geschafft. Vor allen Dingen bei den Menschen, die sich darunter nichts Weltbewegendes vorstellen konnten. Und es waren nicht wenige, die aus der Distanz, sehr misstrauisch sogar, eine Entwicklung beobachteten, die nirgends eingeordnet — höchstens zugeordnet — werden konnte. An sich sind damals sehr einfache und logische Dinge geschehen. Leicht erklärbare auch, wenn man zunächst festhält, dass es niemals galt, eine **Neue Küche** zu erfinden, als sie vielmehr neu zu entdecken, zu verfeinern, leichter zu machen und sich dabei alter Traditionen zu besinnen. Dies haben grosse Köche getan, und eine kulinarische Revolution nahm ihren Anfang. Doch nicht diese substantielle Änderung allein verursachte jene eigenartige Wirkung auf das öffentliche Bewusstsein, sondern die plötzlich aufbrechende Erkenntnis, dass auch in der Küche eine Entwicklung möglich ist. Eine erstaunlich späte Einsicht, wo doch der Herd das historisch gewachsene Zentrum der menschlichen Kultur darstellt. Einer an sich sehr natürlichen Entwicklung wurde jedoch ganz unvermittelt *die* Bedeutung beigemessen, mit der über Jahre hinweg ein fast weltanschaulicher Kult getrieben wurde. Und weil Mode bekanntlich mitreisst, konnte geschehen, dass sich auch Inkompetente und Nachbeter an das Thema des vieldiskutierten neuen Stils der französischen Küche wagten – ihnen vor allen Dingen muss zum Vorwurf gemacht werden, wesentliche Aussagen unterlassen zu haben! Im Taumel zwischen Entenleber und schwarzen Trüffeln haben sie nämlich versäumt, nach der Philosophie, nach dem Zugrundeliegenden zu forschen. Nur derart konnte dieser Küche unterstellt werden, wenigen privilegierten Menschen vorbehalten zu sein. Welch ein Irrtum! Entenleber und Trüffeln (auch die weissen) sind zwar herrliche Produkte, doch stehen sie lediglich als Stellvertreter für einen Aufbruch in einer Zeit, in der vieles andere auch in Bewegung geraten war. Eine kaum zu überbietende Köstlichkeit sind mit Sicherheit auch selbstgemachte Nudeln mit frischer Butter und dem besten Parmigiano Reggiano.

Heute wird der Tod der **Neuen Küche** verkündet, und man feiert höchst vergnügt eine Auferstehung – es lebe **Grossmutters Küche**! Die sich wiederholende Geschichte beweist die Regel, obwohl Akzente klug verschoben werden. Bei vielen Menschen besteht heute ein unterschwelliges Bedürfnis, sich der guten alten Zeit zu erinnern, wo vieles noch seine scheinbare Ordnung hatte; sie klammern sich vielleicht an die leise Hoffnung, die Welt könnte eines

Tages wieder in Ordnung sein. Ein Wunschdenken, das angesichts der weltweiten Unruhe durchaus verständlich ist. Und weil nostalgische Gefühle nicht allzu tief sitzen und sich gerne streicheln lassen, sind wir empfänglich für neue Strömungen und die Forderung, alles müsse wieder herzhaft und deftig schmecken – eine sentimental natürliche Reaktion. Wir sind heute genau so empfänglich wie damals. Doch heute wie damals ist die neue Doktrin nur als ein Spiegel der Zeit zu verstehen, in der wir gerade leben. Wie es niemals galt, eine **Neue Küche** zu erfinden, braucht auch **Grossmutters Küche** keine lautstarke Verkündung – die Küche unserer Grossmütter hat ohnehin nie aufgehört zu existieren!
Wer aus der Vergangenheit lernt, weiss deshalb kritisch zu differenzieren und muss eine eigenartige Übereinstimmung spüren. Der gekonnte Brückenschlag zwischen **Neuer** und **Grossmutters Küche** verleiht ersterer bloss jene Glaubwürdigkeit, welche ihr gerechterweise zusteht. Etwas anderes als eine durchschaubare Art des Kochens mit frischen, natürlichen Produkten war die **Neue Küche** nie. Sie hätte es deshalb schon längst verdient, unter dem Begriff **natürliche, ehrliche Küche** in unser Bewusstsein vorzudringen. (Der Tod der **Neuen Küche** braucht demnach nicht beweint zu werden; denn etwas, was immer lebendig ist, kann nie vergänglich sein!) Tatsache ist, dass unsere Grossmütter weder die frischen Erdbeeren an Weihnachten noch die wohlverpackten und geschickt propagierten Angebote in unseren Supermärkten kannten. Alles was ihnen zur Verfügung stand, waren die Produkte, welche eine nahezu intakte Natur mit ihren Jahreszeiten zur Verfügung stellte (und einige uralte Konservierungsmethoden). In diesem Sinne wussten sie wahrhaftig um das Geheimnis einer natürlichen, ehrlichen Küche. Allein die Bestimmung der Ernährung hat sich im Laufe der Zeit geändert. Während sie früher oftmals auch eine Sache des Überlebens war, wurde sie für uns darüber hinaus zu einem wichtigen Instrument, das gemacht ist, unsere Lebensfreude zu stimulieren.

Zu dieser Einsicht haben mich unter anderem auch die Gäste gebracht, damals, zur Zeit im *Landhaus.* Und zu weit mehr noch: nämlich zu der Idee, dieses Buch zu schreiben. Nicht allein, um Sie meine Küche zu lehren, sondern auch, um Dinge loszuwerden, die mir auf der Seele sitzen.
In Gesprächen mit Gästen wurde beispielsweise stets eine leise Bewunderung spürbar, die sie dem Kochen als Kunst und jedem Koch als Künstler entgegenbrachten. Für sie scheinen Welten zu bestehen zwischen der eigenen Alltagsküche und unserem schöpferischen Handwerk. Bestehen sie wirklich? Ist diese Art zu kochen tatsächlich eine Kunst – oder hat es vielleicht etwas mit einer Grundhaltung zu tun? Ich selbst habe mich jedenfalls nie als Künstlerin verstanden, sondern ganz einfach immer nur gewusst, dass mit Geduld und Liebe zur Sache, mit einer Prise Begabung und einer gesunden Dosis Ehrgeiz, mit einem sicheren Gefühl für schöne Dinge und einem natürlichen Hang zur Perfektion überdurchschnittliche Leistungen möglich werden. So gesehen braucht das schöpferische Handwerk Kochen nicht den ausgebildeten Koch, sondern allein den engagierten Menschen. Es erübrigt sich deshalb, in diesem Buch den professionellen Koch vom Amateur oder die Frau vom Mann zu unterscheiden, obschon Differenzen auszumachen wären. Solche Begriffe sind gegenseitig austauschbar, weil ehrliches Kochen den Engagierten vom Nicht-Engagierten ohnehin trennt. Sie sollten an dieser Aussage nicht zweifeln, sondern bedenken, dass ich selbst Kochen nie gelernt und zu

keiner Zeit in einer anderen als der eigenen Küche gestanden habe. Diese klare Tatsache beweist, dass hinter meiner Art zu kochen nichts anderes steckt als Leidenschaftlichkeit, die allerdings das Wissen miteinschliesst, dass Kochen, abgesehen von einer grossen Hingabe, vor allen Dingen frische und schöne Produkte (die man manchmal zwar suchen muss, aber finden kann) und die notwendigen Kenntnisse von Zubereitungsarten und Handgriffen voraussetzt, welche ziemlich leicht erlernbar sind. So beginnt die leise Besessenheit bei der kompromisslosen Liebe zur Küche und führt hin zu der Ehrfurcht vor dem Produkt, zur Einsicht auch, dass weniger oft mehr sein kann und dass eine besondere Lebensphilosophie mit zu den Dingen gehört, deren Grundlage die Liebe zur Einfachheit und Natürlichkeit ist.

Doch was bedeutet dies? Wie kann diese geistige Grundhaltung über- und umgesetzt werden? Welchen Stellenwert hat die **Geduld** in unserer schnell-lebigen Zeit? Ist sie zugegen, wenn es darum geht, einen Fond leise vor sich hinköcheln zu lassen? Was bedeutet die **Liebe zur Sache**? Meint es die Berührung mit dem Produkt, das liebevoll behandelt werden will? Wie ist die gesunde Dosis Ehrgeiz auszulegen? Vielleicht als Wunsch, sich selbst beweisen zu wollen, wo genau einem die Grenzen gesetzt sind? Was ist der natürliche **Hang zur Perfektion**? Ist er mit der Suche nach Vollkommenheit übersetzbar? Sind die Prise Begabung und das sichere Gefühl für schöne Dinge erlern- und die Leidenschaftlichkeit erklärbar? Müssen nicht all diese Voraussetzungen *in* uns sein, damit wir uns grundsätzlich – in irgendeiner Form – engagieren können? Ist echtes Engagement nicht stets eine Sache des Herzens *und* des Intellekts? Fragen über Fragen, auf die es im Grunde nur eine Antwort gibt: Lieblosigkeit und Gedankenlosigkeit haben, was immer man tut, noch nie zu einem glücklichen Resultat geführt. Diese einfache Feststellung ist in ihrer Konsequenz auch die Öffnung zu einem Handwerk, wie es das Kochen ist.

Wem solche Gedanken unter die Haut gehen, riskiert auf die Dauer viel Kraft zu verlieren. Genau dies ist damals mit mir geschehen. Die Trennung von unserem *Landhaus* ist nicht leichtgefallen, denn wem Kochen so viel Vergnügen macht, kann auch nicht so schnell darauf verzichten. Also muss die Idee **Kochen mit Elfie Casty** eine eigentlich sehr logische Sache gewesen sein. Nicht etwa, weil die Kochschule zu meinem neuen Beruf werden sollte, sondern da war noch immer die grosse Lust an der Arbeit. Und da war auch ein kleiner Kreis, neugierig genug, um mitzumachen. Ein kleiner Kreis, von dem ich wusste, dass er mit leiser Bewunderung Kochen als Kunst und jeden Koch als Künstler betrachtete und von daher glaubte, der Weg zu dieser Küche müsste versperrt bleiben. Kann es erstaunen, dass ich unter diesen Voraussetzungen mein Wissen weitergeben und das Gefühl für Machbarkeit vermitteln wollte? Die Kochkurse führten zu Begegnungen, die, weil sie in der Intimität eines Privathauses stattfanden, besonders aufschlussreich waren. Die Arbeit mit meinen Schülern hat erstens bewiesen, dass dieser Küche durchaus ein Platz im Alltag zusteht, weil nämlich ihre Prinzipien völlig unabhängig vom Produkt sind. Dann konnte nicht ausbleiben, dass die Gespräche das eigenwillige Konzept in diesem Buch bestimmten, weil schliesslich der ständige Wunsch nicht überhörbar blieb, mit dieser Küche sich selbst und andere Menschen glücklich zu machen. Auf jeden Fall waren sie bei mir, die Lernbegierigen, und haben dazu beigetragen, dass dieses Buch in dieser Form entstanden ist.

Die in direktem Zusammenhang entstehenden Fragen konnten nicht ausbleiben. **Welche Küchengeräte sind notwendig? Wie wirkt und zu was dient ein Wasserbad? Gibt es Grundsätze beim Abwandeln der Rezepte zu beachten, und nach welchen Regeln ist ein Menu zusammenzustellen? Was ist beim Einkauf wichtig? Ist es möglich, mehrere Gänge zu kochen und trotzdem entspannt mit der Familie oder den Freunden zusammen den Abend zu geniessen?** Auf alle diese Fragen versuche ich Antwort zu geben, wiewohl ich weiss, dass es in der Kunst nie allgemeingültige Erkenntnisse gibt, jedenfalls ganz gewiss nicht beim Kochen. Und das ist gut so.

Es versteht sich von selbst, dass unter all diesen Voraussetzungen mein Buch nicht zu einem Rezeptbuch im üblichen Sinne werden konnte. Rezeptbücher gibt es in Fülle. Das Buch lehrt Sie vor allen Dingen *die* Küche, wie ich sie verstehe. Dass es im Konzept zu Menus hinführt, ist – im Anschluss an meine Erfahrungen in den Kochkursen – eine sehr logische Entwicklung, der ich mich nicht entziehen konnte. Was nun allerdings in keiner Weise bedeutet, dass meine Küche nur in Form von Menus und in Verbindung mit kostbaren Produkten machbar ist. Schon ein einzelnes Gericht oder auch nur eine Idee kann sehr viel Freude machen. Was Sie vor sich liegen haben, ist ein Kochbuch zum Lesen, das Sie irgendeinmal spüren lassen soll, dass Kochen etwas zu tun hat mit einem ganz bestimmten Gefühl an einem ganz bestimmten Tag, mit Glücklichsein auch, wo der Wunsch zum Spiel Wirklichkeit werden darf, kurz: mit Lebenskunst! Bevor ich Sie jedoch lehre, dieses Spiel zu spielen, braucht es Ihre Geduld und ungeteilte Aufmerksamkeit.

Wie ein Bildhauer ohne guten Meissel nicht arbeiten kann,
können Sie ohne gutes Werkzeug nicht kochen.

Das Werkzeug

Eigenartigerweise ist die Küche das Stiefkind vieler Privathaushalte. Die meisten unter Ihnen müssen in Küchen arbeiten, die von Architekten der praktischen Vernunft in der Annahme geplant wurden, es gelte ohnehin bloss Nahrung zuzubereiten, Sie würden sich darin bestimmt zurechtfinden. Nur in Glücksfällen und auf Grund eigener Initiative verfügen Sie folglich über genügend Abstellflächen, grosszügig konzipierte, mit zahlreichen Steckdosen versehene Stellplätze für notwendige Apparate (denn was sollen diese im Schrank?) und ausreichende Arbeitsflächen mit guter Beleuchtung. Bei Kochplatten wie Backöfen ist in erster Linie eine gleichmässige Wärmeabgabe für gutes Gelingen entscheidend. Kontrollieren Sie hin und wieder mit einem geeigneten Thermometer, ob im Zentrum des Backofens wirklich die gewünschte Hitze entsteht, wobei vorausgesetzt werden darf, dass die Backofentür absolut dicht schliesst.
Genügend Raum und richtig eingestellte Temperatur zeichnen auch einen guten Kühlschrank aus. Für gewisse Dinge ist ein Gefrierfach unerlässlich; es verletzt keineswegs die Prinzipien der Ehrlichkeit. Und wer jemals Jus oder Fond gemütlich vor sich hinköcheln liess, wird die Dienste eines leistungsstarken Ventilators (Dunstabzug) nicht mehr missen wollen, sofern trotzdem ein Gespräch in der Küche möglich bleibt. Leider haben nur wenige die Möglichkeit, in einer Traumküche zu arbeiten. Erfreulicherweise – und für uns alle tröstlich – werden hervorragende Ergebnisse dann erzielt, wenn auf die Wahl der eigentlichen Küchenwerkzeuge besonders grosse Sorgfalt und Qualitätsbewusstsein verwendet wird.

Wie ein Bildhauer ohne guten Meissel nicht arbeiten kann, können Sie ohne gutes Werkzeug nicht kochen – im Grunde eine sehr logische Feststellung. Und dennoch habe ich während den Kochkursen erfahren, dass es den meisten Menschen leichter fällt, hochwertige und kostspielige Produkte zu beschaffen, als irgendeinen Aufwand für dauerhafte Küchenutensilien zu betreiben. Nach gutem Werkzeug steht ihnen nicht der Sinn – wer weiss weshalb nicht! So wird dieses gedankenlos, im Vorübergehen und mit der linken Hand eingekauft, so,als wäre es zwar eine Notwendigkeit, jedoch ohne Bedeutung. Weil nun aber Funktionalität und Qualität des Werkzeuges massgeblich die Resultate in Ihrer Küche bestimmen, wirkt die offensichtliche Gedankenlosigkeit befremdend. Nur so kann ich mir einen Reim auf die Tatsache machen, dass Teigschüsseln aus Porzellan, Edelstahlschneebesen, geschliffene Messer und sinnvolle Kochtöpfe in jedem Kurs ein derartiges Staunen auslösen. Das Kunststoffzeitalter hat in meiner Küche keine Spuren hinterlassen! Jedenfalls ging das leise Staunen bei den Schülern jeweils über in nervöse Aktivität: ellenlange Listen sind entstanden, die genau festhielten, was und in welcher Ausführung an Küchenutensilien in meiner Küche Verwendung findet. Alles, aber auch wirklich alles wurde notiert, was meine eigene Werkstatt auszeichnet, die zwar nichts Profihaftes an sich hat, in der jedoch Qualität sichtbar wird. Qualität, die zwar etwas teurer ist, dafür aber gemacht, ein sehr langes Küchenleben zu überdauern.

Zunächst brauchen Sie erstklassiges Kochgeschirr – ob aus Edelstahl oder aus Kupfer ist eine Entscheidung, die ich Ihnen überlassen muss. Kupfer, für mich ohne Zweifel das schönere Material, ist mit Sicherheit auch teurer, bleibt jedoch in seinen Eigenschaften unerreicht. Nun behaupte ich keineswegs, in Kupfer zubereitete Saucen würden ungleich besser schmekken – aber dieses Material erlaubt ein exakteres Kochen. Nicht gemeint sind natürlich jene dünnwandigen Kupfertöpfe, die vielerorts stolz zu Tische getragen werden. Grosse Hitze aushalten und sie gleichmässig verteilen kann nur schweres, verzinntes Kupfer, dem ungerechterweise der Ruf anhängt, es wäre besonders pflegeintensiv. Selbstverständlich müssen die schönen Töpfe und Kasserollen gepflegt werden, wenn sie in Ihrer Küche stehen oder hängen sollen. Doch ist es nicht so, dass alle Kochtöpfe gepflegt werden müssen? Jener oft zitierte Einwand ist jedenfalls kein Argument gegen den Kauf einer Kupferkasserolle, hingegen hat er mit der persönlichen Neigung und der Investitionsbereitschaft einiges zu tun. Wenn Sie Edelstahl vorziehen, sollten Sie unbedingt auf massive, dicke Topfböden und -wände achten. In bezug auf die äusserst wichtigen Wärmespeicher und Leitfähigkeiten steht dieser dem Kupfer kaum nach. Hüten Sie sich vor allen Dingen vor beschichtetem und mit Blümchen verziertem Blech; so bunt sich Ihre Küche damit präsentiert – anständiges Kochen gestattet es mit Sicherheit nicht.

Erstklassig sollte auch die Beschaffenheit Ihrer Messer sein. Es ist unbegreiflich, wenn dort gespart wird, wo schon von der Funktion des Werkzeuges her eine latente Verletzungsgefahr besteht. Billige Klingen brechen leicht, und schnell gleitet die Hand vom viel zu kleinen Griff. Eine rostfreie, tief in den Schaft verlegte Edelstahlklinge zeichnet ein Qualitätsmesser aus, das sich, wenn es regelmässig geschliffen wird, fast ohne Kraftaufwand führen lässt und bei vorsichtigem Gebrauch das zu bearbeitende Produkt auch viel weniger verletzt. Hervorragendes Werkzeug erleichtert Ihnen in jeder Beziehung die Arbeit – aus diesem Grunde allein macht sich eine etwas teurere Anschaffung immer bezahlt.

Verspüren Sie plötzlich Lust, untaugliches Werkzeug auszuwechseln? Oder haben Sie zufällig das Vergnügen, Ihre Küche neu einzurichten? Oder wollen Sie einfach einmal wissen, welche Geräte das Kochen leichter machen? In jedem Fall sollten Sie nachfolgende Liste aufmerksam studieren und dabei wissen, dass diese nur als Anregung gedacht ist. Und wenn Anschaffungen nötig sind, dann lassen Sie sich in einem Fach- oder Hotelbedarfsartikelgeschäft sorgfältig beraten. Nehmen Sie die Geräte in die Hand, beurteilen Sie diese nach Funktionstüchtigkeit, Materialbeschaffenheit, Verarbeitung sowie Handlichkeit, und entscheiden Sie dann in Ruhe unter Berücksichtigung des persönlichen Bedarfs.

Kasserollen (2-4) mit gutschliessendem Deckel in diversen Grössen, zum Dünsten von Gemüse, für die Zubereitung von Suppen, eines Risottos, zum Braten und Schmoren oder für das Wasserbad verwendbar

Kochtopf (1) ca. 5 Liter Inhalt, für die Zubereitung von Teigwaren, zum Blanchieren usw.

Kochtopf (1) ca. 8 Liter Inhalt, für die Herstellung von Fonds, Jus oder Consommés

Saucenpfännchen (1-2) (Sauteusen) eventuell in verschiedenen Grössen; ohne diese geht in der Küche nichts

Teflonpfanne (1) aus schwerem Gussaluminium, wichtig für die Zubereitung von Entenleber- und Milkenschnitzel sowie Piccata u.a.m.

Lyonerpfanne (1) aus Edelstahl, für Fleischgerichte, die à la minute zubereitet werden

Brattopf (1) mit Deckel (evtl. Gusseisen), das klassische Material für Gerichte, welche im Ofen zubereitet werden, zum Knochen rösten, für einen Jus u.a.m.

Gusseisenpfännchen (2-4) emailliert, für herrliche Crêpes, Eier, Portionenrösti usw.

Brotmesser (1) mit feinem Wellenschliff für das Aufschneiden von Terrinen, Blätterteiggebäck etc.

Gemüsemesser (1) mit ca. 7 cm Klingenlänge

Ausbeinmesser (1) mit ca. 12 cm Klingenlänge

Fischfiletiermesser (1) biegsam, mit ca. 16 cm Klingenlänge

Tranchiermesser (1) mit ca. 16 cm Klingenlänge

Sparschäler (1)

Feine Fleischgabel (1) gerade, Gesamtlänge ca. 23 cm

Küchenhaubeil (1) Edelstahl

Fleischklopfer (1) Edelstahl

Küchenschere (1) für Kräuter etc.

Spachtel (2) (Apothekerspachtel), verschiedene Grössen

Röstiraffel (1) aus Edelstahl

Bircherraffel (1) aus Edelstahl

Zitronenraffel (1) aus Edelstahl

Set Küchenschüsseln (1) aus Edelstahl oder Porzellan

Schneekessel (1) aus Edelstahl, zum Schlagen von Eiweiss, Rahm und Sabayon

Kartoffelpresse (1)

Zitruspresse (1)

Knoblauchpresse (1)

Salatschleuder (1)

Pfeffermühle (1)

Muskatmühle (1) oder -reibe

Koriandermühle (1)

Bain-Marie-Schöpflöffel (1) Edelstahl, zum Abschäumen von Fonds

Brat- oder Röstischaufel (1) Edelstahl

Schaumlöffel (1) tief, Edelstahl

Schneebesen (2) Edelstahl, einer davon sollte ballonförmig sein

Set Holzkochlöffel (1)

Salatsieb (1) aus Edelstahl, das in Durchmesser und Grösse auf einen Kochtopf oder eine Kasserolle passt, (zum Garen über Dampf)

Mehlsieb (1) mit Holzrand und verzinntem Gewebe, zum Durchstreichen von Farcen

Drahtsiebe (2) 12 und 16 cm Durchmesser, zum Passieren von Suppen, Saucen u.a.m.

Litermass (1) Edelstahl

Teighorn (2) aus Kunststoff

Gummischaber (2)

Verschiedene Bäckerpinsel zum Ausstreichen von Formen, zum Bestreichen von Salaten mit Vinaigrette, oder von Teig mit Eigelb

Kuchengitter (1)

Teigholz (1)

Dressiersäcke (1) (Spritzbeutel) mit verschiedenen Loch- oder Sterntüllen

Kuchenbleche (2) 24 cm Durchmesser

Springform (1) 24 cm Durchmesser

Gugelhopfform (1) mit Rohr

Cakeformen (2) 15×25 cm

Tarteförmchen (6-8)

Auflaufform (1) ca. 21 cm Durchmesser

Gratinform (1) rund oder oval

Terrinenform (1) $^1/_2$ Liter Inhalt, aus Porzellan, Steingut oder emailliertem Gusseisen

Dariole- oder **Timbaleförmchen** (8) aus feuerfestem Porzellan, Steingut oder Edelstahl

Küchenwaage (1)

Präzisionswaage (1) bis 100 g (oder bis 250 g) Anzeige

Küchentimer (1)

Thermometer (1) für Bain-Marie

Küchenschneidebretter für Gemüse, Fleisch, Früchte, Fisch und Zwiebeln, jedes entsprechend beschriftet!

Krokopapier, 16 cm Durchmesser, zum Entfetten von Fonds etc.

Haushaltpapier, zum Trocknen von Kräutern, von Fleisch u.a.m.

Diverse Schüsselchen, stapelbar, in Glas oder aus Porzellan, für die **Mise en place**

Klarsichtfolie, evtl. mit Dispenser, weil Sie diese oft und täglich brauchen

Alufolie, zum Verschliessen von Farcen, die gegart werden

Küchenschnur, zum Binden von Geflügel, Fleisch usw.

Passiertücher aus Leinen (eventuell alte Leinenservietten oder ausgediente Küchentücher)

Küchenmaschine (1), die besonders der leistungsfähige, bärenstarke Motor auszeichnet, mit Rührschüssel, Knethaken, Teigrührer, Schneebesen, Mixeraufsatz und Fleischwolf

Cutter (1), zum Zerkleinern, Hacken, Reiben, Pürieren

Nudelmaschine (1) (*hand*betrieben!), zum Ausrollen und Schneiden von Nudelteig – selbstgemachte Nudeln sind köstlich und in der modernen leichten Küche nicht mehr wegzudenken!

Sorbetière (1) (Eis- oder Glacémaschine), zwei verschiedene Prinzipien kommen in Frage: Zunächst das in der Anschaffung viel günstigere Modell, welches schon unsere Grossmütter kannten. Hierbei befindet sich die Rahm- oder Sorbetmasse in einem Metallzylinder, der in einer Trommel steht, die mit Salz und Eiswürfeln gefüllt wird (erzeugt Tiefsttemperaturen). Der zweite Typ ist je nach Grösse entsprechend teurer, dafür aber auch leistungsfähiger, weil er eine eingebaute Kühlanlage besitzt (und trotzdem noch sympathische Ausmasse aufweist). Es brauchen lediglich zwei Schalter betätigt zu werden – das Eis ist in 20 Minuten, über die Sie frei verfügen können, fertig.

Kann es sein, dass Sie nicht wissen wollen,
was ein Wasserbad ist,
auf das Sie in den folgenden Rezepten nicht verzichten können?

Die Küchensprache

Sie werden sich wahrscheinlich wundern, an dieser Stelle einem Kapitel zu begegnen, das normalerweise, ja fast ausnahmslos am Ende eines Kochbuches steht. Und weil dem so ist, wird es wohl auch oft übergangen. Der ihm eingeräumte Platz lässt auf Nebensächlichkeiten schliessen. Mag sein, dass Sie wissen, was ein Médaillon ist und was Auspinseln im Klartext bedeutet – nichts steht mir ferner, als Sie zu unterschätzen. Fachausdrücke haben aber soviel Professionelles an sich, dass diese wie böhmische Dörfer wirken. Sie distanzieren sich zum vornherein davon in der Überzeugung, damit könnten nicht *Sie* gemeint sein. Wirklich nicht? Kann es sein, dass Sie nicht wissen wollen, was ein Wasserbad ist, auf das Sie in den folgenden Rezepten nicht verzichten können? Wie Fleisch nach dem Braten behandelt sein muss, damit es seine kostbaren Säfte nicht verliert? Ist es nicht doch reizvoll zu erfahren, dass es eine einfache Methode des Rahmschlagens gibt? Oder eine Ahnung davon zu erhalten, wie Fische filetiert werden?

Das Kapitel **Küchensprache** ist nicht nur keine Nebensächlichkeit – es ist geradezu der Schlüssel, der Ihnen das Verständnis für die Rezepte aufschliesst. Es ist nicht zufällig entstanden, vielmehr steht dahinter der Wunsch, Sie behutsam und auf dem einfachsten Weg an die Rezepte heranzuführen. Wenn Sie dabei nicht stolpern wollen, ist der kleine Umweg über dieses Kapitel nicht nur sinnvoll, sondern wirklich unerlässlich. Zwar erhebt es keinen Anspruch auf Vollständigkeit. Die Begriffe wurden ausgewählt, weil sie irgendwo einmal in den Rezepten erscheinen, und dort vorausgesetzt wird, dass Ihnen die Fachsprache und gewisse Techniken bekannt sind. Aber es sind ausserdem – und ungewöhnlicherweise – Themen in diesem Kapitel eingebaut, über die es sehr viel zu sagen gibt. Jenen imaginären Berg anzugehen, der **natürliche** und **ehrliche Küche** heisst, ist deshalb nicht in einem *Sprung* zu machen. Würden Sie dennoch die folgenden Seiten überspringen wollen, hätte mein Buch lediglich eine bibliophile Aufgabe und eine Alibifunktion zu erfüllen – und darüber wäre der heilige Lucullus sicherlich betrübt! Wer mich auf der faszinierenden Reise durch die farbige Landschaft der **Küchensprache** begleitet, wird später mit Sicherheit zufriedener und erfolgreicher kochen können.

Abgiessen. Eine Flüssigkeit in ein anderes Gefäss umgiessen. Wenn Sie wollen, dass beispielsweise eine Consommé klar bleibt, wird über ein Drahtsieb ein feines Leinentüchlein gelegt, das den Satz zurückhält.

Ablöschen bedeutet das Auflösen des Bratsatzes: überschüssiges Bratfett weggiessen, Bratsatz mit Alkohol (Sherry, Porto, Wein etc.) auflösen. Achten Sie darauf, dass der Bratsatz nicht verbrannt, bitter oder salzig ist, was Ihre Sauce verderben würde. Den zugefügten Alkohol bitte gut reduzieren, damit nur das natürliche Aroma zurückbleibt, welches die Sauce unaufdringlich parfümiert. Sie verstehen dadurch auch, wie wichtig die Qualität des verwendeten Alkohols ist. Billige Kochweine lohnen sich nicht! Verwenden Sie also ohne Bedenken für die Sauce ein kleines Glas jenes Weines, den Sie zum Essen servieren – das Resultat wird um vieles besser.

Abrunden. Ein Begriff, der immer dann zum Zuge kommt, wenn Sie ratlos vor einer Sauce stehen, der zwar kaum etwas fehlt, von der Sie dennoch nicht ganz überzeugt sind. Selten fehlt ihr Salz, viel öfter ein paar Tropfen Zitronensaft, ein kleiner Schuss Wein, ein Hauch Armagnac, Porto, Sherry ...

Abschäumen. Bei Fonds, Jus oder Consommés mit einem kleinen Schöpflöffel Fett, Eiweiss und andere Unreinheiten von der Oberfläche vorsichtig abschöpfen – dies verhindert das Trübwerden der Flüssigkeit.

Abtropfen lassen auf einem Sieb ist notwendig, um den Geschmack eines Gerichtes nicht unnötig zu verwässern.

Aceto Balsamico. Balsamessig kommt aus Italien, genauer gesagt aus Modena. Wer ihn jemals auf der Zunge gespürt hat, denkt zunächst an alten, kostbaren Wein. Seine dunkle Farbe und den sanften Geschmack verleiht ihm nicht bloss die jahrelange Lagerung in Eichen- und Kastanienfässern, sondern auch das geheimnisvolle, traditionsreiche Herstellungsverfahren. Es existieren 30jährige und ältere Balsamico - Essige, welche, weil sie einfach zu schade sind für den Gebrauch, oft nur noch zur Legendenbildung beitragen. Teuer ist er, das versteht sich beinahe von selbst, aber auch wunderbar ergiebig. Es genügen durchaus ein paar Tropfen, um Salaten und Saucen ein unvergleichliches Aroma zu geben.

A cheval lässt sich am besten an einem Beispiel erklären: Schneiden Sie einen halben, entkernten Apfel quer in dünne Scheiben, ohne dass diese auseinanderfallen. Üben sie mit der flachen Hand einen leichten Druck auf die Apfelhälfte aus, die Scheiben gleiten dadurch gleichmässig auseinander und liegen schliesslich schuppenartig. Derart lassen sich viele Produkte aufschneiden, neben Früchten auch Gemüse, Fleisch und Geflügel – eine einfache, aber doch wirkungsvolle Methode des dekorativen Anrichtens.

A la nage ist eine Zubereitungsart, die besonders bei Fischen und Meeresfrüchten (seltener bei Geflügel und Fleisch) zur Anwendung kommt. Das Produkt gart in einem würzigen Sud, der anschliessend zum Gericht mitserviert wird.

Al dente heisst, etwas gerade so lange zu garen, dass es noch Biss aufweist. Der Begriff hat sich vor allem in bezug auf das Kochen von Teigwaren eingebürgert.

Amuse-Bouche kann wortwörtlich mit *Mund-Vergnügen* übersetzt werden und bedeutet die kleinen Nebensächlichkeiten, welche einen Apéritif begleiten. Ideen für ein Amuse-Bouche finden Sie in diesem Buch auf Seite 105.

Anziehen bedeutet, auf nicht zu grossem Feuer und unter häufigem Wenden etwas zu dünsten, ohne dass es Farbe annimmt.

Auf den Punkt garen wird unter dem Begriff **Garen** erklärt.

Aufgehen lassen wird meistens in Verbindung mit Teigen gebraucht. Geht beispielsweise beim Brot der Teig zu schnell, wird es grossporig; geht er zu langsam, verliert das Brot an Luftigkeit. In meinen Rezepten gelten für das Aufgehenlassen der Teige immer dieselben Bedingungen: Teig in eine handwarme Schüssel legen, den Backofen auf 50 Grad aufheizen und die Schüssel auf die offene Backofentür stellen. Ein Küchentuch, über die Schüssel gelegt, (muss nicht unbedingt feucht sein) verhindert, dass der Teig austrocknet.

Aufschäumen der Butter, indem diese langsam erhitzt wird, bis sie grossflächig schäumt, aber noch keine Farbe angenommen hat.

Auslegen einer Form mit Gemüse- oder Speckstreifen, damit die Füllung, welche im Ofen gegart werden soll, nicht austrocknet.

Auspinseln heisst, eine Form mit Hilfe des Backpinsels ausbuttern. Dies geschieht selbstverständlich müheloser, wenn die Butter weich ist.

Ausrollen. Auf einem leicht bemehlten Tisch den Teig mit einem Teigholz zur gewünschten Dicke und Form ausrollen.

Aussortieren. Ein Begriff, der zum Beispiel im Rezept **Himbeeren auf Blätterteig** steht: die schönsten Beeren werden als Garnitur zurückbehalten, während die restlichen Beeren für die Sauce verwendet werden.

Ballaststoffe — richtig verstanden — können eine höchst vergnügliche Sache sein und brauchen keineswegs unter dem Aspekt ernährungswissenschaftlicher Dogmen betrachtet zu werden. Sicher ist, dass unsere Ernährung zu einseitig und vor allen Dingen zu eiweissreich ist. Was liegt da näher, als unserem Körper mit viel Gemüse Gutes zu tun, das zudem, wenn es liebevoll zubereitet wird, köstlich schmeckt. Gerade in der modernen Küche und durch die Jahreszeiten bleibt für frisches Gemüse viel Spielraum, das im Grunde so wertvoll ist, dass es jederzeit als kleines, warmes Zwischengericht in ein Menu eingebaut werden könnte. Vielleicht braucht es diesen Anstoss, die Idee mit den grossen Variationsmöglichkeiten aufzufangen, die darüberhinaus gemacht ist, den kalten Unsinn eines Sorbets als Zwischengang aus unserem Denken und unseren Küchen zu verdrängen!

Bain-Marie. Die Erklärung über ein Bain-Marie finden Sie unter dem Begriff **Wasserbad**.

Beilagen. Dazu zähle ich Kartoffeln, Reis und Teigwaren. In einem späteren Kapitel werden Sie mehr darüber erfahren (S.127).

Bepinseln ist ein Ausdruck, dem Sie hin und wieder bei Salaten begegnen, und er ist wortwörtlich zu verstehen: mit einem breiten, gekennzeichneten Pinsel werden Salatblättchen mit Vinaigrette bepinselt, um diese nicht unnötigerweise in viel Sauce schwimmen zu lassen; bepinselt wird auch die glänzende Alufolienseite mit weicher Butter, was verhindert, dass der Inhalt einer Form an der Folie kleben bleibt.

Blanchieren steht gleichbedeutend mit Überbrühen. Zwei Beispiele sollen das an dieser Stelle erklären. Die Haut der Tomate lässt sich leicht abziehen, wenn Sie diese während 12 Sekunden in kochendes Wasser tauchen und erst dann schälen. Geschälte Tomaten schmecken unweigerlich feiner. Bei Knochen, die Sie für Fonds, Jus oder Consommés verwenden, wirkt das Blanchieren wie eine Reinigung: Knochen kurz in kochendem Wasser überbrühen, damit sich Eiweiss-Stoffe und andere Unreinheiten absetzen können, anschliessend die Knochen auf ein Sieb schütten und vor der Weiterverwendung gut abtropfen lassen.(**Gemüse blanchieren**, **Gemüse grün blanchieren**)

Brunoise bedeutet, ein Produkt in mehr oder weniger grosse Würfel geschnitten.

Caramelisieren. Damit eine Caramelcrème oder ein Carameleis möglichst viel an Geschmack gewinnt, sollten Sie beim Caramelisieren des Zuckers etwas Mut beweisen. Zucker bei mittlerer Hitze langsam Farbe nehmen lassen – über goldgelb bis hin zu braun. Im Moment, wo er die braune Farbe annimmt, lassen Sie ihn ruhen, bis sich ein kleiner Schaum bildet, der plötzlich die Oberfläche überzieht. Sobald dies vollständig geschehen ist, mit der Flüssigkeit ablöschen. Das feine Schaumkrönchen unbedingt abwarten, dies intensiviert den Caramelgeschmack, aber Vorsicht, dass der Zucker nicht verbrennt und bitter wird. Riskieren Sie die Gratwanderung. Apfelscheiben beispielsweise caramelisieren Sie wie folgt: Äpfel in dünne Scheiben schneiden, Zucker in Butter goldgelb caramelisieren, Apfelscheiben zufügen, mit wenig Zitronensaft beträufeln und langsam Farbe nehmen lassen.

Cassolettes sind kleine, flache Formen oder Pfännchen aus Silber, Kupfer oder Porzellan, in denen warme Vorspeisen und Gratins serviert werden können.

Chablis ist ein besonders trockener französischer Weisswein, der ausgesprochen gut in Fisch- oder Geflügelsaucen passt.

Cocottes sind feuerfeste Formen aus Porzellan oder Steingut, bestens geeignet für Soufflés.

Corail oder Rogen ist der orangefarbene Geschlechtsteil der Jakobsmuschel, welcher vom wirklichen Feinschmecker sehr geschätzt wird.

Coulis bedeutet in der Fachsprache eine Sauce aus Früchten oder Gemüsen.

Croûtons heissen jene kleinen, rindenlosen Weissbrotwürfel, die Sie mit oder ohne Butter auf kleinem Feuer goldgelb und knusprig rösten.

Cutter. Diese Maschine zum Zerkleinern der Produkte eignet sich besonders für die Zubereitung feinster Farcen. Cutter gibt es in verschiedenen Ausführungen und Grössen – die kleine Moulinette S zum Beispiel genügt vollständig für den Gebrauch in der Privatküche.

Dariole nennt man ein Köpfchen aus Gemüse oder Fisch, das in kleinen Darioleförmchen (Becher- oder Eierförmchen) gegart und anschliessend gestürzt wird. Damit der Inhalt problemlos herausgleitet, sollten Sie die Förmchen grosszügig ausbuttern und ca. 30 Minuten kaltstellen, bevor diese aufgefüllt werden.

Dekorativ anrichten ist keine Nebensächlichkeit und sollte deshalb mit viel Sinn für Harmonie, mit Sorgfalt und der nötigen Liebe geschehen. Gerichte, die dekorativ auf Teller angerichtet sind, erhöhen zweifellos den kulinarischen Genuss. Hüten Sie sich jedoch vor verschwenderischen Garnituren, bleiben Sie einfach und natürlich.

Dünsten bedeutet allgemein, etwas im eigenen Saft ohne Flüssigkeitszugabe bei niedriger Hitze und (meistens) zugedeckt zu garen. Die Methode eignet sich besonders für Gemüse, Schalotten und Zwiebeln. Die beiden letzteren sollten Sie feingeschnitten immer gleichzeitig mit der kalten Butter aufsetzen, damit diese Zeit zum Garen haben, bevor sie goldgelb werden – besonders Zwiebeln und Schalotten aber nicht zudecken. Im übrigen kann Flüssigkeit, die sich bei dem Verfahren bildet, mit Butter gebunden (**Saucen binden**) und zum Gericht serviert werden.

Durchkühlen müssen vor allem Fisch- oder Fleischfarcen, in die Rahm eingearbeitet wird, nur dann gelingt eine gute Bindung. Für die Kühlung der Farce genügen etwa 30 Minuten im Kühlschrank.

Durch ein Sieb passieren. Eine Formulierung, der Sie in meinen Rezepten oft begegnen werden. Vielleicht bloss ein Detail, gewiss kaum ein Arbeitsaufwand, aber welche Wirkung! Lassen Sie eine Sauce, die Suppe, einen Fond oder Jus durch ein feines Drahtsieb ablaufen. Das bessere, feinere Resultat wird Sie überzeugen.

Durch ein Sieb streichen. Purées aus Gemüsen, Früchten, Fisch oder Fleisch streichen Sie durch ein Drahtsieb, um eine glatte, feine Masse zu erhalten. Purées aus Früchten oder Gemüsen lassen sich am besten mit der Rundung eines kleinen Schöpflöffels durch ein halbrundes Sieb streichen. Fisch- oder Fleischfarcen dagegen werden noch feiner, wenn Sie diese mit dem Teighorn durch ein Mehlsieb mit Holzrand (ist im Fachhandel erhältlich) streichen.

Durch ein Tuch passieren. Besonders gut eignet sich dazu ein altes Leinentüchlein (eine ausgediente Serviette etwa). Legen Sie dieses auf das Drahtsieb und schöpfen Sie die Flüssigkeit darüber. Vor allem findet diese Methode bei Consommés Verwendung, die, durch ein Tuch passiert, schön klar bleiben.

Eier, die in meinen Rezepten verwendet werden, wiegen ca. 60 g. Wer weiss, dass Eier in Gewichten zwischen 45 und 80 g erhältlich sind, wird also darauf achten. Es erspart Ihnen unliebsame Überraschungen.

Eiswasserbad. Wie der Name sagt, setzt sich die Sache aus Wasser und Eiswürfeln zusammen. Es dient dazu, beispielsweise eine Fruchtsauce durchzukühlen oder den Garprozess bei Gemüsen zu stoppen.

Eiweiss. Viele Tricks geistern durch die Küchen! Entscheidend für das Gelingen des Steifschlagens sind eigentlich zwei einfache Dinge: erstens muss die benützte Schüssel absolut fettfrei sein (lieber einmal zuviel reinigen als zuwenig), zweitens hilft eine kalte Schüssel, das Ziel perfekter zu erreichen. Sollten Sie über genügend Ausdauer und Souplesse verfügen, empfehle ich, Eiweiss von Hand zu schlagen. Keine Maschine kriegt soviel Luft unter die Masse wie Sie mit dem Schneebesen!

Entfetten. Ein Begriff voller Widersprüche: einerseits werden Fonds und Jus entfettet, andererseits ist eine gute Küche ohne Butter und Rahm ganz einfach undenkbar. Auf Fettstoffe allerdings, die an Geschmack nichts einbringen (um diese geht es hier), können Sie leicht verzichten. Am besten geschieht das Entfetten mit Hilfe des Krokoplattenpapiers (Durchmesser ca. 16 cm), welches in Papeterien erhältlich ist. Sie legen das Papier blattweise auf die zu entfettende Flüssigkeit, bis die letzten Blätter klar und fettfrei bleiben. Krokopapier eignet sich wesentlich besser als gewöhnliches Küchenpapier, das zuviel der kostbaren Flüssigkeit mitaufsaugen würde.

Farce ist eine pürierte oder feingehackte Masse, die für Füllungen oder Terrinen verwendet wird.

Fische filetieren. Für die wirklich Engagierten versuche ich mit Worten am Beispiel eines Lachses zu erklären, wie Filets ausgelöst werden. Der Lachs, ein *Rundfisch,* dürfte mit Sicherheit als erster Ihr Vertrauen gewinnen, weil er ein sehr schöner Fisch ist und herrliche Gerichte möglich macht.
Zunächst zur Vorbereitung des Arbeitsplatzes: Ich habe die Angewohnheit, bei der Verarbeitung von Fischen ein grosses Stück Plastik auf den Tisch zu legen. Dieses erspart mir einerseits das Reinigen der Arbeitsfläche mit Essigwasser, andererseits lassen sich alle Fischabfälle darin verpacken und wegräumen. Dann sind auch das Fischbrett aus Kunststoff und ein gutes Fischmesser sehr nützliche Werkzeuge.

Trennen Sie vorerst mit einem scharfen, starken Küchenmesser den Kopf unmittelbar hinter den Kiemen sowie den Schwanz knapp am Körperende ab – beides kann zum Abfall gelegt werden. Betrachten Sie nun den Fisch genau, dann dürfte die dunkle Naht längs des Körpers leicht zu erkennen sein. Dieser Linie entlang müssen Sie schneiden, und zwar nicht zu zaghaft, denn die Haut bietet einigen Widerstand. Während Sie nun der Linie entlang mit Druck schneiden, spüren und hören Sie, wie die Spitze des Messers die Gräten berührt. Indem Sie mit den Fingern der freien Hand in dem langsam entstehenden Spalt immer nachgreifen und gleichzeitig mit der messerführenden Hand sauber weiterschneiden, entsteht ein tiefer, schmaler Spalt, der über den ganzen Körper verläuft und den Blick auf die Gräten freigibt. Jetzt halten Sie das Fischmesser parallel zu den Gräten und lösen das Fleisch behutsam mit kleinen Schnitten hart den Gräten entlang vorsichtig ab. Auch hier immer wieder mit den Fingern der freien Hand nachfassen. Auf diese Weise werden die beiden Rückenfilets und anschliessend die beiden Bauchfilets ausgelöst. Die schwierigste Arbeit haben Sie nun hinter sich.

Vor Ihnen liegen die an der Wirbelsäule festsitzenden Gräten und vier schöne Filets. Fahren Sie jetzt mit den Fingern über das Fleisch, um restliche Gräten zu finden, die sich leicht mit einer Pinzette herausziehen lassen. Dann die Filets mit der Hautseite auf das Fischbrett legen und an der Schwanzseite nach ca. 2 cm das Fleisch so einschneiden, dass die Haut nicht verletzt wird. Mit der freien Hand die Haut festhalten. Führen Sie durch diesen Schnitt das Messer sorgfältig zwischen Haut und Fleisch und trennen Sie mit Sägebewegungen beide voneinander (Ein scharfes, biegsames Messer erleichtert die Arbeit). Fassen Sie die Haut, an der ein leichter Zug ausgeübt wird, nach. Unbedingt darauf achten, dass die Klinge parallel zwischen Haut und Fleisch geführt wird, damit weder Silberhaut am Fleisch haften bleibt noch das Fleisch verletzt wird. Diesen Vorgang bei den drei anderen Filets wiederholen – die Haut gehört ebenfalls zum Abfall, nicht aber die Gräten. Abschliessend schneiden Sie alle Fettstellen an den Filets grosszügig weg, denn diese schmecken leicht tranig und können Ihr Gericht beeinflussen.

Bei den kleinen *Rundfischen* wie Forellen, Rougets, Egli oder Felchen ist das Vorgehen sehr ähnlich. Allein der erste Schnitt wird nicht seitlich der Naht entlang geführt, sondern auf dem Rücken der Wirbelsäule entlang. Derart lassen sich Rücken- und Bauchfilet an einem Stück auslösen und verwenden. Beachten Sie auch hier hängengebliebene Gräten (vor allem am Bauchfiletteil), die wiederum entfernt werden. Den herrlichen St. Petersfisch behandeln Sie auf die gleiche Weise, lediglich sind da alle Flossen vor dem Filetieren mit einer starken Schere abzutrennen.

Flachfische dagegen häuten Sie zuerst. Bei einer Seezunge etwa schneiden Sie am Schwanz die Haut ein und lösen vorsichtig so viel ab, dass diese gut gefasst werden kann. Halten Sie den Fisch mit der einen Hand am Schwanz fest, ziehen Sie mit der anderen (der stärkeren) Hand die Haut ruckartig in Richtung Kopf weg – hierbei hat sich die Verwendung eines Küchentuches sehr bewährt, weil es einen rutschfesten Griff erlaubt. Wiederholen Sie diesen Vorgang auf der anderen Seite. Filetieren können Sie nun in gleicher Art wie beim Lachs, wobei aber der erste Schnitt dem Rückgrat entlang geführt werden muss. Das Ablösen der Filets geht dann problemlos. Für die Zubereitung des Fischfonds verwende ich, entgegen vielen anderen Methoden, bloss die Gräten.

Fleisch auslösen geschieht nach demselben Grundsatz wie das Filetieren der Fische: ertasten Sie mit Ihren Fingern den Verlauf der Knochen und führen Sie beim Auslösen das Messer immer möglichst spitzwinklig zum Knochen hin. Derart wird das Fleisch am wenigsten verletzt.

Fleisch braten heisst, Geflügelteile, Médaillons, Schnitzel, Steaks und ähnliches in heisser ausgelassener Butter oder in einer Butter-Öl-Mischung anbraten und dann ohne jede Flüssigkeitszugabe fertigbraten. Je dicker das Fleischstück ist, um so mehr muss die Hitze nach dem Anbraten reduziert werden, damit keine allzu harte Kruste entsteht, welche ihrerseits das Erwärmen des Kerns verhindern würde. Diese lakonische Erklärung über die Art des Fleischbratens sagt kaum etwas darüber aus, wie Sie Fleisch *auf den Punkt* garen oder *rosa* braten können. Es gibt verschiedene Methoden, etwa die Nadel- oder Fingerprobe, das Nach-der-Küchenuhr-Gehen oder das Sich-auf-sein-Gefühl-Verlassen. Letzteres dürfte wohl die klügste Art sein, besonders wenn sie mit viel Erfahrung einhergeht.
Soll ich aus der Schule plaudern und dadurch Kritik riskieren, die ich respektiere, weil meine Methode des Fleischbratens mit den herkömmlichen nichts zu tun hat? In der Tat: Wer diese Art nicht ganz perfekt beherrscht, läuft Gefahr, dem Fleischstück (es kann natürlich auch Geflügel sein) Schaden zuzufügen! Sofern Sie aber oft üben, bis Ihnen die ungewohnte Methode mit sicherem Gefühl routiniert von der Hand geht, wird es bestimmt bald klappen. Die Grundidee ist, auf dem Herd eine Backofenwirkung zu erzeugen, wodurch die Fleischstücke schnell, saftig und rosa gebraten werden: In einer entsprechend grossen Sauteuse, Kasserolle oder einem Brattopf wird eine Mischung aus Öl und Butter erhitzt, das gewürzte Fleischstück in die heisse Mischung gelegt, darauf sofort die Hitze entsprechend reduziert und der Deckel aufgesetzt, *wobei ein kleiner Spalt offengelassen wird, damit der Dampf abziehen kann.* Das Deckelaufsetzen simuliert gleichsam den Backofen, da die Hitze nicht mehr entweichen kann. Das Fleischstück lassen Sie nun je nach Dicke 1 bis 3 Minuten braten, ehe es gewendet und während weiteren 1 bis 3 Minuten fertiggebraten wird (Deckel wieder aufsetzen und kleinen Spalt offenlassen nicht vergessen!). Geflügelbrüstchen dagegen bleiben 3 bis 7 Minuten, je nach Dicke, auf der Hautseite liegen und werden nicht gewendet. Wo liegt nun die konkrete Gefahr? Ganz allein darin, dass Sie nicht braten, sondern *dünsten!* Die Dampfwirkung ist nur in *dem* Masse tolerierbar, als sie hilft, das Fleischinnere in kürzester Zeit zu erwärmen. Gleichzeitig muss aber genügend Hitze abgegeben werden, damit sich eine Kruste bildet. Ich gebe gerne zu, dass diese Methode ein gutes Gefühl für die Hitze der Butter-Öl-Mischung, in die das Fleisch gelegt wird, und für die entsprechende Hitze braucht, in der das Fleisch dann gebraten wird. Wie ich jedoch schon erwähnt habe, sollte es Ihnen gelingen, durch fleissiges Üben dieses Gefühl zu erhalten.

Fleisch durchziehen lassen. Es dürfte Ihnen schon passiert sein, dass von gebratenem Fleisch oder Geflügel Saft ausgelaufen ist, den Sie, irgendwelchen Rezepten folgend, am Schluss der Sauce beifügen mussten. Ich bin der Ansicht, diese wertvollen Säfte im Fleisch zu behalten: Sie brauchen ein rundes, kleines Kuchenblech und ein Kuchengitter, das grössenmässig auf dieses Blech passt. Setzen Sie beides in den auf ca. 75 Grad vorgewärmten Ofen, damit sich das Kuchengitter erwärmt. Das gebratene Fleisch- oder Geflügelstück legen Sie direkt aus der Kasserolle auf das Kuchengitter. Nun stellen Sie sich in Gedanken den Weg vor, den der

Fleischsaft durchläuft, bevor er austreten kann. In diesem Moment das Fleischstück auf dem Gitter wenden, damit der Fleischsaft wieder in die andere Richtung fliessen kann – Kochen als eine Angelegenheit der Gravitation! Dabei sollte die Ofentür etwas offen bleiben. Klar scheint, dass die Zeit des Saftdurchlaufens von der Dicke des gebratenen Fleischstückes abhängt; je dünner also, desto schneller und weniger oft müssen Sie wenden. Aber bitte, verstehen Sie mich richtig: Es handelt sich hier nicht um eine Warmhaltemethode, die Ihnen gestatten soll, ein Filetsteak im voraus zu braten. Vielmehr dient das ganze Vorgehen dem Ziel, rosa durchzogenes, saftiges und heisses Fleisch zu servieren.
Versuchen Sie es, eine gewisse Angewöhnungszeit darf Sie nicht davon abhalten. Anfänglich ist sicher Konzentration notwendig, um den entscheidenden Punkt nicht zu verpassen. Aber mit der Zeit beherrschen Sie diesen einfachen Vorgang bestimmt. Sie werden sich nicht mehr vorstellen können, Fleisch jemals anders behandelt zu haben.

Fleisch im Ofen braten. Im Ofen braten Sie vor allem zartes Fleisch am Stück. Dabei gibt es ein paar Regeln zu beachten. Bei dunklem Fleisch ist es wichtig, die Hitze nach dem Anbraten zu reduzieren (je dicker das Fleischstück, desto mehr). Nur so kann sich das Fleisch bis in den Kern erwärmen. Die Bratzeit selbst richtet sich nicht nur nach der Dicke des Fleischstükkes, sondern auch nach Ihrer eigenen Vorstellung von ideal gebratenem Fleisch. Je länger aber Fleisch im Ofen belassen wird, desto fleissiger muss es mit Bratöl übergossen werden, um nicht auszutrocknen. Bei hellem Fleisch, beispielsweise einem Kalbscarrébraten, sollte die Backofenhitze am Anfang bei ca. 220 Grad liegen und dann auf ca. 180 bis 200 Grad reduziert werden; denn helles Fleisch erträgt grosse Hitze überhaupt nicht. Dunkles Fleisch schieben Sie bei ca. 250 Grad in den Ofen und reduzieren die Hitze auf ca. 220 bis 230 Grad. Fleisch braten, ob im Ofen oder auf dem Herd, braucht lange Erfahrung. Darum dürfen Sie nicht ganz perfekte Resultate am Anfang auch nicht traurig machen. Ein kleines Büchlein, in dem Sie jeweils eintragen, welches Fleischstück bei welcher Temperatur (oder Schalterstellung), wo (Ofen/Rille angeben, Kochplatte) wie lange gebraten wurde und wie das Resultat ausgefallen ist, wird Ihnen vermutlich gute Dienste erweisen. Dieser geringe Mehraufwand lohnt sich bestimmt; denn mit der Zeit können Sie den optimalen Bratvorgang aus einer Reihe von Daten ableiten.

Fleisch sautieren ist eine Zubereitungsart, die sich besonders für in Scheiben, Würfel oder Streifen geschnittenes Fleisch oder Geflügel eignet. Wichtig dabei ist, dass Sie mit grosser Hitze anbraten und nur kleine Mengen auf einmal sautieren, damit die Hitze in der Kasserolle nicht abfällt. Letzteres führt nämlich zum Saftziehen und lässt das Fleisch austrocknen.

Fleisch schmoren bedeutet, zugedeckt bei wenig Flüssigkeitszugabe oder im eigenen Saft garen. So wird etwa dunkles Fleisch bei grosser Hitze angebraten, dann kommt das Röstgemüse hinzu, dieses kurz mitrösten, mit Wein oder einer Marinade ablöschen, auf ein Drittel reduzieren, mit soviel Fleischjus oder Bouillon auffüllen, dass das Fleisch ein Viertel hoch bedeckt ist, Deckel aufsetzen und bei ca. 180 bis 200 Grad im Backofen weichschmoren. Je zarter das Fleisch, um so kleiner muss die Hitze beim Anbraten sein. Zartes Fleisch wird mit weniger Flüssigkeit aufgefüllt und bei geringerer Hitze (ca. 160 bis 180 Grad) zugedeckt weichgeschmort. Während des Schmorens soll rotes und weisses Fleisch fleissig mit Jus übergossen werden.

Fond und Jus. In diesem Buch gelten die folgenden Definitionen für diese beiden Begriffe: mit *Fond* sind die *hellen* Grundbrühen gemeint, die als unerlässliche Basis für die Zubereitung der *hellen Saucen* dienen. *Jus* dagegen steht für die *braunen* Grundbrühen, die erst die Herstellung der *braunen Saucen* gestatten. Grundlage beider sind Knochen.
Sicher interessiert es Sie zu erfahren, wie Saucen möglich werden, denen Sie bei grossen Köchen schon einmal begegnet sind. Saucen, hinter welchen Sie ein Geheimnis vermuteten. Es kann sich aber weniger um ein Geheimnis handeln als eher um die Tatsache, dass ein grosses Stück Engagement damit verbunden ist, ein ehrliches Bemühen auch, ein Produkt vollendet zu servieren. Vor allem über diesen Einsatz führt jener Weg, der auch Sie zum Meister macht.

Nehmen wir an, es läge ein säuberlich zerlegtes Kaninchen vor Ihnen. Aus dem Bauchfleisch und den Vorderläufen lässt sich eine Terrine, aus dem Rücken und den Hinterläufen ein herrliches Gericht zubereiten. Wenn Sie nun die Knöchlein aus dem Fleisch auslösen (**Fleisch auslösen**), ist die Basis Ihrer Sauce schon geschaffen (Fond- und Jusrezepte finden Sie im Kapitel **Grundzubereitung**). So verhält es sich auch beim Lammsattel, bei einem Geflügel- oder Fischgericht — fast immer fallen Knöchlein oder Gräten an, aus denen sich köstliche Grundbrühen zubereiten lassen. Nun könnte es Sie befremden, in den Rezepten zu lesen, ein Jus müsse über viele Stunden leise köcheln. Doch ein besonders trüber Regentag bietet sich bestimmt einmal dafür an. Und ausserdem wissen Sie, dass das Resultat Ihrer Arbeit nicht vergleichbar sein wird mit irgendeinem Fertigprodukt. Jus und Fond verlangen von Ihnen zweifellos einen gewissen Aufwand, aber im Grunde wollen Sie diesen ja auch gar nicht umgehen. Einmal mehr wird Sie eine leise Scheu daran hindern, etwas in Angriff zu nehmen, von dem Sie fälschlicherweise glauben, die Kompetenz dazu gehe Ihnen ab. Täuschen Sie sich nicht. Kompetent sind Sie allein schon durch die Tatsache, dass Sie mir an dieser Stelle immer noch zuhören! Dadurch beweisen Sie Ihr ernsthaftes Interesse, Ihre Freude am Kochen und Ihre grosse Lust auf Überraschungen. Es ist deshalb an der Zeit, bald mit der Herstellung von Fonds und Jus zu beginnen — es macht nämlich grossen Spass! Der nicht zu umgehende Aufwand relativiert sich zudem, wenn berücksichtigt wird, dass alle Grundbrühen portionenweise eingefroren werden können. So verfügen Sie beinahe jederzeit über die Basis, welche Ihren Gerichten «das gewisse Etwas» verleiht.

Froschschenkel — zu denen man sich nur bekennen kann, wenn man weiss, dass sie nicht auf grausame Weise gewonnen wurden — haben ein höchst delikates Fleisch von zarter Konsistenz und delikatem Aroma. Sollten Sie jemals darauf Lust haben, müssen Sie den kleinen Aufwand auf sich nehmen und die Springmuskeln auslösen. Bei gegartem Fleisch, für einen Salat beispielsweise, geht das sehr einfach, der Muskel kann herausgedrückt werden. Im Blätterteig serviert, brauchen Sie die vielen Knöchlein zur Herstellung eines Fonds. Dazu wird das rohe Muskelfleisch vorsichtig mit einem kleinen Messer von den Knöchlein gelöst und schliesslich von anhaftenden Sehnen befreit.

Garen heisst eigentlich nichts anderes als weichkochen. Garen ist ein Thema, das viele Seiten füllen könnte, doch ist es fast unmöglich, für jedes Produkt, jedes Gericht exakte Garzeiten anzugeben, die von allzu vielen Faktoren abhängen. Vertrauen Sie Ihrer Erfahrung, Ihrem guten Gefühl, dann wird kaum etwas schiefgehen. Wichtiges erfahren Sie in den verschiedenen Abschnitten zum Begriff **Gemüse** und unter anderen Stichworten (**Dünsten**, **Über Dampf garen**).

Geflügel ausnehmen. Legen Sie das Geflügel mit der Brust nach oben auf den Arbeitstisch: Kopf mit Hals dicht am Körper abtrennen; mit einem kleinen, scharfen Messer vom Bürzel bis zum Schenkelansatz einschneiden. Jetzt führen Sie Ihre Hand in das Geflügel bis zur Halsöffnung, fassen die Speiseröhre und lösen die Innereien durch Dreh- und Ziehbewegungen sorgfältig aus dem Körper. Mit einem Küchenpapier allenfalls zurückgebliebene Teile (Nieren, Lungen) auswischen. Die Leber, eine besondere Köstlichkeit, trennen Sie sorgfältig vom Magen und reinigen diese von möglichen Gallenrückständen.

Geflügelbrust auslösen. Das ausgenommene Geflügel mit der Brustseite nach oben auf den Arbeitstisch legen, die Haut über der Brust kräftig spannen, so dass der Brustknochen sichtbar wird, jetzt mit einem kleinen scharfen Messer rechts und links des Brustbeins entlangschneiden. Arbeiten Sie wie beim Fleisch auslösen (**Fleisch auslösen**), indem die Finger der freien Hand das Fleisch immer wieder behutsam wegdrücken, während das Messer sorgfältig spitzwinklig gegen den Knochen zu geführt wird. Mit kleinen Schnitten lassen sich nacheinander beide Brüstchen leicht herauslösen.

Geflügelschenkel auslösen. Das ausgenommene Geflügel mit der Brust nach oben auf den Arbeitstisch legen, die Schenkel nach aussen vom Körper wegdrücken, die dadurch gespannte Haut zwischen Oberschenkel und Rumpf durchtrennen. Die aufgeschnittene Haut gibt nun den Schenkel so weit frei, dass er bloss noch aus der Gelenkpfanne zu lösen ist. Hierzu drücken Sie den Schenkel noch weiter zur Seite und schneiden mit einem scharfen Messer Gelenkkugel und Gelenkpfanne auseinander.

Geflügelschenkelfleisch auslösen. Schenkel mit der Hautseite nach unten auf den Arbeitstisch legen, mit den Fingern den Verlauf von Ober- und Unterschenkelknochen ertasten, dann diesen entlang mit einem scharfen Messer die Haut und das Fleisch einschneiden, so dass die Knochen sichtbar werden und diese mit kleinen Schnitten sorgfältig auslösen. Verwenden Sie das Schenkelfleisch für eine Terrine, erfordert diese Arbeit nicht präzises Vorgehen, da das Fleisch ohnehin in den Cutter wandert oder durch den Fleischwolf gedreht wird. Hingegen bedeutet das Auslösen der Knochen höchste Feinarbeit, wenn eine Tasche entstehen soll, die hinterher gefüllt wird. Bis zum Ansetzen des Schnittes entspricht das Vorgehen dem oben beschriebenen. Aber jetzt bitte nur bis zum Kniegelenk dem Oberschenkel entlang schneiden und diesen auch nur bis zum Kniegelenk vom Fleisch lösen. Das Gelenk, wo Sehnen und Bänder zusammenlaufen, müssen Sie vorsichtig, ohne das darunterliegende Fleisch zu verletzen, mit kleinen Schnitten auseinandertrennen. Jetzt den Oberschenkelknochen ganz entfernen. Durch das Abschneiden der Bänder und Sehnen ist der Unterschenkelknochen sichtbar geworden, den Sie sehr vorsichtig von allem Fleisch freischaben und auf diese Weise herauslösen.

Geklärte Butter eignet sich vorzüglich zum Braten und kann leicht selbst hergestellt werden. Erwärmen Sie Butter so lange, bis sie ganz klar ist, schöpfen Sie die weisse Buttermilch von der Oberfläche ab und passieren Sie dann die Butter durch ein feines Leinentuch. Über Nacht kaltstellen und am nächsten Tag aus dem Geschirr heben, wobei die restliche Buttermilch am Boden zurückbleibt. Diese ausgelassene Butter ist im Kühlschrank gut haltbar.

Gelée. Perfektion heisst, zu einem Entenleberparfait einen Gelée servieren, der über lange Stunden aus Entenkarkassen hergestellt wurde. Sie brauchen dazu eine Menge Knöchlein, die Sie unter Umständen in der Tiefkühltruhe gesammelt haben. An einem besonderen Tag, mit diesem besonderen Gefühl, wer weiss ...

Gemüse blanchieren. Das in entsprechende Form geschnittene Gemüse in mässig gesalzenem Wasser *auf den Punkt* garen, für einen Augenblick in Eiswasser legen (**Eiswasserbad**), um den Garprozess zu stoppen, und hinterher in Butter heissschwenken. Diese Zubereitungsart hat den Vorteil, dass sich Gemüse vorbereiten lässt, wobei blanchiertes Gemüse niemals in den Kühlschrank gehört; unter Klarsichtfolie oder einem Teller verpackt soll es in der Küche stehen bleiben. Denken Sie nicht mit Bedauern an die gefährdeten Vitamine, diese gehen ohnehin durch jede Kochmethode verloren. Das soll Sie jedoch nicht davon abhalten, Gemüse schonungsvoll zu behandeln — als Vitaminträger allerdings taugt es nur in rohem Zustand.

Gemüse grün blanchieren. Bei allen grünen Gemüsen wie Erbsen, Kefen (Zuckererbsen), Bohnen, Broccoli, Lattich, Rosenkohl, Grünkohl, Petersilienblumen und vielen anderen lässt sich die Farbe nach einer einfachen Methode intensivieren: Wasser aufkochen, 25 g Salz pro Liter zufügen, das Gemüse (nicht zuviel auf einmal, weil sonst das Wasser zu stark abkühlt) in das kochende Wasser legen — und staunen Sie, was nun geschieht: das grüne Grün wird tatsächlich noch grüner! Je nach Schnittart lassen Sie das Gemüse knapp garkochen, um es dann im eiskalten Wasserbad (**Eiswasserbad**) richtiggehend zu entsalzen sowie den Garprozess sofort zu stoppen. So blanchiertes Gemüse braucht hinterher nur noch in Butter heissgeschwenkt zu werden. Nebenbei gesagt, welche Methode auch immer Anwendung findet, lassen Sie das Gemüse nicht zu knackig — ein Unsinn, der fälschlicherweise der sogenannten Neuen Küche als unabdingbare Notwendigkeit unterschoben wurde. Von einem Matschig-Kochen sind Sie ohnehin weit entfernt, also lassen Sie dem Gemüse einen kleinen Biss — nicht mehr. Noch ein Hinweis zu dicken Bohnen und Rosenkohl, welche Sie nicht auf diese Weise garkochen sollten, weil sonst das viele Salz nicht mehr zu entziehen wäre. Begnügen Sie sich hier mit einem kurzen Grünblanchieren, anschliessend kann es in gewohnter Art gegart werden.

Gemüse im eigenen Saft dünsten ist eine Methode, die sich vor allen Dingen für Wurzel- und Knollengemüse wie Karotten, Kohlraben, weisse Rübchen (Navets) oder Sellerie eignet:

Gemüse rüsten, kurz waschen, in entsprechende Form schneiden, Butter aufschäumen lassen, das nasse Gemüse zufügen, wenig salzen und zugedeckt im eigenen Saft weichdünsten. Das Gemüse behält auf diese Art zubereitet seinen Eigengeschmack am besten. Selbst Blumenkohl entfaltet sein Aroma so gedünstet viel kräftiger, als wenn Sie ihn in viel Wasser kochen. Eine kleine Kunst freilich ist es, diesen bei milder Hitze weichzudünsten!

Gemüse in Olivenöl dünsten. Alle Gemüse mit südländischem Charakter wie beispielsweise Zucchini, Tomaten, Peperoni oder ein Ratatouillegemüse sollten unter Zufügen von wenig Zwiebel und Knoblauch in Olivenöl gedünstet werden.

Gemüse im Wasser kochen ist die Methode für Spargeln und Artischocken. Spargeln geben Sie mit den Köpfchen nach oben in mild gesalzenes Wasser, dem ein Stück Butter und eine Spur Zucker zugesetzt wurden (Spargeln bitte sorgfältig zusammenbinden). Artischocken dagegen rüsten Sie, reiben Zitronensaft ein (um das Schwarzwerden zu verhindern), kochen für 4 Artischocken 0,5 dl Weisswein zusammen mit 1,5 dl Wasser auf, salzen vorsichtig und garen die Artischocken während ca. 15 bis 20 Minuten zugedeckt auf kleinem Feuer – anschliessend in der Flüssigkeit auskühlen lassen.

Gemüse sautieren findet seine Verwendung besonders bei Pilzen und Spinat. Lassen Sie Butter in einer Kasserolle mit möglichst weitem Boden aufschäumen, fügen Sie den Spinat hinzu, der nun so lange mit einer Gabel, an der eine Knoblauchzehe steckt, vermischt wird, bis er zusammenfällt und alle Flüssigkeit verdampft ist. Für Pilze lassen Sie die Knoblauchzehe weg.

Gemüse schneiden. Gemüse sind herrliche Produkte, die viele Zubereitungen zulassen. Ob Sie grünes Gemüse grünblanchieren und dann in Butter heissschwenken, ob Sie es in Olivenöl oder in Butter im eigenen Saft dünsten, wichtig ist, dass seine Zuschnittform nicht lieblos dem Zufall überlassen bleibt. Broccoli und Blumenkohl können Sie in kleine Röschen trennen, die Blütenstiele lassen sich in Stäbchen oder Scheiben schneiden. Wurzel- und Knollengemüse schneiden Sie in Würfel, Stäbchen oder Scheiben, stechen mit dem «Pariserlöffel» Kugeln aus oder schnitzen mit einem Spezialmesser olivenförmige Stücke. Bei letzterem präsentiert sich das Gemüse nicht bloss hübscher, sondern beim sogenannten Tournieren fallen die Kanten und Ecken ab, was ein gleichmässigeres Garen ermöglicht. Schnitzen oder Ausstechen lässt Abschnitte entstehen. Diese verwenden Sie jedoch für eine Suppe, ein Gemüsepurée, ein Gemüseköpfchen oder...

Gewürzmischung. 100 g Salz, ein flacher Moccalöffel Curry, ein flacher Moccalöffel Paprika, 12 Umdrehungen weisser Pfeffer aus der Mühle, ein Hauch Cayenne und die Blättchen von einem Thymianzweiglein gut mischen und in eine kleine Dose mit festsitzendem Verschluss füllen. Verwenden Sie diese Mischung zum Würzen von Fleisch, Geflügel und Innereien, *falls diese gebraten werden.*

Gratinieren bedeutet, ein Gericht im Backofen oder unter dem sehr heissen Grill bräunen.

Hefe für Ihre Backwaren kaufen Sie am besten frisch beim Bäcker. Sie garantiert bessere Resultate und hat nicht jenen Geschmack, der Trockenhefe eigen ist. Wenn Sie gleich etwa 200 g mit nach Hause nehmen, können davon 20 g-Portionen abgepackt und eingefroren werden. Dies ist eine gute Methode, um jederzeit Hefe verfügbar zu haben.

Jakobsmuscheln haben ihre beste Zeit von Oktober bis März. Die Muscheln lassen sich leicht mit dem Griff eines starken Löffels öffnen. Das Muschelfleisch selber wird mit dem Löffel ausgelöst, vom Bart, den schwarzen Teilen und dem orangefarbenen Corail befreit. Die Nüsschen anschliessend unter kaltem Wasser waschen und auf Küchenpapier trocknen.

Julienne ist die Bezeichnung für eine Zuschneideform und meint ein in mehr oder weniger dünne Streifen geschnittenes Produkt.

Jus (Fond und Jus)

Kandieren. Früchte in Zuckersirup so lange köcheln lassen, bis diese sich mit dem Sirup vollgesogen und einen Zuckermantel umgelegt haben.

Karkassen sind Knochen von Geflügel.

Knoblauch. Achten Sie beim Kauf von Knoblauch auf feste, gesunde Knollen mit weisser Haut. Übrigens: Im Frühling eignet sich Knoblauch mit grünen Stengeln gut als Gemüse.

Konsistenz bedeutet die gewünschte Beschaffenheit einer Sauce oder Farce, die durch mehr oder weniger Flüssigkeitszugabe bzw. Reduktion beim Kochen beeinflusst werden kann.

Kräuter. Einer der schönsten Augenblicke ist wohl jener, wenn die Kräuterfrau die intensiv duftenden Sträusschen bringt! Frische Kräuter sind in der Tat eine wunderbare Sache und dazu da, den typischen Eigengeschmack eines Produktes zu betonen oder diesen wirkungsvoll abzurunden. Wussten Sie, dass Kräuter nicht gehackt, sondern geschnitten werden – am besten sogar mit einer Schere– oder nur in kleine Blättchen gezupft? In den meisten Küchen werden sie leider lieblos behandelt und verlieren dabei viel von ihrem köstlichen Geschmack. Im übrigen sollten die Kräuter immer erst am Schluss einem Gericht zugefügt werden, nicht nur deshalb, weil so die grüne Farbe besser erhalten bleibt, sondern auch, weil sie dann ein Gericht delikater parfümieren. Da ich versuche, Ihnen nahezubringen, mit Produkten und Basiszubereitungen zu spielen, können ein paar Hinweise über die Verwendung von verschiedenen Kräutern sicher hilfreich sein.
Basilikum zum Beispiel harmoniert besonders gut zu südlichen Gerichten und Salaten, zu Fisch und weissem Fleisch. *Dill* frisch geschnitten oder gezupft, passt zu Kartoffeln, Salaten und zu vielen Fischgerichten. *Estragon* ist ein überaus feines Kräutlein für Fisch- und Geflügelgerichte. *Fenchel*, das gefiederte Fenchelkraut feinschneiden und in Fonds für Fischsaucen verwenden. *Kerbel* hat ein Aroma, das sich schnell verflüchtigt, er ist für viele Salate, Suppen, Kartoffeln oder zu einem Frühlingsgemüse geeignet. *Lorbeer* ist, zusammen mit

Petersilienstengeln und Thymian, ein wichtiger Aromaträger in Fonds und Marinaden, vorsichtig dosiert eignet er sich auch für verschiedene Fleisch- und Fischgerichte. *Majoran,* ob Blüten oder Blätter, passt zu vielen Fleischgerichten, aber auch zu Gemüse und in Suppen. *Minze,* das klassische Kräutlein in das klassische Lammgericht, wird heute besonders gern in Desserts mit Früchten verwendet. *Oregano* ist nicht nur das klassische Pizzagewürz, er passt auch besonders gut zu Lamm, Wildgerichten, in Fischsuppen oder zu Tomatensalat. *Petersilie,* zum Aromatisieren ist die flachblättrige Petersilie der krausen vorzuziehen; letztere eignet sich wiederum ganz vorzüglich für ein Gemüse oder einen Salat. *Rosmarin* passt besonders gut zu kräftigen Fleisch-, Geflügel- und Fischgerichten; er ist sehr intensiv im Geschmack, und man muss sehr behutsam mit ihm umgehen. *Sauerampfer;* die erfrischend säuerlichen Blätter wurden eigentlich wiederentdeckt durch ein Gericht der berühmten *Gebrüder Troisgros* aus Roanne: Lachsschnitzel mit Sauerampfer. Die Blätter passen gut in Suppen und Saucen und verfeinern Fisch-, Geflügel- oder auch Gemüsegerichte. Sauerampfer verliert sehr schnell das intensive Grün, was weiter nicht schlimm ist. *Salbei* ist ein herrliches Gewürzkraut, wenn es sehr sparsam verwendet wird, z.B. mit Teigwaren. *Thymian* hat ein sehr ausgeprägtes Aroma und sollte deshalb sparsam verwendet werden, nur verzichten sollten Sie darauf nicht; denn es macht viele Fleischgerichte zu Köstlichkeiten.

Krokant können Sie herstellen, indem Sie 250 g Zucker goldbraun caramelisieren (**Caramelisieren**), diesem ca. 75 g blättrig geschnittene Mandeln zufügen, die Masse auf ein leicht geöltes Blech ausgiessen und erkalten lassen. Der entstandene Mandelzucker lässt sich dann je nach Bedarf hacken oder feinmahlen.

Lamellen sind feinste Scheiben oder Blättchen, die Sie durch sorgfältiges Schneiden erreichen. Meistens taucht dieser Begriff bei Schalotten oder Zwiebeln auf, welche geschält, halbiert und dann in Lamellen geschnitten werden.

Langustine. Die Langustine hat viele Namen. In ihrer Art und ihrem Fleisch ist sie dem Hummer ähnlich, nur wesentlich kleiner, liegt doch das Idealgewicht bei ca. 120 g. Für das kleine Krebstier gilt wie für alle Meeresfrüchte das Prinzip der absoluten Frische. Ausgelöst werden Langustinen so: Die Scheren durch Drehbewegungen und den Kopf abbrechen, die Schalen auf der Bauchseite aufknacken (wie Erdnüsschen), Schalen vorsichtig ablösen und den Schwanz durch eine leichte Ziehbewegung auslösen. Das ausgelöste Fleisch mit dem Rücken nach oben auf den Arbeitstisch legen, mit einem kleinen, scharfen Messer der Rückenmitte entlang einen feinen Schnitt anbringen, damit der Darm sichtbar wird, diesen vorsichtig mit der Messerspitze aus dem Fleisch heben.

Leise köcheln lassen. Lernen Sie das Leise-köcheln-lassen als ein nicht zu unterschätzendes Geheimnis in der Küche zu verstehen! Ein Begriff von sehr grosser Bedeutung, ohne den eine gute Küche nicht denkbar ist. Eigentlich sollte in Ihrer Küche nur dann etwas brodeln, wenn Sie Teigwaren kochen oder ein Produkt blanchieren, ansonsten wird auf kleinem Feuer gegart. Nur wenn ein Produkt schonungsvoll, ja fast liebevoll behandelt wird, können seine wertvollen Substanzen erhalten bleiben. An den Beispielen von Fond, Jus, Consommé oder

Zimtsirup muss es unbedingt Ihr Ziel sein, über eine lange Distanz, auf kleinem Feuer, alles aus dem Produkt herauszuholen, was es herzugeben hat. Nehmen Sie sich die Zeit dafür, es lohnt sich – um so mehr, als Sie nicht dabeistehen müssen. Das **Leise-köcheln-lassen** funktioniert auf Keramikkochflächen wesentlich leichter, weil sich die Hitze besser dosieren lässt, ein Vorteil, der Ihnen bei allen Garprozessen und beim Warmhalten zustatten kommt. Die Kochfelder sind so angeordnet, dass Ihre Töpfe endlich Platz auf dem Herd haben, fast keine Rücksicht mehr auf die Form der Töpfe genommen werden muss und besonders das Hin-und-her-Schieben problemlos möglich ist. Herde mit Glaskeramikkochfeldern gibt es heute in solcher Perfektion, dass sie selbst in Profiküchen Einzug gehalten haben.

Lime, Limone, Limette – ganz einfach die grüne Zitrone. Sie ist eine ausgesprochen aromatische Zitrusfrucht und bringt harmonische Nuancen in ein Dessert mit tropischen Früchten.

Marinieren heisst, ein Produkt in eine aromatisierte Flüssigkeit einlegen und über eine gewisse Zeit stehen lassen.

Médaillons, Mignons. sind kleine Scheiben von Filets (Fleisch oder Fisch), mehr oder weniger dick geschnitten.

Meerrettich. Wissen Sie, wie gut frisch geriebener Meerrettich schmeckt? Auch wenn Sie ihn nicht oft verwenden, lohnt es sich, Meerrettich frisch zu kaufen. Kühl gelagert, ist er mehrere Wochen haltbar, besonders wenn Sie stets nur so viel abschälen, wie Sie eben brauchen.

Mehl. Sie sind gut beraten, wenn Sie Mehl bei Ihrem Bäcker einkaufen, weil es dann meistens frisch und von bester Qualität ist.

Menu bedeutet schlicht eine Speisenfolge, also ein mehrgängiges Menu, ist aber ein derart wichtiges Thema, dass ich darüber ein eigenes Kapitel geschrieben habe. (S.69)

Mise en place frei übersetzt heisst etwa *alles zur Hand haben.* Die richtige Organisation in der Küche halte ich für so entscheidend, dass nicht nur ein eigenes Kapitel darüber notwendig wurde, sondern auch jedem Menu eine Darstellung der **Mise en place** angegliedert ist.

Mit heissem Löffel ausstechen findet vor allem bei Mousses und Sorbets seine Anwendung. Tauchen Sie 2 bis 3 entsprechend grosse Löffel (Café-, Dessert- oder Esslöffel) in ein Gefäss mit kochend heissem Wasser. Einen heissen Löffel zur Hand nehmen, senkrecht in die Masse stechen, eine runde Bewegung ausführen, die überflüssige Menge am Gefässrand abstreifen, und der Inhalt gleitet problemlos vom Löffel auf den Teller. Stellen Sie den gebrauchten Löffel in das heisse Wasser zurück und wiederholen Sie den Vorgang mit dem zweiten Löffel.

Nappieren bedeutet ein gleichmässiges Überziehen eines Gerichts mit Sauce.

Öl gibt es aus verschiedensten Früchten. Unabhängig von seinen geschmacklichen Nuancen, die auch innerhalb derselben Sorte auftreten können, gilt es zu beachten, dass Öl sehr licht- und wärmeempfindlich sowie nur begrenzt haltbar ist. Der kühle Keller oder der Kühlschrank sind am besten als Aufbewahrungsort geeignet. Achten Sie beim Kauf vor allem auf kaltgepresstes Öl, das reich an Vitaminen und fein im Geschmack ist. Besonders beim Olivenöl muss der Vermerk auf der Flasche stehen: «Olio extra Vergine di Oliva», was Jungfernöl bedeutet.

Orangen filetieren. Orangenfilets sind nichts anderes als ausgelöste Orangenschnitze. Schneiden Sie von einer Orange oben und unten ein Deckelchen weg, stellen Sie die Orange aufrecht auf ein Fruchtbrett und schneiden Sie mit einem scharfen, leicht biegsamen Messer breite Streifen von der Schale ab. Die weissen Häutchen zwischen Schale und Fruchtfleisch müssen mit abgelöst werden. Nun halten Sie die vollständig geschälte, ganze Orange in Ihrer Hand und lösen die Filets aus, indem Sie mit dem scharfen Messer links und rechts der Trennhäute zwischen den einzelnen Schnitzen bis zur Fruchtmitte einschneiden. Arbeiten Sie dabei über einer Schüssel, in die Sie die Orangenfilets fallen lassen und die ausserdem den auslaufenden Saft auffängt.

Parieren bedeutet, das Fleisch von Knorpeln, Sehnen und Fett zu befreien. Entsprechend heissen die dabei entstehenden Abfälle Parüren.

Passionsfrucht. Die Frucht einer tropischen Kletterpflanze zeichnet sich durch die etwas ledrige Haut, viele kleine Kerne und geléeartiges Fruchtfleisch aus. Sie macht bestimmte Desserts mit ihrem unverwechselbaren Aroma zu Köstlichkeiten.

Paupiettes sind meist gefüllte, aufgerollte Fleisch-, Fisch- oder Geflügelschnitzelchen.

Peperoni ist die Paprika, welche je nach Reife ihre Farbe von grün über gelb bis zu rot ändert. Je reifer die Schote ist, desto lieblicher ihr Geschmack.

Petersilie. Vielleicht haben Sie bis heute nicht gewusst, dass sich besonders krause Petersilie hervorragend als Gemüse eignet. Die Stiele werden dann nicht verwendet, sondern nur die krause Blume. Mit den Stielen aber bitte nicht Ihren Abfall anreichern, denn sie sind ein kostbarer Aromaträger in Fonds, Jus oder Consommés. Zum Aromatisieren der Gerichte ist die flachblättrige Petersilie der krausen vorzuziehen.

Pfeffer aus der Mühle ist immer frisch gemahlen und darum unerreicht im Geschmack. *Weisser* Pfeffer ist wesentlich feiner im Aroma und weniger aggressiv als *schwarzer.*

Pochieren ist eine sehr schonende Art des Garens. Fische und Geflügel pochieren Sie beispielsweise im entsprechenden Fond, Farcen dagegen im Wasserbad (**Wasserbad**). Pochiert werden auch Eier: Dazu benötigen Sie für ein gutes Resultat zunächst sehr frische Eier und Essigwasser, das im Verhältnis 1:10 zubereitet wird. In einer flachen, möglichst dickwandigen Kasserolle das Essigwasser zum Kochen bringen, die Hitze sofort reduzieren (meistens genügt das Zurückdrehen des Stufenschalters nicht, also den Topf etwas von der Herdplatte ziehen). Jetzt schlagen Sie ein Ei in eine kleine Tasse und lassen es in das Wasser, das auf keinen Fall kochen darf, gleiten. Die Eier je nach Grösse während 2 bis 4 Minuten leise köcheln lassen (die Oberfläche bewegt sich sehr, sehr schwach), mit einem Schaumlöffel herausheben und auf einem Küchentuch trocknen lassen.

Pürieren. Fleisch, Geflügel, Fisch oder Gemüse im Mixer oder Cutter ev. unter Zugabe von Flüssigkeit zu einem glatten Purée verarbeiten.

Quiche ist nichts anderes als eine salzige Füllung auf einem salzigen Kuchenteig.

Rahm schlagen. Sehr oft haben sich meine Schüler darüber beklagt, Rahm lasse sich nicht mehr schön schlagen, und überhaupt wäre das früher ganz anders gewesen... Haben Sie gewusst, dass Rahmschlagen noch heute ein echtes Vergnügen sein kann? Wie so oft bringen Neuerungen nicht immer nur Vorteile, und Sie begehen tatsächlich einen Fehler, wenn Sie Rahm mit einem elektrischen Gerät oder auf noch raffiniertere Art schlagen. Nehmen Sie sich ein paar einfache Regeln zu Herzen, und schon gelingt das Rahmschlagen von *Hand:* Erstens muss die Schüssel sehr kalt sein, entweder stellen Sie diese für ein paar Stunden in den Kühlschrank oder für Minuten in das Tiefkühlfach. Zweitens muss auch der Rahm eiskalt sein. Nun den Rahm in die Schüssel giessen und von *Hand* mit dem Schneebesen fleissig und kräftig schlagen. Rahm von Hand geschlagen besitzt zudem den grossen Vorteil, im Kühlschrank über viele Stunden schön und steif zu bleiben, eine Tatsache, die den kleinen Aufwand noch einmal lohnenswert macht.

Ratatouille besteht aus den typisch südländischen Gemüsen wie Auberginen, Tomaten, Peperoni, Zucchetti, Zwiebeln und Knoblauch. Original gelingt das Gericht nur, wenn die Gemüse in bestem Olivenöl gedünstet werden.

Reduzieren müssen Sie immer, um eine perfekte Sauce zu erhalten. Der Ausdruck umfasst das Verringern einer Flüssigkeitsmenge bis zur gewünschten Konsistenz durch Einkochen.

Röstgemüse besteht in meinen Rezepten immer aus Karotten, englischem Sellerie und Lauch, die in Julienne (**Julienne**) geschnitten werden und dazu dienen, Fonds, Jus oder Saucen aufzubauen. Häufig wird dafür in Kochbüchern auch der Begriff *Mirepoix* verwendet. Die Julienne braucht in diesem Fall wirklich nicht meisterhaft geschnitten zu sein, genügend Feinheit ist indes doch ein Vorteil, weil dadurch die Geschmacksabgabe wesentlich erleichtert wird.

Rosa Braten (Fleisch durchziehen lassen)

Rosettenförmig bezeichnet eine mögliche Art des dekorativen Anrichtens, beispielsweise so, dass Sie Orangenfilets von der Mitte aus kreisförmig anordnen.

Royale ist eine Ei-Rahm-Mischung, die im Wasserbad (**Wasserbad**) gegart wird.

Rüsten fasst alle jene Vorgänge zusammen, die dazu dienen, Gemüse, Früchte und Salate für das Zuschneiden vorzubereiten – also waschen, putzen und eventuell schälen.

Sabayon besteht aus Eigelb und einer Flüssigkeit. Die perfekte Herstellung verlangt, dass er über einem Wasserbad zu einer Crème geschlagen wird (**Wasserbad**).

Salatschleuder. Dieses kleine, praktische Gerät ist die Voraussetzung für einen tadellos zubereiteten Salat. Salate müssen immer trocken sein, damit sie die Sauce annehmen, mit der sie beträufelt oder bepinselt werden. Ausserdem schmeckt ein wässeriger Salat scheusslich! Salate zu trocknen war früher vielleicht etwas schwierig, ausser es stand einer dieser praktischen Salatkörbe zur Verfügung, mit denen man vor der Haustüre ein Fitnessprogramm absolvierte. Die Salatschleuder nimmt Ihnen die Anstrengung ab.

Saucen binden mit Butter dürfte Sie sicher am meisten interessieren. Tatsächlich kann nichts über Ihre Fähigkeiten und Kreativität mehr aussagen als eine vollendete Sauce, die ein Gericht harmonisch begleitet:
Schneiden Sie frische Butter in kleinste Scheiben oder Würfel und stellen Sie diese im Kühlschrank kalt. Und nun ist die Sache eigentlich ganz einfach, lediglich etwas Geduld müssen Sie haben: der reduzierte Alkohol, der Fond oder Jus müssen kochen, damit das Einschwenken der Butter problemlos funktioniert. Bewegen Sie die Kasserolle ständig in Kreisform auf der heissen Herdplatte, fügen Sie ein *kleines* Stückchen Butter bei. Wenn sich dieses *vollständig* mit der Flüssigkeit verbunden hat, wird erst das nächste Stückchen Butter eingeschwenkt. Fahren Sie damit fort, bis die gewünschte Konsistenz erreicht ist. Entscheidend für das Gelingen des Buttereinschwenkens sind: Erstens, dass die Kasserolle *nie* zur Ruhe kommt, zweitens, dass Sie wirklich die Butter *Stückchen für Stückchen* zugeben, drittens, dass die Flüssigkeit *kocht.* All dies nicht sorgfältig beachten heisst, eine vollkommene Bindung der Flüssigkeit verhindern! Im übrigen lässt sich die Methode mit dem Aufschlagen einer Mayonnaise vergleichen. Würden Sie dort das Öl (das wie Butter ein Fett ist) in zu grossen Mengen zu dem Eigelb (anstelle des Fonds oder Jus) geben, käme auch keine Verbindung zustande. Saucen auf diese Art zubereitet, können wieder erwärmt werden, vorausgesetzt allerdings, dass sie nicht kaltgestellt wurden: durch die Kälteeinwirkung würde sich die Butter wieder zusammenballen, beim Aufwärmen logischerweise zerfliessen, was die Sauce wieder dünn machen würde! An sich funktioniert die Methode auch mit einem Schneebesen (oder mit einem elektrischen Mixstab), was besonders dann angezeigt ist, wenn Sie mehr Flüssigkeit zu binden haben.
In meinen Rezepten werden Saucen hin und wieder im Mixer gebunden. Das Vorgehen ist sehr einfach: Sauce in den Mixer geben und die angegebene Buttermenge bei laufendem Motor zufügen. Sollte Ihnen eine Sauce zu dünnflüssig erscheinen, kann sie jederzeit auf dem Herd zur gewünschten Konsistenz reduziert werden. Ein kleiner, nicht unwichtiger Ratschlag: wenn Sie unter die fertigen Saucen am Schluss sehr wenig geschlagenen Rahm ziehen, werden Ihre (weissen) Saucen besonders luftig.

Sattel heisst jenes Stück Fleisch, das zwischen dem ersten Kotelettknochen und dem Schlegel sitzt. Unter dem Sattel ist das kostbare Filet eingebettet.

Sauternes ist ein berühmter Weisswein aus dem Bordeauxgebiet. Der Wein erhält seinen typischen Geschmack durch die sogenannte Edelfäulnis der Trauben.

Sautieren steht generell für sogenannte à-la-minute-Gerichte wie geschnetzeltes Fleisch, Geflügel oder Pilze. Wichtig dabei ist, dass nicht zuviel des jeweiligen Produktes auf einmal sautiert wird, weil sonst die Hitze in der Kasserolle abfallen würde (**Fleisch sautieren**).

Schalotten. Sie werden in den Rezepten immer wieder Schalotten anstelle der Zwiebeln finden. Das hat seinen einfachen Grund im delikateren und feineren Aroma der Schalotten. Im übrigen sind sie heute fast überall erhältlich.

Schmoren (Fleisch schmoren)

Sellerie. Verwenden Sie beim Aufbau der Fonds, Jus oder Saucen anstelle des Knollenselleries den sogenannten englischen Sellerie (Stangensellerie). Er ist um vieles feiner im Aroma.

Sirupartig bedeutet eine Flüssigkeit reduzieren, bis sie schwer vom Löffel fällt oder das typisch sirupartige glänzende Aussehen annimmt.

Sorbetière, auch Eismaschine genannt, dient der perfekten und einfachen Zubereitung von Sorbets und Rahmeis. Das Gerät ist im Kapitel **Das Werkzeug** ausführlich beschrieben. Für Sie, die vielleicht keine Sorbetière besitzen, sind in den Rezepten die Eisparfaits gedacht, welche sich mühelos zubereiten lassen und ebenfalls wunderbar schmecken.

Suprême steht meistens für die Geflügelbrust, seltener für ein Fischfilet.

Teller ausgiessen bedeutet, die Fläche innerhalb des Tellerrandes, den sogenannten Spiegel, mit einer Sauce sorgfältig ausgiessen.

Trüffel. Wenn Sie auf Trüffel in der Dose oder im Glas zurückgreifen müssen – weil eine frische, rohe Trüffel nicht ohne weiteres erhältlich ist,– dann dürfen Sie sich nicht für eine billige Ware entscheiden, die nicht im entferntesten an das Aroma einer frischen Trüffel erinnert. Es gibt gute Dosenware, die zwar nicht das frische Produkt ersetzt, doch immerhin zumutbar ist. Es ist und bleibt eine unübersehbare Tatsache, dass bei jeder noch so gekonnten Konservierungsmethode dem frischen Produkt das Aroma verlorengeht.
Ende Oktober beginnt die Saison für diesen edlen Knollenpilz. Beim Einkauf von frischen Trüffeln ist zu beachten, dass sie sich fest anfühlen lassen und ein intensives Aroma haben.

Über Dampf garen kennzeichnet eine Art des Garens, bei der das Produkt nicht mit einer Flüssigkeit in Berührung kommt. Vor vielen Jahren enthob mich diese Methode der Aufgabe, Fische im Ofen und in einem Fond garen zu müssen, begleitet von der Angst, die richtige Zeit zu verpassen. Heute jedoch bin ich von der Methode überzeugt, weil die Produkte, derart gegart, ihren Eigengeschmack am besten behalten: Dünsten Sie 50 g Gemüsejulienne und eine in Lamellen geschnittene Schalotte kurz in Butter, 1 dl Wasser und 0,5 dl Weisswein zufügen, kurz durchkochen, dann die Kasserolle vom Herd ziehen. Ein auf die Kasserolle passendes Sieb buttern, die Fischfilets (oder Fleisch, oder Geflügel) würzen, auf das Sieb legen, dieses mit Alufolie oder einem passenden Deckel verschliessen und das Ganze auf den Topf setzen. Die Flüssigkeit auf grossem Feuer zum Kochen bringen, damit sich Dampf bildet. Die Fischfilets während ca. 30 bis 60 Sekunden auf den Punkt garen. Dickere Fischfilets oder Geflügel brauchen natürlich entsprechend länger. Noch ein Hinweis: Falls Sie Gemüsefond zur Verfügung haben, erübrigt sich die Verwendung von Gemüse, Schalotte, Wein und Wasser, die Sie durch 1 dl Gemüsefond ersetzen.

Umgiessen. Damit ist gemeint, eine Sauce nicht über, sondern neben das Gericht zu giessen.

Unterheben bedeutet, dass Sie nicht mit dem Schneebesen durchmischen oder -rühren, sondern diesen waagerecht halten, um Eiweiss oder Rahm vorsichtig unter eine Masse zu ziehen.

Unter Klarsichtfolie verschliessen ist ein Ausdruck, dem Sie in meinen Rezepten sehr oft begegnen, vor allem bei der **Mise en place**. Es handelt sich dabei häufig um Produkte, die sich in irgendeiner Weise vorbereiten lassen. Die Klarsichtfolie verhindert dann ein eventuelles Austrocknen oder das Übertragen fremder Gerüche. Selbstverständlich braucht es nicht Klarsichtfolie zu sein, das Abdecken kann auch mit einem Teller geschehen.

Vanille wird die Königin der Gewürze genannt und gibt vielen Desserts ein unverwechselbares Aroma. Da die wertvollen Stengel leicht austrocknen, sollten sie fest verschlossen in den Glasröhrchen aufbewahrt werden, in denen sie gekauft wurden.

Vanillezucker lässt sich gut selbst herstellen und schmeckt mit Sicherheit besser als die angebotenen Fertigprodukte. Geben Sie 200 g Zucker in ein gut verschliessbares Glas und fügen Sie eine aufgeschnittene Vanilleschote hinzu.

Vinaigrette ist die französische Bezeichnung für Salatsauce. Rezepte dazu finden Sie im Kapitel **Die Grundzubereitungen.**

Wasserbad, in der Fachsprache auch Bain-Marie genannt, ist eine wichtige Sache, wenn es darum geht, Produkte schonungsvoll zu garen. Wir unterscheiden:
Auf dem Wasserbad zum Beispiel wird ein Sabayon aufgeschlagen. Auf einem entsprechend grossen Kochtopf sitzt eine entsprechend grosse Schüssel mit rundem Boden, in der Eier und Zucker, oder Eier und eine Flüssigkeit, zu einer Crème geschlagen werden. Im Kochtopf köchelt Wasser leise vor sich hin und gibt an die Schüssel die notwendige Wärme ab, wobei Sie darauf achten müssen, dass die Schüssel mit dem Wasser nicht in Berührung kommt, was das zu schnelle Stocken der Eier zur Folge hätte.

Im Wasserbad (ob im Ofen oder auf dem Herd) werden besonders delikate Mousselines und Terrinen schonend gegart. Dazu brauchen Sie einen niedrigen Kochtopf, der den gesamten in einer oder mehreren Form(-en) sich befindenden Inhalt aufnehmen kann. Den Boden des Topfes belegen Sie mit ca. vier Lagen Zeitungspapier, das mit einer Schere in Form geschnitten wurde. Dies verhindert eine zu direkte Hitzeeinwirkung. Stellen Sie nun die Form(-en) auf das Zeitungspapier, mit Wasser bis zu vier Fünftel unter den Rand der Form(-en) auffüllen. Entscheidend ist nun, dass das Wasser nicht zum Kochen kommt, sondern knapp auf dem Siedepunkt gehalten wird, die Oberfläche bewegt sich dabei schwach. Den Kochtopf jetzt mit dem Deckel verschliessen, damit die Wärme nicht entweichen kann. Kleine, in Förmchen gefüllte Mengen (etwa Mousselines) lassen sich auf dem Herd bestens garen. Bei Terrinen, die entsprechend mehr Zeit brauchen, ist es allerdings von Vorteil, den Garprozess im Ofen zu vollziehen. Die regelmässige Hitzeeinwirkung ist dort besser gewährleistet. Das Prinzip des Wasserbades bleibt indes dasselbe – bei Terrinen mit eigenem Deckel entfällt lediglich das Verschliessen des Kochtopfes.

Weggiessen oder abschütten sollen Sie besonders überflüssiges Bratfett, bevor der Bratsatz mit Flüssigkeit aufgelöst wird (**Ablöschen**).

Wilder Reis ist kein Reis im üblichen Sinne, sondern der Samen eines Wassergrases, das in Sümpfen wächst. Der Samen muss von Hand geerntet werden, weshalb echter, nämlich ungemischter Wildreis ziemlich teuer ist. Dafür übertrifft er den gewöhnlichen, geschälten Reis an Geschmack, Mineralstoffen und Vitamin-B-Gehalt.

Vorsichtig würzen. Ein Thema, worüber es viel zu sagen gibt, und wo Worte dennoch nicht genügen, um zu erklären, wie Perfektion beim Würzen erreicht werden kann. Eigenartigerweise wird dem *Salz* eine zu grosse Bedeutung beigemessen und auch äusserst grosszügig damit umgegangen. Natürlich besitzt Salz gute Eigenschaften, und wir können schlecht darauf verzichten. Geschmacksnuancen jedoch werden kaum durch unüberlegte Zugabe von Salz erreicht. Viel eher runden ein Kräutlein, ein sanftes Gewürz, ein paar Tropfen Zitronensaft, Wein oder Sherry eine Sauce ab. Auf jeden Fall ist angezeigt, am Anfang mit Vorsicht zu salzen, was nicht nur wichtig für die Garzeit ist, sondern wodurch ebenso verhindert wird, dass ein Gericht durch die Reduktion beim Kochen versalzen wird. *Pfeffer*, den Sie mitkochen, macht ein Gericht zwar scharf, der Pfeffer selbst verliert jedoch sein Aroma. Wenn Sie dem Gericht hingegen vor Vollendung ein paar Umdrehungen Pfeffer aus der Mühle zufügen, wird er das Gericht parfümieren, ohne die Zunge zu belästigen.
Auf keinen Fall dürfen Sie den Fehler begehen und lässig ins Gewürztöpfchen greifen – tun Sie es vorsichtig und voll konzentriert, und versuchen Sie so oft, bis Sie vom Resultat überzeugt sind. Vor allen Dingen ist es von grosser Bedeutung, dass Sie verstehen lernen, dass Produkte viel an Eigenaromen und Mineralsalzen mitbringen und dass es oftmals nur darum gehen kann, den Eigengeschmack behutsam zu unterstützen. Etwas dürfen Sie nicht übersehen: **Perfektion und Harmonie laufen parallel mit Lebenserfahrung und Sensibilität, die beide nicht erlernbar sind.**
Sie werden in meinen Rezepten immer wieder den Begriffen wie *Prise, Spur* oder *Hauch* be-

gegnen; Begriffe, die sehr wohl differenzieren! Üben Sie dieses Fingerspiel, und Sie werden einem guten Resultat sehr nahekommen.
Eine *Prise* ist, was zwischen *drei* Fingern Platz hat; eine *Spur* ist, was zwischen *zwei* Fingern Platz hat; ein *Hauch* ist, weil er ein *Hauch* ist, nicht erklärbar!
Sie werden in den Rezepten ebenfalls auf die Begiffe Ess- und Caféløffel stossen, in der Absicht, Ihnen die Arbeit ein klein wenig zu erleichtern. Es handelt sich dabei um tiefe Café- oder Esslöffel, und so ist es wohl ratsam, dass Sie Ihr eigenes Besteck mit dem Inhalt meiner Löffel vergleichen, damit das Resultat nicht allzusehr vom Rezept abweicht. Als Beispiel:

1 EL Wasser	20 g
1 EL Öl	20 g
1 EL Rahm	20 g
1 EL Essig	20 g
1 EL Butter	25 g
1 CL Butter	10 g
1 CL Tomatenpurée	15 g

Zerquirlen bedeutet, ein Eigelb mit ein paar Tropfen Wasser aufschlagen; diese Mischung wird besonders zum Bestreichen eines Teiges benutzt.

Zeste ist das dünn abgeschälte Gelbe oder Orange von Zitronen- bzw. Orangenschalen.

Zuckersirup. 135 g Zucker zusammen mit 2,5 dl Wasser zum Kochen bringen, auskühlen lassen und im Kühlschrank aufbewahren.

Zugedeckt köcheln lassen. Achten Sie beim Lesen der Rezepte sehr genau darauf, ob ein Gericht zugedeckt zubereitet werden muss. Wenn nicht besonders darauf hingewiesen wird, handelt es sich stets um *offenes* Kochen, das immer dann notwendig ist, wenn man eine Flüssigkeit reduzieren will.

Zwiebeln schwärzen. Um beispielsweise einer Consommé die schöne dunkle Farbe zu verleihen, brauchen Sie geschwärzte Zwiebelhälften: Eine grosse Zwiebel mit Schale halbieren, in einer kleinen, trockenen Kasserolle (ich verwende dafür ein schwarzes, gusseisernes Eierpfännchen) die Schnittseite auf kleinem Feuer während ca. zwei Stunden schwärzen. Dieser Vorgang muss wirklich sehr, sehr langsam geschehen, damit das Schwarzwerden intensiviert wird. Auf zu grossem Feuer und zu schnell geschwärzte Zwiebeln sehen zwar tiefschwarz aus, schmecken aber auch bestimmt bitter.

Die Aussergewöhnlichkeit an der ehrlichen Küche sind nicht die kostspieligen, sondern die kostbaren, frischen und natürlichen Produkte.

Produkte und Einkauf

Grundsätzlich sehe ich davon ab, Ihnen Produkte in allen Einzelheiten und der ganzen Vielfalt vorzustellen, wo sie ihre Urheimat haben, ob sie ein zur Verholzung neigendes Kraut besitzen und welche Vitamine sie enthalten. Es existieren viele Kochbücher, die darüber erschöpfend Auskunft geben. Mir erscheint es sinnvoll, die Seiten in diesem Buch vor allem mit praktischen Hinweisen zu füllen, die sich nach häufig gestellten Fragen während der Kochkurse richten.
Zwar lehrt Sie dieses Buch eine liebe- und anspruchsvolle Küche, aber es hat vor Hummer und Flusskrebsen Halt gemacht. Beide schmecken nur hervorragend, wenn sie lebend gekocht werden. Mein Ehrgeiz, ein unantastbares Buch zu schreiben, ist an dieser Stelle brüsk aufgehalten worden, weil mir meine Seele nämlich unmissverständlich Grenzen setzt – nicht durchlaufend konsequent – ich gebe dies gerne zu. Es ist deshalb kaum anzunehmen, Produkte, wie sie in den Rezepten verwendet werden, würden durchwegs der einfachen, regionalen Küche entstammen. Da ist meine Liebe zu den schönen Produkten französischer Provenienzen zu gross, als dass ich mich an Alltäglichem festklammern wollte. Sie sind jedoch dabei, sich an Rezepte heranzutasten, die – von den Produkten her – nicht nur gemacht sind, an einem besonderen Tag (mit diesem besonders glücklichen Gefühl...) umgesetzt zu werden, sondern sie verlangen von Ihnen gewisse Anstrengungen. Ich darf demnach nicht mit Selbstverständlichkeit voraussetzen, Sie könnten alle Produkte überall und jederzeit griffbereit vorfinden. Aber ich bin überzeugt, dass Sie den Aufwand nicht scheuen werden, einen Metzger, einen Gemüse-, Geflügel- und Fischhändler ausfindig zu machen, denen Sie blind vertrauen können. Oft braucht es dazu ein Gespräch, damit Ihnen wirklich jene Produkte verkauft werden, welche die notwendige Voraussetzung für das Gelingen eines Rezeptes sind. Denn nicht nur Ihr Geschick oder das Verständnis für das einzelne Produkt entscheiden darüber, ob Ihre Arbeit belohnt wird, sondern sehr oft auch Qualitätsbegriffe, die unterschiedlich verstanden werden. Nichts darf deshalb so wenig dem Zufall überlassen bleiben wie der Einkauf von Produkten. Ihre Aufmerksamkeit ist Tag für Tag angebracht. Denn die Aussergewöhnlichkeit an der ehrlichen Küche sind nicht die kostspieligen, sondern die kostbaren, frischen und natürlichen Produkte.

Die Medien versuchen auf geschickte Art und Weise, uns die Notwendigkeit und die Bedeutung von Preisvergleichen bewusst zu machen. Auf viele Dinge bezogen mag dies seine Richtigkeit haben. Begehen Sie dabei aber nicht den Fehler, Ihr Qualitätsbewusstsein in den Hintergrund zu verdrängen. Es muss nicht immer Kaviar sein, wo es oft mehr Spass macht, in eine junge Karotte zu beissen! Das Bewusstsein für Qualität hat aber mit einer Differenzierung zwischen Produkten überhaupt nichts zu tun, sondern ist vielmehr als ein grundsätzlicher, legitimer Anspruch auf ein gesundes Verhältnis zwischen Produkt und Preis zu verstehen. Bei Öl sollten Sie wirklich über Ihren Schatten springen, für einen Augenblick das Haushaltbudget vergessen und zielstrebig nach der teuersten Flasche (pro dl wohlverstanden) im Regal greifen. Kostbares Öl stammt aus erster Pressung, ist deshalb überaus gesund, reich an Vitaminen und unerhört fein im Geschmack; hinzu kommt die dünnflüssige Konsistenz, welche eine sparsamere Verwendung zulässt. Wenn Sie erst noch gelernt haben, gewisse Salate zu bepinseln und den Sinn nicht mehr einsehen, weshalb die knackige Herrlichkeit in viel Vinaigrette unansehnlich werden soll – und Ihnen der Überfluss am Boden der Salatschüssel als Verschwendung vorkommt –, spätestens dann haben Sie verstanden, was Qualitätsbewusstsein heisst, und wie weit hier Kochen und Einkauf schon unweigerlich zusammenspielen. Wie oft ist man versucht, geschickt verpackte Bohnen hinter einem grünen Netz und unter dem Aktionsaspekt zu kaufen, um dann zu Hause festzustellen, dass sie alt, fleckig und nur zur Hälfte brauchbar sind. Die frischen, etwas teureren Bohnen hätten sich wie Glas brechen und vollumfänglich verwenden lassen, was beweist, dass kostbare Produkte (und zu ihnen zähle ich auch das Gemüse) oftmals nicht nur teurer, sondern eben auch ergiebiger sind; eine Tatsache, die den Preis wieder ins rechte Licht rückt.

Kochen fängt beim Einkauf an, und es hat seine Richtigkeit, wenn Sie eine Einkaufsliste erstellen, die so exakt ist, dass Sie nach dem Einkauf keine Überraschungen erleben müssen. Denn nichts könnte gefährlicher sein, als alles dem Zufall zu überlassen, der Sie mit Sicherheit zur Nachbarin laufen lässt, weil Ihnen im dümmsten Moment der Rahm ausgegangen ist; oder er lässt Sie gedankenlos Produkte einkaufen, für die Sie überhaupt keine Verwendung haben und die Ihren Kühlschrank nur unnötig überfüllen. Leider hat eine Einkaufsliste auch ihre Tücken, vor denen Sie sich in acht nehmen müssen. Angenommen, in Ihrem Menu sind Spargeln eingeplant, die sich dann in der Auslage als ein trauriger, trockener Bund weisser Stangen präsentieren. In unmittelbarer Nachbarschaft jedoch würden sich die feinsten, kleinsten Zuckererbsen (Kefen) anbieten, die gekocht eine aparte Beilage oder einen delikaten Salat ergeben. Sie aber haben auf Ihrem Zettel Spargeln stehen und sind bereit, sich der Hoffnung hinzugeben, hinter der zweifelhaften Qualität könnte sich ein zartes Innenleben verbergen! Der Augenblick ist vorgezeichnet, wo Sie sich des duftigen Grüns der Zuckererbsen erinnern werden und bedauern, nicht spontaner gehandelt zu haben. Es wäre unklug, sich blind auf meine Menuvorschläge zu verlassen. Zwar dürfen Sie annehmen, dass ich bei der Menuplanung Produkte der jeweiligen Jahreszeiten berücksichtigt habe, doch der Fall ist wirklich denkbar, dass ein Produkt durch Transport oder Absatzschwierigkeiten leidet. Haben Sie den Mut zur Spontaneität, wenn es zu entscheiden gilt zwischen einem weniger frischen und einem sichtbar frischeren Produkt. Auf den Milkensalat mit Spargeln kann leicht verzichtet werden angesichts des Wissens, wie gut ein Milkenschnitzelchen zum Salat aus Zuckererbsen passt. Nehmen wir weiter an, im Menu sei der Sankt-Petersfisch vorgesehen, bei Ihrem Händler jedoch ist die Seezunge eben eingetroffen. Muss es da nicht verlockend sein, meinen Vorschlag zu vergessen und dem eigenen guten Gefühl nachzugeben? Und ich darf doch davon ausgehen, dass Sie Brombeeren im November übersehen, weil die kleinen, blauen Feigen gerade Saison haben. Und dass Sie sich an Weihnachten nicht von Erdbeeren verführen lassen, die wirklich nur im Vorsommer am besten schmecken und uns zudem der Möglichkeit berauben, uns auf die Erdbeerzeit zu freuen. Demnach ist Planung für den Einkauf zwar wichtig, darf aber niemals die spontane Wahl für ein frischeres anderes Produkt verhindern. Ein geübtes Auge für beste Qualität, ein gesundes Selbstvertrauen und kritisches, bewusstes Auswählen bewahren meistens vor Missgriffen — andernfalls hilft eine negative Erfahrung, in der Zukunft erfolgreicher zu sein.

Rezepte lesen, heisst noch nicht, diese auch richtig verstehen.

Die Interpretation von Rezepten

Noch habe ich nicht von allem gesprochen, und vieles bleibt zu sagen. Es ist mein Ziel, Sie jene Küche zu lehren, von der Sie zwar herausgefordert werden, die aber gerade deshalb Erfolgserlebnisse ermöglicht – und was für welche! Über eine Herausforderung besonderer Art schrieb ich in meinem Buch **Seitensprünge in der Küche** unter dem Titel **Rezepte**:

«Es fehlen zum Teil exakte Mengenangaben und Hinweise auf die Personenzahl. Die Rezepte wenden sich deshalb an alle Engagierten, an all jene, denen Kochen nicht Pflicht, sondern Freude bedeutet und die verstehen, Rezepte zu interpretieren. Diese vermitteln eine natürliche Küche aus frischen Produkten von allerbester Qualität, die voller Spontaneität ist und wo die Liebe zum Detail das übrige tut.»

Diese Worte haben heute noch ihre Gültigkeit bis auf eine kleine Änderung mit Folgen: Mengenangaben werden in diesem Buch nicht mehr dem Zufall überlassen, und ich setze auch nicht mehr voraus, Sie könnten Rezepte, denen Sie auch in anderen Kochbüchern begegnen, auf Anhieb richtig interpretieren. Denn Rezepte *lesen* heisst noch nicht, diese auch richtig *verstehen.* Es ist deshalb besonders wichtig, sich oft und intensiv in die Texte zu vertiefen, bis Ihnen logischer Aufbau und arbeitstechnischer Ablauf vollständig klar sind. Das erleichtert die Arbeit ganz erheblich. Oft fehlen in Rezepten Angaben über eine notwendige Zutat, oder ein Rezept ist schlecht erklärt. Das hat weniger mit der Unfähigkeit des Autors zu tun, als vielmehr mit seiner Vorstellung, alle würden in gleichen Strukturen denken wie er. Fehler werden Sie mit ziemlicher Sicherheit auch in meinem Buch entdecken, Fehler, die ich trotz höchster Aufmerksamkeit weder gespürt noch bemerkt habe. Mit Ihrer Konzentration dürften allerdings keine unüberwindlichen Schwierigkeiten entstehen.
Nun ist aber die Küche glücklicherweise keine exakte Wissenschaft mit berechenbarer Präzision. Wäre sie es, würden Sie der Freiheit beraubt, selbst kreativ und kompetent zu werden. Und was wäre die Küche ohne diese persönliche Freiheit, durch die schöpferisches Schaffen erst möglich wird! So sind Mengenangaben eher gedacht, dem weniger Geübten eine gewisse Sicherheit zu vermitteln. Hinzu kommt, dass die Natur, aus der wir unsere Nahrung nehmen, *lebt* – mitunter kann sie uns dadurch geradezu verwirren. *Richtiges Verstehen schliesst deshalb das Wissen mit ein, dass sich Produkte beim Kochen verändern.* Chemisch-physikalische Vorgänge beispielsweise lassen aus einem geschmeidigen Teig erst das knusprige, luftige Pariserbrot entstehen (oder eben eine verbrannte, harte Keule...).
Sie sehen: viele Gefahren lauern, was das Kochen nicht weniger spannend macht! Vorsicht

beim Interpretieren von Rezepten ist besonders bei Unwägbarkeiten angebracht: in meinem Backofen gelingt das Brot bei 220 Grad auf der mittleren Rille in einer halben Stunde perfekt. Bei Ihnen genauso gebacken, kann es anders geraten, weil sich etwa die Wärmeleistung unserer Backöfen unterscheidet. Und wenn mein Mehl mit weniger Flüssigkeit auskommt als Ihres, beweist dies, dass wir es nicht beim selben Bäcker und nicht aus demselben Sack gekauft haben. Kochen hat demnach mit blinder Nachahmung nichts zu tun. Es geht dabei vielmehr um die kleine Kunst, sich in ein Produkt hineinzudenken und zu wissen, dass es sich liebevoll behandeln lässt, dass Sie dabei Ihren Händen und Ihren schöpferischen Fähigkeiten vertrauen sollten. *Kochen ist nichts anderes als eine bewusste und permanente Auseinandersetzung mit dem Produkt.*

Die meisten meiner **Rezepte** basieren auf einem **dreigängigen Menu** für **vier Personen**. Nun kann ich natürlich nicht wissen, ob Sie kleine oder grosse Esser am Tisch haben, ob Sie ein Menu mit mehr als drei Gängen planen oder ob eine Vorspeise zum Hauptgericht umgewandelt wird. Denn niemand wird Sie daran hindern wollen, an einem warmen Sommerabend den Salat mit Räucherlachs als Hauptgericht aufzutragen, besonders wenn Sie hinterher einen schönen Käse und ein gekonntes Dessert servieren. Da ich diesen Salat aber als Vorspeise in ein Menu eingebaut habe, ist es einleuchtend , dass die Zutaten entsprechend erhöht werden müssen. Das Beispiel soll zeigen, dass die Rezepte in diesem Buch nicht als Diktate, sondern als Anregungen zu verstehen sind. Unter diesem Aspekt erhalten jene Variationen, die unter dem bezeichnenden Titel **Das Spiel** jedem Rezept angegliedert sind, ihre volle Bedeutung.

Ein professioneller Koch kennt ein Geheimnis,
das für ihn die einzige Möglichkeit ist, während dem Service
gute Regie zu führen.

Die Mise en place

Ein Geheimnis in der Küche, welches für das gute Gelingen eines Gerichtes oder eines Menus mitverantwortlich ist, heisst in der Fachsprache **Mise en place**, was mit *alles zur Hand haben* übersetzt werden kann und als kleine, nicht unbedeutende Zauberformel zu betrachten ist. Ein professioneller Koch kennt dieses Geheimnis, das für ihn die einzige Möglichkeit ist, während dem Service gute Regie zu führen. Denn ohne Organisation kann beim Kochen kaum etwas reibungslos funktionieren. Hand aufs Herz, ist es nicht oftmals so, dass Sie sich in einen chaotischen Zustand versetzt fühlen, nicht mehr wissen, wo Ihnen der Kopf steht und Sie dann entsprechend erschöpft Ihre Gäste empfangen? Ganz zu schweigen von den schrecklichen Minuten am Herd, während Ihre Freunde am Tisch sitzen. Nun verlangt zwar meine Küche eine gewisse Anstrengung, und dennoch gibt es Möglichkeiten, aufgeregte Situationen auf ein Minimum zu beschränken. Es kann nicht der Sinn der Sache sein, Sie hilflos in der Küche stehen zu lassen, wo ich selbst über zwei Jahre lang die Gelegenheit hatte, einerseits aus den Kochkursen Erfahrungen zu sammeln und mich andererseits als Hausfrau auf das mitunter grausame Spiel einzustellen.

Es ist leicht denkbar, dass Sie annehmen, die Arbeit müsste mir unweigerlich leichter fallen. Dieser Gedanke ist keineswegs von der Hand zu weisen. Ich kann nämlich kaum jene Experimentierfreudige geblieben sein, welche vor 26 Jahren den Einstieg in eine Existenz wagte, in die ich bloss ein wenig Talent, eine ausgeprägte Liebe zur Küche und auch Ehrgeiz einzubringen hatte. Das war nicht viel am Anfang, und dennoch ist das Experiment geglückt. Allerdings entwickelte sich meine Arbeitsweise – in Unkenntnis der Dinge – auf ganz eigene Art, blieb unbeeinflusst von professionellem Denken. Der Hang zur Perfektion, die Liebe zum Produkt und zum Detail prägten meinen Stil auch dann noch, als ich für zahlreiche und anspruchsvolle Gäste zu kochen hatte.

Was mich damals im wesentlichen von Ihnen unterschied, waren die vielen fleissigen Hände, welche mir zur Verfügung standen. Ich habe erst viel später verstanden, wie verwöhnt ich im Grunde war. Alles, aber auch wirklich alles wurde für mich vorbereitet. Ich brauchte nur in die Küche zu stehen und mich für Stunden auf den Service zu konzentrieren. Jede Kleinarbeit wurde mir abgenommen: die Gemüsejulienne war geschnitten, die Kräuter gezupft, der Salat gewaschen, die Knochen aus dem Lammsattel gelöst und der Fisch filetiert. Können Sie sich vorstellen, wie gross die Umstellung gewesen war, als ich *nach* der Zeit im *Landhaus* Gäste ohne jegliche Hilfe empfangen wollte und mir darüber hinaus der Sinn danach stand, mit ihnen am Tisch zu sitzen und mich an ihrem Gespräch zu beteiligen? So übte ich einen ganzen langen Sommer hindurch, verspürte immer wieder Lust auf Gäste und aufs Kochen, und suchte die Herausforderung, mich ohne Hilfe zurechtzufinden. Nun kannte ich allerdings die Zauberformel **Mise en place** und brauchte sie bloss noch in meine kleine, sehr unprofessionelle Küche umzusetzen. Das Konzept der Menus musste sich deshalb zwingend in die neue Situation einpassen. Sie kennen diese Situation auch, glauben aber nicht, dass sie sich für Gäste und beglückendes Kochen wirklich eignet. Und ob sie sich eignet! Lassen Sie mich an einem Beispiel erzählen:

Amuse-Bouche
Lachsterrine mit Schnittlauchsauce
Suppe
Steinpilzragout
Lammsattel mit jungen Bohnen
Käse
Waldhimbeeren auf Blätterteig

Als erstes mussten die Produkte organisiert werden. Das ist für eine Hausfrau, die abseits vom grossen Verkehr in den Bergen wohnt, gar nicht so einfach – könnte man annehmen. Das trifft zwar auf den Lachs zu, der schliesslich aus Genf kam, und auf den Lammsattel, der aus Basel angeliefert wurde. Doch was glauben Sie, haben unsere Wälder zu bieten, wenn man sie an einem Hochsommertag mit offenen Augen durchstreift? Die ersten jungen Steinpilze und die kleinen Waldhimbeeren mit dem unverwechselbaren Aroma nämlich! Das sind in der Tat keine zu geringen Köstlichkeiten.

Angenommen, die Einladung war für Donnerstag vorgesehen, so musste der Mittwoch für die Vorbereitungen herhalten: die Lachsterrine konnte zubereitet werden, die ohnehin über Nacht im Kühlschrank ruhen musste. Vom Lammsattel wurden die Knöchlein ausgelöst und zu einem Jus verarbeitet, das Fleisch in Form gebunden. Und der Blätterteig konnte hergestellt werden. Am Morgen des Donnerstags blieb mir Zeit, von den Bohnen Stielansätze zu entfernen, von den Pilzen die erdigen Teile wegzuschneiden, Himbeeren zu verlesen, Himbeersauce herzustellen und die Blätterteigpastetchen zu backen. Am frühen Nachmittag wurden der Tisch gedeckt und die Aktivitäten langsam gesteigert: Bohnen blanchieren, Suppe herstellen, dann die Schnittlauchsauce rühren (ohne jedoch den Schnittlauch zuzufügen), Rahm schlagen und kaltstellen, Pilze in Scheiben schneiden, endlich die Kräuter zupfen und die Teller kalt- beziehungsweise warmstellen. Es blieb dann immer noch Zeit für ein wenig Ruhe, während der ich tief durchatmen und mich auf die Gäste freuen durfte.

Der Aperitif verlief in gewohnt guter Atmosphäre, was mir erlaubte, kurz bevor die Gäste an den Tisch gebeten wurden, die Lachsterrine aufzuschneiden. Die Suppe brauchte bloss erwärmt und in Tassen gefüllt zu werden. Die Steinpilze machten schon gar keine Arbeit, sie wurden nur kurz sautiert; in der Zwischenzeit sah der Lammsattel im Ofen knusprigen Zeiten entgegen. Zu diesem Zeitpunkt waren die Gäste schon derart in anregende Gespräche verwickelt, dass sie kaum meinen letzten, grossen Rückzug in die Küche bemerkt haben dürften: Fleisch durchziehen lassen, Bohnen in der heissen Butter schwenken und Jus erwärmen war eines, den Lammsattel aufschneiden, das Fleisch auf grossen Tellern anrichten, mit wenig Jus umgiessen und die Bohnen dekorativ dazulegen das zweite. Mit diesem letzten Auftritt lag die grosse Arbeit hinter mir; Käse- und Dessertgang fügten sich naht- und problemlos an.

Sie dürften inzwischen festgestellt haben, dass der Weg ungleich einfacher zu dieser Küche führt, als Sie vermutlich gedacht haben. Damit Sie ihn ebenso mühelos gehen können, sind ein paar Dinge zu beachten. Zum Beispiel sollten Sie stets alles zur Hand haben, *bevor* die Arbeit beginnt, sämtliche Produkte und Arbeitsgeräte, damit Sie nicht unnötig Zeit verlieren, weil Sie dauernd nach etwas suchen oder rennen müssen. Dann ist wichtig, nach einem sorgfältig aufgestellten Plan zu arbeiten, um alles abhaken zu können, was erledigt wurde. Mit dieser Methode riskieren Sie nicht, entscheidende Arbeiten zu vergessen, und zudem bleibt der Kopf frei für eine vollkommene Konzentration auf die gerade auszuführenden Verrichtungen. Denken Sie daran, gewisse Produkte frühzeitig aus dem Kühlschrank zu nehmen, denn kalte Eier erschweren die Zubereitung eines Sabayons; Fleisch und Geflügel, das rosa gebraten wird, könnte sich im Kern nicht schnell genug erwärmen — blanchiertes Gemüse allerdings steht hoffentlich nicht im Kühlschrank, sondern unter Klarsichtfolie (oder einem Teller) zugedeckt in der Küche! Schliesslich können Sie ganz wesentlich Ihre Arbeit erleichtern, wenn sämtliches Arbeitsmaterial sofort nach Gebrauch gereinigt und an den ihm zustehenden Platz versorgt wird. Richtig verstanden, bilden also Ordnung und Organisation eine gewisse Voraussetzung für Ihren Erfolg. Ich habe versucht, Ihnen eine zwar verständliche, aber eigentlich unbegründete Angst zu nehmen. Üben Sie so lange, bis Ihre kleinen Unsicherheiten vergessen sind und die Freude am Spiel im Vordergrund steht.

Der Kreis kann sich schliessen: Geliebtes Kochen

Menu und Spiel

Von allem Anfang an hat Sie das Buch zu diesem Kapitel hingeführt; jetzt kann alles ein- und umgesetzt werden, was ich Ihnen in den vorangegangenen Kapiteln vermittelt habe. Ein Essen ist eine Gelegenheit, sich unter liebenswerten Menschen wohlzufühlen und kann unvergessliche Augenblicke bringen, ganz egal, wie einfach oder wie aufwendig es gestaltet wird. Köstliche Nudeln sind deshalb ebenso gemacht, einen Abend in besonderer Erinnerung zu behalten wie ein schön komponiertes Menu. Doch während das einfache Gericht Nudeln allein über die «Philosophie» zu verstehen ist, so gibt es darüberhinaus beim Thema **Menu** und **Spiel** weitere Aspekte zu beachten. Alles was ich Ihnen dabei mitzuteilen habe, ist wieder einmal mehr das Resultat ganz persönlicher Erkenntnisse und gedacht, Ihnen über die letzte Hürde hinwegzuhelfen. Ob Sie sich dann, im Anschluss an dieses Kapitel, für ein einzelnes Gericht oder ein mehr oder weniger umfangreiches Menu entscheiden, ist selbstverständlich Ihnen überlassen. Doch eine leise, noch vorhandene Unsicherheit ist denkbar, weil es bei der Menugestaltung einige Spielregeln zu beachten gibt, die Ihnen vielleicht nicht bekannt sind. So könnte Sie beispielsweise der formale **Menuaufbau** interessieren, wie er bei meinen späteren Menuvorschlägen angewendet wird, der in einer harmonischen Folge über ein **Amuse-Bouche,** eine **kalte Vorspeise,** eine **Suppe,** eine **warme Vorspeise**, ein **Hauptgericht, Käse** und **Dessert** führt.

Ein **Amuse-Bouche** ist – und es kann wortwörtlich mit *Mundvergnügen* übersetzt werden – nichts anderes als eine kleine Nebensächlichkeit, die zum Aperitif serviert wird und gemacht ist, um sich auf einen schönen Abend einzustimmen. Nebensächlichkeit? Gewiss dann, wenn es lieblos aus Dosen und Tüten kollert! Auf jeden Fall ist es klug, zum Aperitif eine Kleinigkeit vorzusehen, damit der Alkohol auf vorbereiteten Magen fliessen kann, wie es auch unklug wäre, ihn unnötigerweise durch schwer verdauliche Dosenprodukte zu belasten. Unter dem Rezeptteil finden Sie ein paar Ideen, die viele spielerische Möglichkeiten zulassen.

Am Anfang eines schönen Essens steht meistens eine **kalte Vorspeise**. Eine Terrine vielleicht oder ein Salat, ein besonderer natürlich. Ein Salat aus Gemüse beispielsweise, das kurz zuvor gekocht, in Form geschnitten, mit einer leichten Vinaigrette überzogen, noch warm mit einer kleinen Köstlichkeit kombiniert wird: mit einem warmen Fischfilet, mit Jakobsmuscheln oder rosa gebratener Geflügelleber. Ob ein Salat aus Gemüsen oder Blattsalaten, er lässt viele Möglichkeiten attraktiver Präsentation zu und bringt ausserdem einen gesunden

Ausgleich in eine oft zu eiweisshaltige Ernährungsweise. Ein kleines Detail dürfen Sie auf keinen Fall übersehen: eine liebevolle Einleitung zu einem Menu kann Ihre Gäste in höchste Spannung versetzen, weil sie spüren, dass Grosses auf sie zukommt.

Suppen haben in unserer Vorstellung etwas mit kalter Jahreszeit, Geborgenheit und Erinnerung an die Kindheit zu tun. Doch während Suppen früher oftmals eine eigene Mahlzeit darstellten, sind sie heute in einem Menu als leichte, duftige Kostbarkeit anzutreffen, die dadurch unterstrichen wird, dass sie in kleinen Tässchen serviert werden. Dass sie kostbar sind, ergibt sich aus den Zutaten, welche aus herrlichen Essenzen, Gemüsen oder Kräutern bestehen, wobei der Eigengeschmack auf wundersame Weise erhalten bleibt. So gesehen sind Suppen dafür gemacht, ein schönes Essen aufzuwerten, abzurunden, ohne dass Sie dabei überfordert werden.

Unmittelbar vor dem Hauptgericht wird die **warme Vorspeise** serviert. Ob Nudeln oder ein Ravioli, ob ein Pastetchen mit Innereien oder ein kleines Fischgericht – ein kleiner, warmer Zwischengang kann eine grosse Wirkung haben. Mag sein, dass Sie sich vielleicht erst an den Gedanken gewöhnen müssen, mit Innereien oder Fischen umzugehen. Besonders Innereien besitzen bei uns kaum einen Stellenwert, abgesehen von einer Kalbsleber, einer Kalbsniere und seltener von einem Hirn. Erst dank der leichten Küche und ihrer Verbreitung wurde es möglich, uns dieser köstlichen Produkte bewusst zu werden. So kommt es nicht von ungefähr, wenn Innereien in meinen Menus vorkommen, die kleine Gerichte von höchstem Genuss möglich machen, wenn sie von bester Qualität und absoluter Frische sind.
Eine Sache, die mich besonders berührt, weil ich damit eigenartige Erfahrungen gemacht habe, ist das Thema **Fische**. Nebst der Tatsache, dass Fische überaus gesund sind, liegen sie in der leichten Küche auf Erfolgskurs; denn sie eignen sich in besonders hohem Mass für die Zubereitung wunderschöner Gerichte und können nicht oft genug auf unserem Speiseplan erscheinen. In meinen Kochkursen jedoch habe ich festgestellt, dass sehr wenige Menschen zu Fischen eine Beziehung haben, ausser vielleicht jener, ihnen in Form von Filets oder Médaillons in berühmten Restaurants auf Tellern zu begegnen. Lag ein Fisch in seiner ganzen Schönheit vor meinen Schülern, wurde erst einmal gestaunt – darüber nämlich, dass der Fisch nicht roch! Es muss sich um ein Kindheitstrauma handeln, wenn beim Anblick eines Fisches der Geruch von tiefgefrorenen Fischstäbchen in der Erinnerung aufsteigt. Anders kann ich mir die seltsamen Reaktionen jedenfalls nicht erklären. Natürlich erleben wir, die wir in Binnenländern leben, höchstens einmal auf einer Ferienreise, was ein frischer Fisch überhaupt ist und wie gut er schmecken kann. Haben Sie jemals die zauberhaften Stunden am Meer erlebt, wenn die Fischer von ihrer langen Nachtreise zurück ans Ufer kommen und den Inhalt ihrer Körbe preisgeben? Wie dann in der bescheidenen Hütte mit dem beziehungsvollen Namen «Bar» auf einem Holzkohlengrill kleine Rougets zubereitet und mit etwas Butter und einem Hauch Zitronensaft serviert werden, und wo das Stück knusprig gebackenes Brot sowie das Glas Wein ein übriges tun? Kennen Sie den unvergleichlichen Genuss, wenn ein Fisch naturbelassen seine ganze Köstlichkeit hergibt? Auch eine frischgefangene Bergbachforelle, über dem Feuer auf Tannenzweiglein gebraten, kann uns eine neue Welt des Begreifens eröffnen.

Leider gehört der frischeste Fisch – am Meer oder am Flussufer zubereitet – in unsere Ferienerinnerung und nicht zu unserem Alltag. Zwar ermöglichen uns die modernen Transportmittel den Kauf von möglichst frischen Produkten, und dennoch gibt es Hausfrauen, die damit kaum etwas anzufangen wissen. Eigentlich schade, und mir scheint, als wären sie verunsichert. Da lässt sich in Kochbüchern nachlesen, worauf es ankommt, wenn ein Fisch frisch sein soll: auf klare, vorstehende Augen, auf Schuppen, die fest auf der Haut sitzen, und auf rote Kiemen. Natürlich lässt sich die Frische eines Fisches auf diese Art feststellen, doch wer unter Ihnen würde gekonnt und mit der nötigen Selbstsicherheit beim Fischhändler nach einem Fisch greifen und nach den Gütezeichen suchen? Da gibt es eine Methode, die es Ihnen um vieles einfacher macht. Zunächst muss der Fischhändler gefunden werden, dem Sie mehr vertrauen können als Ihren Nachbarn! Hinzu kommt die Notwendigkeit, von ihm erfahren zu wollen, an welchem Tag er welchen Fisch frisch erhält. Die Anlieferung verschiedener Provenienzen erfolgt nämlich mit ziemlicher Sicherheit stets an demselben Wochentag. Es liegt dann an Ihnen, den Fisch möglichst frisch zu verarbeiten. Noch mögen Sie tatsächlich eine leise Scheu empfinden beim Gedanken, einen ganzen Fisch vor sich auf dem Küchentisch liegen zu haben. Ich kann Sie gut verstehen, weil mir meine eigenen Anfänge unvergesslich sind. Auch ich musste damals erst die Scheu überwinden und verstehen lernen, dass die Arbeit mit Frischprodukten notwendig konsequentes Verhalten erfordert. Entweder wir akzeptieren alle wundervollen Produkte der Natur, welche zu geniessen mit unerhört viel Freude verbunden ist, oder wir entziehen uns diesen Köstlichkeiten und gehen den konsequenteren Weg, der es nämlich nicht einmal gestatten würde, ein Kalbsschnitzel zu braten! Allerdings können nicht alle Menschen diese Scheu wirklich verlieren, und kaum jedermann vermag einen Fisch auszunehmen, ihn zu schuppen, Kopf und Schwanz abzuhacken sowie die Filets auszulösen. Diese Professionalität kann und will ich Ihnen nicht zumuten. Ihr Fischhändler erledigt die Arbeit gerne für Sie. Vergessen Sie aber niemals, die Gräten mit nach Hause zu nehmen. Nur aus ihnen lässt sich *der* Fond zubereiten, den Ihre Sauce als Basis benötigt. Wer es aber selber versuchen will, findet unter einem besonderen Abschnitt das Vorgehen erklärt (**Fische filetieren**).

Das **Hauptgericht** sieht in den meisten Fällen ein Fleisch oder Geflügel vor. Nur hat Fleisch, unter dem Aspekt der leichten Küche, keine allzu grosse Existenzberechtigung. Es besteht allgemein die Ansicht, die von falschen Normen bestimmte Esskultur würde den Genuss von Fleisch zu sehr fördern und viel zu wenig auf die Tatsache hinweisen, dass Fische, Geflügel und Innereien um vieles leichter verdaulich sind. Zu den leicht verdaulichen und äusserst beliebten Fleischsorten gehören das Lamm und das Kaninchen. Lammfleisch ist eine Frage der persönlichen Liebe. Ob es ein Lamm ist, das auf den französischen Küstenwiesen von meersalzhaltigem Gras ernährt wird, ob es von den Hügeln aus Irland oder Schottland kommt oder aus unseren Alpen, wo es mit würzigen Kräutlein aufwächst, das Lamm ist zweifellos ein köstliches Fleisch. Lammfleisch ist zart, feinfaserig, leicht marmoriert, von fester Konsistenz, mit kernigem, hellem Fett. Besonders beliebt ist das Carré, ein zusammenhängendes Kotelettstück, oder der Lammsattel, der zwischen dem Schlegel und dem ersten Rippenstück liegt und das kleine kostbare Filet, in Fett eingebettet, beschert. Eine ganz besondere Delikatesse sind vom Lamm die Innereien, wie Hirn, Zunge, Leber, Milken und Nieren, die allerdings beim Metzger vorbestellt werden müssen, während Schlegel und Rücken meistens lieferbar sind. Bei dem Kaninchen wird vor allen Dingen das Jungkaninchen bevorzugt. Sein Körper ist kleiner als der des Hauskaninchens, und sein Fleisch ist zart, weiss und fettarm. Ein Fleisch, das sehr schnell trocken wird, wenn seiner Zubereitung nicht grösste Aufmerksamkeit geschenkt wird. Von den übrigen Fleischsorten werden fast ausnahmslos nur die zarten Stücke verwendet. Beim Rindfleisch ist es wichtig, dass Sie Fleisch von jungen, ausgemästeten Tieren erhalten, das feinfaserig, schön marmoriert, vollfleischig, von hellroter Farbe und fester Konsistenz ist. Bei erstklassigem Fleisch ist das Fett kernig, zart und von heller Farbe. Geflügel schmeckt zweifellos herrlich, ist leicht verdaulich, lässt unzählige Zubereitungsarten zu und ist wie kein anderes Fleisch sonst dazu geeignet, besonders attraktiv serviert zu werden. Das wohl beste und bekannteste Geflügel kommt aus der Gegend der *Bresse* in Frankreich, das Sie daran erkennen, dass es als Gütezeichen graublaue Beine hat und um die Füsse eine Qualitätsmarke trägt. Geflügel sollten Sie nach Möglichkeit ganz kaufen. Selbst wenn Sie nur die Brüstchen verwenden wollen, so gibt Ihnen das ganze Geflügel mehr Verwendungsmöglichkeiten, die Sie unbedingt nutzen sollten. Denken Sie nur an den Jus oder Fond, an die Geflügelmousse und die Terrinen!

Beilagen sind für mich, in einem Menu serviert, überflüssige Extras, die sich gut durch Gemüse ersetzen lassen. Das erklärt vielleicht, weshalb diesem Kapitel nicht allzuviel Platz eingeräumt wird. Zudem sind sogenannte Beilagen oft Köstlichkeiten, die auf einem überfüllten Teller ganz einfach nicht verlorengehen dürfen. Wenn ich dennoch von Reis spreche, so geschieht es mit Sicherheit nur im Zusammenhang mit einem Risotto, als kleine Vorspeise serviert, der dann auch seine verdiente Beachtung findet. Und wenn ich an Teigwaren denke, dann können nur die herrlichen selbstgemachten Nudeln gemeint sein, die wiederum so kostbar sind, dass sie – in einem tiefen Teller serviert – für sich alleine sprechen müssen. So gesehen sind Nudeln nicht nur als köstliche Vorspeise denkbar, sondern ebensogut als kleines Nachtessen – einfach nur so, ohne jegliches Beiwerk, ausser mit feingeriebenem Parmesankäse und goldbrauner Butter überschmolzen!

Dem **Gemüse** gehört meine ganze Liebe, die wahrscheinlich ihren Ursprung in meiner Kindheit haben dürfte. Damals, als meine Mutter stets einen Gemüsegarten pflegte und mich dennoch jeden Dienstag und Samstag zum Markt schleppte, um die Produkte einzukaufen, welche die Bauern in den Jahreszeiten anzubieten hatten. Ich erinnere mich mit Vergnügen an den kleinen, geflochtenen Marktwagen und an die Räder, die oftmals bedrohlich krumm an den Naben standen ob all der Last, die sie nach Hause zu fahren hatten. Die Palette ist wahrlich gross, die uns die Natur zu allen Jahreszeiten bietet. Sie brauchen wirklich nur zuzugreifen. Mag sein, dass Sie die Bedeutung der Gemüse in Ihrer Küche neu entdecken müssen, neu beleben und lernen, sie mit grossem Respekt zu behandeln! In den Wurzeln, Knollen und Blättern stecken so viele verschiedene und wundervolle Geschmacksnuancen, dass ein Gemüse sogar einmal die Hauptrolle spielen darf. Es ist jedenfalls wie nichts sonst geeignet, ein Gericht harmonisch zu begleiten. Gemüse als Salat – davon sind in diesem Buch viele Beispiele vorhanden, die zwar meistens mit einer kleinen Köstlichkeit kombiniert werden, einer Köstlichkeit, die unter Umständen nicht jederzeit erhältlich oder greifbar ist. Das soll Sie nicht daran hindern, die blosse Idee eines einfachen Gemüsesalates aufzufangen, der viel Abwechslung in Ihr Programm bringen könnte.

Kenner erwarten in einem Menu (zu Recht natürlich) einen **Käsegang.** Dazu möchte ich eine ganz persönliche Bemerkung anbringen: eine grosse Käsepalette ist zwar etwas Wunderschönes, für mich jedoch hat sie die Bedeutung eines eigenständigen Nachtessens, von Kartoffeln oder vielerlei herrlichen Broten begleitet. In einem Menu erlaube ich mir, mich lediglich auf je einen Hart- und Weichkäse zu beschränken und auf das selbstgebackene Nussbrot.

Ein schönes Essen ohne **Dessert** abschliessen zu wollen, ist eine fast unverzeihliche Sünde! Wenn Ihnen ein Menu zu aufwendig, zu umfangreich erscheint, dann verzichten Sie bitte auf den Käse, aber niemals auf die Nachspeise. Auch wenn Feinschmecker der unumstösslichen Ansicht sind, ein Essen ohne Käse wäre nur eine halbe Freude und sie mich deshalb der Ketzerei verdächtigen, lassen Sie sich nicht beirren! Denn nichts kann einen perfekten Abend harmonischer ausklingen lassen als ein gekonntes Dessert. Und vergessen Sie nicht die Möglichkeiten, mit denen Sie mit den Produkten spielen dürfen, nach denen sich Desserts vorbereiten lassen und durch die Sie Ihre Kreativität beweisen können. Denken Sie an den selbstgemachten Blätterteig, an die kleinen Windbeutelchen, an das Soufflé und an den Sabayon, alles Dinge, die alleine durch Ihre Geschicklichkeit erst möglich werden. Und diese Beweisstücke Ihres ganzen Könnens wollen Sie Ihren Gästen vorenthalten?

Sie werden mit Erstaunen feststellen, dass ein Abschnitt über **Weine** ausbleibt. Deshalb, weil ich meine, dass ein Kapitel nicht genügen würde, um in aller Vollständigkeit über Weine zu schreiben. Vielleicht habe ich es auch unterlassen, weil ich mir die Zuständigkeit nicht zutraue. Denn so sehr *Wolfram Siebeck*, Autor vieler schöner Bücher und *Zeit*-Journalist, der unumstösslichen Auffassung ist, ein schönes Essen müsste von noch kostbareren Weinen begleitet werden, sind meine Liebe und mein Verständnis eher unterschwellig geblieben. Vor allen Dingen aber ist nicht zu übersehen, dass die meisten Menschen ganz eigene Vorstellungen über Weine haben, die, mit viel Sorgfalt ausgewählt, im eigenen Keller liegen und darauf warten, mit Stolz kredenzt zu werden. Ich würde es geradezu als verletzende Einmischung betrachten, wollte ich Ihre Kompetenz und Neigung durch eigene gesuchte Weinvorschläge anzweifeln. Es liegt deshalb nahe, Ihnen die Wahl zu überlassen und dabei anzunehmen, Sie würden im richtigen Augenblick zur richtigen Flasche greifen! Mein Rat: Der Wein sollte Ihre Gerichte nicht dominieren, sondern harmonisch begleiten.

Auf den vorangehenden Seiten haben Sie viel über den formalen **Menuaufbau** erfahren. Die dabei beschriebene Struktur kann nun mit Leben erfüllt werden und zwar durch eine harmonische Abstimmung der einzelnen Gänge. Weil dabei gewisse Regeln zu beachten sind, könnte eine letzte Unsicherheit jeden Aufbruch zum Experiment im Keim ersticken; man fühlt sich geborgener in den eigenen Erfolgsrezepten, von denen man weiss, dass sie gelingen werden, und ist bereit, eine etwas verblasste Wirkung hinzunehmen. Das wäre sehr, sehr schade. Ich bin überzeugt, dass neue, liebevoll gekochte Gerichte dankbar registriert würden, selbst dann noch, wenn Sie Spielregeln verletzen und einem Spinatravioli ein Blätterteigpastetchen folgen lassen. Zweimal Teig! Doch der Gedanke, es könnte jemand an Ihrem Tisch sitzen und Kritik üben, ist ganz einfach absurd — wer wollte solches beanstanden, wo beides doch so gut schmeckt? Wer möchte Ihnen eine Mütze, einen Stern, ein Blümchen oder gar einen Punkt wegnehmen können? Kompetente Gastrokritiker brauchen *Sie* nicht zu fürchten. Und dennoch ist es klug, sich ein ungeschriebenes Gesetz zu merken. Das Prinzip ist einfach: **keine Wiederholung** in bezug auf **Farbe, Form, Geschmack, Produkt, Teig** und **Sauce.** Darauf reduziert sich im wesentlichen die ganze Kunst einer harmonischen Menuzusammenstellung. Ich will Ihnen Beispiele nennen:

Wenn Sie eine Tomatensuppe servieren, sind Himbeeren im Dessert keine sehr glückliche Lösung; wenn einem Spinatravioli ein Kräutersüppchen folgt, könnte man annehmen, Sie würden die grüne Welle reiten... (**Wiederholung der Farben**).

Falls das Wachtelbrüstchen fächerartig aufgeschnitten wurde, sollte die Mango im Dessert nicht in der gleichen Weise geschnitten werden (**Wiederholung der Form**).

Ein Salat aus Broccoliröschen präsentiert sich zweifelsohne attraktiv, die Blumenkohlsuppe anschliessend wäre jedoch des Kohls zuviel. Ein Salat mit Himbeeressig zubereitet schmeckt apart, jedoch nur, wenn Sie dann Himbeeren im Dessert vergessen (**Wiederholung des Geschmacks**).

Lamm-Milken zur Vorspeise sind eine Köstlichkeit, sofern der Lammsattel im Hauptgang wegfällt. Sollten Sie ein Rehnüsschen mit frischen Feigen servieren wollen, muss der Feigengratin geopfert werden (**Wiederholung des Produkts**).

Haben Sie zum Dessert Früchte auf Blätterteig vorgesehen, müssen die Spinatravioli aufs nächste Mal vertagt werden. Die Poulardenbrust unter der Blätterteighaube ist ein sehr schönes Gericht, nur eignen sich dann die kleinen, gefüllten Windbeutelchen kaum als Vorspeise (**Wiederholung von Teig**).

Milkenschnitzel an Vermouthsauce erlauben die gleichzeitige Lust auf Lachsmédaillons an Champagnersauce nicht, weil Sie so zwei Rahmsaucen servieren würden. Der Kaninchenrücken auf Nudeln als warme Vorspeise wird von seinem eigenen Jus begleitet, das gilt jedoch auch für das Lammnüsschen, wenn es im selben Menu auftaucht (**Wiederholung der Saucen**).

Die Beispiele zeigen wohl sehr deutlich, dass ein Menu bis ins kleinste Detail überdacht werden sollte, doch lassen Sie sich darob nicht einschüchtern. Merken Sie sich ein paar Regeln und vertrauen Sie ausserdem Ihrem guten Gefühl.

Von viel grösserer Bedeutung scheint mir die **Machbarkeit** von Menus zu sein, und so kommt es nicht von ungefähr, wenn Sie im Bild- und Rezeptteil zwölf komponierten Menus begegnen – sie sind die logische Konsequenz in diesem Buch. Der Kreis kann sich schliessen. Damit die Idee, welche hinter meinen Menuvorschlägen steht, klar erkennbar wird, habe ich dafür eine bestimmte Art der Darstellung gewählt. Auf dem Titelblatt zum jeweiligen Menu erscheinen drei Gänge in grosser Schreibschrift:

Kalte Vorspeise
Hauptgericht
Dessert

In kleiner Schrift stehen die Gerichte, durch die sich ein Menu vervollständigen lässt: ein **Amuse-Bouche**, das keinen eigentlichen Gang darstellt, wird sich bald einmal wie von selbst aufdrängen. **Käse**, zwischen Hauptgang und Dessert serviert, macht zweifelsohne am wenigsten Mühe, besonders wenn Sie sich auf je einen Hart- und Weichkäse beschränken. Langsam steigern Sie mit einer **Suppe**, um dann nach geraumer Zeit der Übung und dadurch gewonnener Sicherheit die **warme Vorspeise** hinzuzufügen. Weil nun eine warme Vorspeise wesentlich mehr Erfahrung voraussetzt, steht ihr der besondere Platz im Bild- und Rezeptteil durchaus zu, während Amuse-Bouche und Suppen in eigenen Kapiteln zusammengefasst sind.

Nun kann es der Sinn der Sache nicht sein, dass Sie sich von falschem Ehrgeiz davontragen lassen und glauben, Ihren Gästen auf Anhieb ein vollumfängliches Menu servieren zu müssen. In diesem Fall wäre es nämlich denkbar, dass Sie der Mut verlässt, bevor Sie mit der Arbeit beginnen. Nichts ist deshalb vernünftiger, als mit dem dreigängigen Menu zu üben, das Ihnen erlaubt, Schritt für Schritt einen weiteren Gang anzufügen. Nehmen wir an, das Menu ist wie folgt komponiert:

Wachteleier auf Kopfsalatherzen
Lammcarré mit kleinem Gemüse
Himbeeren mit Sabayon

Was glauben Sie, mit wieviel Arbeit der **Käsegang** verbunden ist? Doch höchstens mit der Arbeit des Einkaufs und der Präsentation, und aus Ihrem dreigängigen Menu ist ein Essen über vier Gänge geworden:

Wachteleier auf Kopfsalatherzen
Lammcarré mit kleinem Gemüse
Käse
Himbeeren mit Sabayon

Eine **Suppe** einzufügen, dürfte Ihnen schon deshalb leichtfallen, weil sie problemlos vorbereitet werden kann.

Wachteleier auf Kopfsalatherzen
Suppe
Lammcarré mit kleinem Gemüse
Käse
Himbeeren mit Sabayon

Die **Warme Vorspeise** könnte nun Ihrer Einladung den leisen Hauch von grosser Küche geben, doch erinnern Sie sich: eine warme Vorspeise braucht mehr Übung und ist mit mehr Zeit und Aufwand verbunden (obschon sie sich meistens gut vorbereiten lässt):

Wachteleier auf Kopfsalatherzen
Suppe
Lachsmédaillons an Champagnersauce
Lammcarré mit kleinem Gemüse
Käse
Himbeeren mit Sabayon

Abgeschlossen wird jedes Menu durch eine übersichtliche Darstellung der notwendigen Organisation **Mise en place** sowie des **Arbeitsablaufes** kurz vor und nach dem Eintreffen Ihrer Gäste. In beiden Abschnitten behalten **Suppe** und **warme Vorspeise** ihre besondere Stellung bei, indem die dafür notwendigen Arbeiten durch kleinere Schrift und durch Linien vom übrigen «normalen» Vorgehen abgesetzt sind. Sofern Sie das vorgeschlagene dreigängige Menu servieren, können diese Hinweise einfach übergangen werden. Vor allem der Übersichtlichkeit wegen erscheinen **Amuse-Bouche** und **Käse** weder in der **Mise en place** noch im **Arbeitsablauf.** Dafür begegnen Sie an bestimmter Stelle immer wieder stereotypen Formulierungen wie *unter Klarsichtfolie verschliessen* oder *Mise en place kontrollieren, damit Sie hinterher ruhig arbeiten können.* Lassen Sie sich davon nicht stören, denn gerade diese sogenannten Nebensächlichkeiten entscheiden oft über den Erfolg und Ihre Ruhe während des gemeinsamen Essens.

Unter dem bezeichnenden Titel **Das Spiel** finden Sie nach jedem Rezept im Menuteil viele weitere Ideen, mit denen sich tatsächlich spielen lässt und die um so spielerischer werden, je mehr Sie das Marktangebot berücksichtigen und je öfter Sie den Mut haben, einzelne Produkte mit viel Sinn für Harmonie auszutauschen. Die Basis ist jeweils das Grundrezept, auf dem eine neue Idee aufgebaut ist, mit der Absicht, Ihre Phantasie anzuregen. Denn nichts soll Sie davon abhalten, am allerwenigsten meine Vorschläge, Ihre eigenen Menus und Kreationen entstehen zu lassen, damit *meine* Küche eines Tages zu *Ihrer* Küche wird, geprägt von Ihrem ganz persönlichen Stil und Geschmack.
Ich benütze aber diese Abschnitte auch, um Ihnen hie und da etwas zu sagen, was sich sonst nicht gut in den Buchtext integrieren liess, — ganz der Idee entsprechend bleibt es also ein Kochbuch zum Lesen, Lernen und Spielen, zum spielend Lernen sozusagen.

Grundzubereitungen sind nicht nur Beweis
für das Engagement,
sondern auch das Fundament Ihrer Küche.

Grundzubereitungen

In diesem Kapitel sind Grundbrühen mit ihren Abwandlungen, verschiedene Teige und Brote sowie Salatsaucen zusammengefasst. Wichtig ist (die Salatsaucen vielleicht ausgenommen), dass Sie sich für die Grundzubereitungen wirklich Zeit nehmen. Über die Fonds und Jus haben Sie inzwischen erfahren, dass stundenlanges, leises Köcheln die Basis für ein gutes Resultat ist. Diese langsamen Prozesse bieten allerdings den Vorteil, nicht dauernd am Herd stehen zu müssen – das Regulieren der Temperatur allein ist entscheidend. Teige und Brote stellen etwas andere Anforderungen, wobei in bezug auf die Zeit der Blätterteig am aufwendigsten ist. Kein Grund, darauf zu verzichten. Irgendwann wird der besondere Tag(!) kommen, wo Sie mit einer Grundzubereitung beginnen, und ich bin sicher, dass Sie anschliessend nie mehr auf dieses Vergnügen verzichten wollen. Unübertroffen bleibt nämlich der Blätterteig, der unter Ihren Händen jene Touren erhält, die seinen Namen wahrlich begreifbar machen. Sie werden erkennen, dass ohne entsprechende Jus und Fonds keine der geheimnisvollen Saucen möglich werden. Und Ihre Freude dürfte gross sein, wenn in Ihrem Ofen ein goldbraunes luftiges Pariserbrot bäckt oder ein kräftiges Nussbrot den Käsegang begleitet. Das ist es, was die ehrliche Küche auszeichnet: **Freude, Mut, vielleicht Besessenheit, gewiss aber die richtige Einstellung, keinen Aufwand zu scheuen, um das Essen zu einem Erlebnis werden zu lassen.** Grundzubereitungen sind nicht nur Beweis für Ihr Engagement, sondern auch das Fundament Ihrer Küche...

Brandteig

1,25 dl	*Wasser*	Wasser, Milch, Butter und Salz zum Kochen bringen,
1,25 dl	*Milch*	
100 g	*Butter*	
	eine Prise Salz	
140 g	*Weissmehl*	Mehl im Sturz zur kochenden Flüssigkeit geben, das heisst ohne Zögern alles Mehl auf einmal zufügen, dann mit einem Holzlöffel kräftig rühren, bis sich der Teig vom Topfboden löst – erst jetzt die Kasserolle vom Herd ziehen.
4	*ganze Eier*	Eier Stück für Stück mit dem Holzlöffel unter die Masse arbeiten, bis ein glatter Teig entstanden ist. Teig ca. 2 Stunden kaltstellen.

Für die berühmten Windbeutel den Teig in einen Spritzsack mit Lochtülle füllen und auf ein bebuttertes Backblech kleine Häufchen von ca. 3 cm Durchmesser spritzen. Da die Windbeutelchen beim Backen aufgehen, muss zwischen den einzelnen Portionen ein Abstand von ca. 3 bis 4 cm eingehalten werden. Die Häufchen im vorgeheizten Backofen auf der mittleren Rille bei ungefähr 220 Grad ca. 20 Minuten backen, auf einem Kuchengitter auskühlen lassen und mit einem Sägemesser Deckelchen vom Boden trennen. Damit sind die Windbeutelchen bereit, eine delikate Füllung aufzunehmen.

Eigenartigerweise wagen sich selbst Geübte und Engagierte selten an den Brandteig heran, obwohl er doch problemlos machbar und vielseitig verwendbar ist. Die Windbeutelchen gehen beim Backen nicht wunschgemäss auf? Vielleicht haben Sie den Teig zu wenig lange kaltgestellt, bevor Sie ihn auf das Blech formten. Die Menge reicht im übrigen für ca. 20 kleine Windbeutel. Gesalzene Füllungen S.109, süsse Füllungen S.293.

Blätterteig

250 g	*Weissmehl*	Mehl und Butter in der Schüssel des Rührwerks kurz mit dem Knetarm durchmischen.
50 g	*weiche Butter*	
7 g	*Salz*	Salz im Wasser auflösen, auf langsamen Touren zur Mehl-Buttermischung geben und alle Zutaten auf schnellen Touren zu einem geschmeidigen Teig kneten. Diesen sog. Vorteig zu einer Kugel formen, mit Klarsichtfolie verschliessen und im Kühlschrank während ca. 2 Stunden durchkühlen lassen.
1,2 dl	*Wasser*	
250 g	*sehr kalte Butter*	Butter zwischen zwei Klarsichtfolien legen, mit einem Teigholz zu einem Rechteck von ca. 15×20 cm ausrollen und ebenfalls während ca. 2 Stunden im Kühlschrank kaltstellen.

Vermeiden Sie bei der Herstellung von Blätterteig jegliche Wärmeeinflüsse. Vorteig wie gerollte Butter müssen sehr kalt sein, und es ist von Vorteil, in einer kühlen Küche auf kalter Unterlage zu arbeiten.

Vorteig auf einem bemehlten Tisch zu einem Rechteck von ca. 30×40 cm ausrollen, die Butter aus der Folie lösen und in die Mitte der Teigplatte legen, die Teigränder über die Butter schlagen und fest verschliessen, damit die Butter nicht auslaufen kann. Nun beginnt das berühmte Tourenschlagen, welches dem Blätterteig seine vielen Schichten verleiht:

Das entstandene Teig-Butter-Paket auf dem bemehlten Tisch zu einem Rechteck von ca. 25×50 cm ausrollen. Dabei von der Mitte aus nach oben und unten arbeiten – derart verteilt sich die Butter gleichmässig. Nun das Rechteck so vor sich hinlegen, dass sich die beiden Längsseiten von links nach rechts ausrichten (also parallel zur Kante des Arbeitstisches laufen) und entsprechend die beiden kurzen Seiten von oben nach unten verlaufen. Können Sie meiner Beschreibung noch folgen? Die Teigplatte wird nun mit dem Auge in drei gleichmässige Teile eingeteilt: Das linke Drittel schlagen Sie über den mittleren Teil, schliesslich das rechte Drittel auf die beiden schon übereinanderliegenden Teigplatten. Hierbei darauf achten, dass überschüssiges Mehl mit einem Pinsel abgewischt wird — sonst kleben die Schichten aneinander. Vor Ihnen muss nun ein Teigpäckchen liegen, bei dem Sie sehr genau die drei Schichten erkennen können. Den so vorbereiteten Blätterteig in Plastik einwickeln und ungefähr 1 Stunde kaltstellen.

● Anschliessend das Teigpaket erneut im Hochformat — das ist sehr wichtig! — auf den bemehlten Tisch legen, erneut zu einem Rechteck von ca. 25×50 cm ausrollen, und zwar wiederum von der Mitte aus nach oben und unten verfahren. Die Teigplatte breit vor sich hinlegen (zur Erinnerung: die längere Seite parallel zur Arbeitsflächenkante vor Ihnen, die kurze Seite steht dann senkrecht dazu), sich die drei Drittel wieder merken, linkes Drittel auf die Mitte falten, rechtes Drittel ebenfalls. Das Paket in Plastik einwickeln und eine weitere Stunde kaltstellen. ●

Den Vorgang von ● zu ● weitere vier Mal wiederholen, so dass der Blätterteig am Schluss aus sechs Touren besteht.

Es gibt Rezepte, die sich mit Worten sehr schwer beschreiben und deshalb kaum vermitteln lassen: hier steht eines. Sollten Sie sich dennoch daran wagen wollen — weil Sie vielleicht längst wissen, wie man Blätterteig macht — dann braucht es dazu lediglich viel Sorgfalt, Konzentration und eben die Liebe zur Sache.
Was höre ich immer wieder in meinen Kochkursen? «Zwar ist es faszinierend, Ihnen zuzuschauen, doch kenn' ich einen Bäcker, der macht den allerbesten Blätterteig aus reinster Butter!» Dann halt eben auf zum Bäcker — ich habe dafür schon fast Verständnis!

Könnte es sein, dass der Blätterteig beim Backen nicht richtig aufgeht und die typisch blättrige Struktur vermissen lässt? Haben Sie etwa vergessen, das überschüssige Mehl beim Zusammenfalten wegzupinseln — oder die Pastetchen mit einem stumpfen Messer geschnitten, so dass die Kanten zusammengedrückt wurden?

Kuchenteig

500	*g*	*Weissmehl*
250	*g*	*sehr kalte Butter*

Das Mehl in eine Schüssel oder auf den Arbeitstisch sieben, die Butter in kleine Stükke schneiden, Mehl und Butter zwischen beiden Händen reiben, bis eine körnige Masse entstanden ist.

1		*ganzes Ei, zerquirlt*
8	*g*	*Salz*
		eine Prise Zucker
0,5	*dl*	*Milch (ungefähr)*

Ei, Salz und Zucker unter den Teig mischen, Milch löffelweise hineinarbeiten — je nach Mehlsorte verlangt der Teig zwischen 40 bis 50 g Flüssigkeit. Teig nun zu einer Kugel formen, mit Klarsichtfolie verschliessen und während 1 Stunde im Kühlschrank ruhen lassen.

Dies ist das Rezept für den gesalzenen Kuchenteig; für den süssen müssen Sie das Verhältnis Salz und Zucker verändern:

Süsser Kuchenteig: 20 g Zucker, eine Prise Salz.

Dieser Teig darf nicht gequält, also nicht zu intensiv bearbeitet werden. Er würde nämlich viel von seiner zarten Beschaffenheit einbüssen. Wundern Sie sich darüber, wie schlecht er sich ausrollen, aber wie gut er sich flicken lässt!

Nudelteig

400	*g*	*Weissmehl*
4		*ganze Eier (=220 g)*
3	*EL*	*feinstes Olivenöl*
5	*g*	*Salz*

Mehl in die Schüssel des Rührwerks geben, mit dem Knetarm auf langsamen Touren die Eier stückweise zufügen, dann Öl und Salz zugeben und auf schnellen Touren zu einem geschmeidigen Teig verarbeiten.

Teig zu einer Kugel formen, unter Klarsichtfolie verschliessen und anschliessend im Kühlschrank mindestens zwei Stunden ruhen lassen. Der Teig verliert in dieser Zeit seine Elastizität und lässt sich dann besser verarbeiten. Wie, das können Sie auf S.135 nachlesen.

Ravioliteig

250	*g*	*Mehl*
125	*g*	*Eier*
2	*EL*	*feinstes Olivenöl*
		Salz

Mehl und Salz in der Schüssel des Rührwerks durchmischen. Eier – Stück um Stück – zufügen, dabei Knetarm laufen lassen. Öl beifügen und alle Zutaten zu einem elastischen Teig kneten.

Teig zu einer Kugel formen, mit Klarsichtfolie verschliessen und im Kühlschrank während mindestens 2 Stunden ruhen lassen.

Raviolirezepte finden Sie auf S.206 / 207.

Nussbrot

30	*g*	*Hefe*	Hefe und Zucker in ein Schüsselchen geben und stehen lassen, bis die Hefe flüssig wird.
25	*g*	*Zucker*	
350	*g*	*feines Roggenmehl*	Mehl und Salz in die Schüssel des Rührwerks geben, mit dem Knetarm kurz durchmischen, die aufgelöste Hefe zufügen, nochmals mischen.
150	*g*	*Weissmehl*	
15	*g*	*Salz*	
4	*dl*	*Milch*	Milch auf langsamen Touren zur Mehlmischung giessen und den Teig auf schnellen Touren während ca. 5 Minuten schlagen, dann Rahm und Butter zufügen, kurz unterarbeiten.
0,5	*dl*	*Rahm*	
70	*g*	*sehr weiche Butter*	
200	*g*	*ausgelöste Baumnüsse*	Nüsse und – so Sie wollen – Sultaninen in den Teig einmischen, diesen in eine handwarme Schüssel legen, mit einem Küchentuch bedecken und auf der offenen Ofentür (der Ofen muss auf 50 Grad vorgeheizt sein) ca. 1 Stunde gehen lassen. Teig auf dem bemehlten Tisch mit dem Teighorn kurz durcharbeiten, in die Form füllen und nochmals 30 Minuten auf der offenen Backofentür gehen lassen.
100	*g*	*Sultaninen (fakultativ)*	
1		*Cakeform 11×30 cm buttern und mehlen*	
1		*Eigelb, mit ein paar Tropfen Wasser zerquirlen*	Teigoberfläche mit dem Eigelb bepinseln. Die Form auf die mittlere Schiene des auf 200 Grad vorgeheizten Backofens schieben und das Brot 50 bis 60 Minuten backen. Sobald es schöne Farbe genommen hat (nach ca. 30 Minuten) mit einer Alufolie schützen. Nach dem Backen auf dem Kuchengitter auskühlen lassen.

In Alufolie eingewickelt, bleibt das Brot im Kühlschrank etwa eine Woche haltbar. Bei Verwendung kleinerer Formen teilen Sie den Teig und frieren ein Brot ein. Ein kleiner Hinweis: Der Teig ist sehr klebrig, was Sie nicht verunsichern darf.

Pariserbrote

40	*g*	*Hefe*
10	*g*	*Zucker*

Hefe und Zucker mischen und verflüssigen lassen.

500	*g*	*Weissmehl*
12	*g*	*Salz*
2	*dl*	*kaltes Wasser (ungefähr)*

Mehl und Salz in die Schüssel des Rührwerks geben, mit dem Knetarm kurz durchmischen, aufgelöste Hefe zufügen, nochmals kurz vermischen, Wasser auf langsamen Touren beifügen und alle Zutaten auf schnellen Touren zu einem elastischen Teig kneten lassen. Teig zu einer Kugel formen, in eine handwarme Schüssel legen, mit einem Küchentuch bedecken und auf die offene Ofentür (Ofen auf ca. 50 Grad vorgeheizt) stellen, 45 Minuten gehen lassen. In dieser Zeit muss sich das Teigvolumen verdoppeln. Anschliessend den Teig auf einem bemehlten Tisch mit den Händen kurz durcharbeiten. Die Teigmenge halbieren und zu zwei Broten formen: Dazu jede Hälfte in ein Rechteck von ca. 15×35 cm mit den Händen ausziehen – die längere Seite parallel zur Tischkante vor Ihnen. Jetzt vom unteren Rand her eng einrollen und dabei jedesmal mit den Fingern den Teig fest andrücken, zum Schluss die Abschlusskante auf der ganzen Länge mit dem Teig verbinden – am besten geschieht dies mit zwei Fingern, wie wenn Sie jemanden kneifen wollten!

Die beiden Brote mit der Abschlusskante nach unten auf ein geöltes Backblech legen und erneut auf der offenen Ofentür 30 Minuten gehen lassen. Nach dieser Zeit werden die Brote mit einem scharfen Messer in regelmässigen Abständen und schräg ca. 1 cm tief eingeschnitten. Bitte wirklich schneiden und nicht einfach ritzen. Anschliessend grosszügig mit Wasser bepinseln und in den auf 220 Grad vorgeheizten Ofen auf die mittlere Rille schieben. Gleichzeitig schütten Sie eine

Tasse Wasser auf den Boden des Backofens und schliessen blitzschnell die Ofentür. Nur so bildet sich jener notwendige Dampf, der die Brotkruste fördert. Nach 10 Minuten Backzeit die Ofentür kurz öffnen, um den Dampf abziehen zu lassen. Die Brote in weiteren 20 Minuten fertigbacken und auf dem Kuchengitter auskühlen lassen.

Eine böse Erfahrung ist ein Ofen, der nicht dicht schliesst und bei dem irgendwo das Wasser heraustropft! In diesem Fall heizen Sie den Ofen zusammen mit einem am Ofenboden liegenden Backblech auf und schütten dann das Wasser in dieses Blech. Das gemeinsame Vorheizen ist sehr wichtig, weil das Auffangblech natürlich gleich heiss wie der normale Ofenboden sein muss, damit die gewünschte Dampfwirkung entsteht.

Briochebrot

10 g Hefe
10 g Zucker

Hefe und Zucker zusammen in eine Tasse geben und so lange stehen lassen, bis sich die Hefe aufgelöst hat.

250 g Weissmehl
5 g Salz

Mehl und Salz mit dem Knetarm in der Schüssel des Rührwerks kurz durchmischen, die aufgelöste Hefe zufügen und nochmals kurz durchmischen.

100 g weiche Butter
2 ganze Eier à 70 g

Die Butter löffelweise bei langsamen Touren zufügen, die Eier stückweise zu der Mehl-Buttermischung geben und alle Zutaten auf schnellen Touren zu einem geschmeidigen Teig schlagen. Teig zu einer Kugel formen, in eine handwarme Schüssel legen, mit einem Küchentuch bedecken und auf der offenen

Ofentür während ungefähr 1 Stunde gehen lassen (der Backofen sollte auf 50 Grad vorgewärmt sein). Richtig aufgegangen ist der Teig, wenn er sich volumenmässig verdoppelt hat.

1 *Cakeform 10,5×25 cm mit einem Pinsel buttern und mit Mehl bestäuben*

Teig auf einem bemehlten Tisch kurz mit den Händen durcharbeiten. Ziehen Sie den Teig zu einem Rechteck von ca. 20×26 cm aus, rollen Sie die Teigplatte eng auf. Diese mit der Abschlusskante nach unten in die Form legen und erneut auf der warmen Ofentür während ca. 30 Minuten gehen lassen.

1 *Eigelb mit ein paar Tropfen Wasser zerquirlen*

Briocheoberfläche mit Eigelb bestreichen, die Form auf die mittlere Rille des auf 250 Grad vorgeheizten Backofens schieben – **Backofen völlig ausschalten!** Brioche während 35 Minuten backen. Anschliessend aus der Form lösen und auf einem Kuchengitter ruhen lassen.

Das Rezept reicht für ca. 8 Personen. Brioche, noch warm serviert, schmeckt besonders herrlich zu einer Entenleberterrine oder am Sonntagmorgen zum Frühstück. Wenn Sie Lust haben, können Sie die Menge verdoppeln, ein Brot frisch verwenden und das andere einfrieren. Als Toastbrot eignet sich das Eingefrorene immer noch gut.

Court-Bouillon

4 dl	*Geflügel- oder Fischfond*	Alle Zutaten kurz vors Kochen bringen und während 1 Stunde *leise auf kleinstem Feuer köcheln lassen.* Die Flüssigkeit darf nicht zu stark reduzieren!
1,5 dl	*kräftiger Weisswein, (ev. Chablis oder Meursault)*	
100 g	*Röstgemüse*	
6	*Champignonsköpfchen*	
1	*Estragonzweiglein*	
1	*Thymianzweiglein*	
	Petersilienstengel	
1	*ungeschälte Knoblauchzehe*	
½	*Lorbeerblatt*	
4	*weisse Pfefferkörner*	
		Bouillon durch ein Tuch passieren.

Die Court-Bouillon wird besonders für das Zubereiten eines Gerichtes à la nage (**à la nage**) verwendet.

Geflügelbouillon

1 kg	*Geflügelkarkassen*	Karkassen möglichst kleinhacken, in viel kochendem Wasser ca. 1 Minute blanchieren und dann auf ein Sieb schütten, gut abtropfen lassen.
100 g	*Röstgemüse*	Alle Zutaten in einen hohen Topf geben, zum Kochen bringen, mit einem kleinen Schöpflöffel aufsteigenden Schaum und Unreinheiten von der Oberfläche abschöpfen, Hitze reduzieren. Während ca. 3 Stunden auf kleinem Feuer *leise köcheln lassen.*
50 g	*Champignons*	
1	*kleine Zwiebel mit Lorbeerblatt und Nelken besteckt*	
1	*Thymianzweiglein*	
6	*weisse Pfefferkörner*	
2 l	*kaltes Wasser*	
		Anschliessend auf ein Sieb schütten, aufgefangene Flüssigkeit durch ein Tuch passieren, mit Krokopapier entfetten und erkalten lassen.

Damit die Geflügelbouillon klar bleibt, darf sie zu keiner Zeit kochen. Es ist daher ratsam, den Vorgang besonders zu Beginn zu kontrollieren. Sobald Sie sicher sind, die Hitze richtig eingestellt zu haben (die Oberfläche bewegt sich nur schwach, die Flüssigkeit simmert) genügt eine zeitweilige Kontrolle.

Gemüsebouillon

100	*g*	*Karottenjulienne*
100	*g*	*Lauchjulienne*
100	*g*	*engl. Selleriejuliennne*
100	*g*	*Champignons, geviertelt*
2		*Schalotten, in Lamellen geschnitten*
1		*mittlere Tomate, geviertelt*
2	*l*	*kaltes Wasser*

Die gewaschenen Gemüse mit dem Wasser zum Kochen bringen, Hitze reduzieren und während ca. 2 Stunden auf kleinstem Feuer *leise köcheln lassen.*

Das Gemüse auf ein Sieb schütten, die aufgefangene Flüssigkeit durch ein Tuch passieren.

Diese Gemüsebouillon dient Ihnen beispielsweise als Basis für Suppen oder Risotto. Es könnte sein, dass die Bouillon zu süss wird. Daran sind vermutlich ganz allein die Karotten schuld, welche unter Umständen viel Zuckergehalt mitbringen. Was liegt näher, als die Karottenmenge in solchen Fällen anzupassen! Versuchen Sie zur Kontrolle doch einfach vor dem Kochprozess ein Stück rohe Karotte – Ihr Geschmackssinn wird Ihnen bestimmt den Weg weisen.

Fischfond

500	*g*	*Fischgräten*
200	*g*	*Röstgemüse*
2		*Schalotten, in Lamellen geschnitten*
100	*g*	*Champignons, geviertelt*
		Petersilienstengel
		Fenchelkraut

Die Fischgräten kurz unter kaltem Wasser abspülen, kleinschneiden, in eine trockene Kasserolle legen, Gemüse zufügen und alle Zutaten auf kleinem Feuer während ca. 2 Minuten *zugedeckt* dünsten.

2	*dl*	*Weisswein*
		Wasser

Weisswein zugiessen, mit Wasser auffüllen bis die Gräten knapp bedeckt sind, aufkochen lassen, Hitze sofort reduzieren. Den aufsteigenden Schaum und alle Unreinheiten mit einem kleinen Schöpflöffel von der Oberfläche abschöpfen und während 20 Minuten *leise köcheln lassen*, was in diesem Fall eher ziehen lassen meint.

Die Gräten auf ein Sieb schütten, dann die aufgefangene Flüssigkeit erneut zum Kochen bringen. Auf grossem Feuer auf die Menge von 3 dl reduzieren, anschliessend den Fond durch ein Tuch passieren, mit Krokopapier entfetten.

Der Fischfond lässt sich sehr gut portionenweise einfrieren. Unter Umständen, nämlich wenn Sie selber keinen ganzen Fisch verarbeiten, erhalten Sie die Gräten von Ihrem Fischhändler gratis – am besten sind solche von Flachfischen (beispielsweise Seezunge). Falls bei Ihnen die Gräten gerade durch die Zubereitung eines Fisches anfallen, denken Sie bitte daran, *die Zutaten mengenmässig anzupassen.* Im übrigen ergibt dieser Fischfond, auf die Menge von 1 dl reduziert, würzigen Gelée.

Geflügelfond

1	kg	*Geflügelkarkassen*

Karkassen möglichst kleinhacken, in viel kochendem Wasser ca. 1 Minute blanchieren, auf ein Sieb schütten und gut abtropfen lassen.

2	l	*kaltes Wasser*
0,5	dl	*Weisswein*
100	g	*Röstgemüse*
50	g	*Champignons*
1		*kleine Zwiebel mit Lorbeerblatt und Nelken besteckt*
1		*Thymianzweiglein*
		Petersilienstengel
6		*weisse Pfefferkörner*

Alle Zutaten in einen hohen Topf geben, Wasser zugiessen, kurz aufkochen lassen, mit einem kleinen Schöpflöffel aufsteigenden Schaum sowie Unreinheiten von der Oberfläche abschöpfen, Hitze reduzieren und während ca. 3 Stunden auf kleinem Feuer *leise köcheln lassen.*

Anschliessend auf ein Sieb schütten, aufgefangene Flüssigkeit durch ein Tuch passieren, erneut zum Kochen bringen und auf die Menge von ca. 4 dl reduzieren.

Fond mit Krokopapier entfetten und kaltstellen.

Auch hier gilt, dass es nicht unbedingt 1 kg Karkassen sein müssen. Wenn Sie allerdings weniger davon nehmen, sind die anderen *Zutaten entsprechend anzupassen.* Der Fond lässt sich übrigens gut portionenweise tiefgefrieren.

Geflügelgelée

	Karkassen von 4 Poularden oder Enten	In einem grossen Topf viel Wasser zum Kochen bringen, die kleingehackten Geflügelknochen während ca. 1 Minute blanchieren und auf ein Sieb schütten.
100 g *1*	*Lauch, nur der unterste, weisseTeil* *grosse Zwiebel* *Wasser*	Lauch der Länge nach halbieren, waschen und in Stücke schneiden; die ungeschälte Zwiebel halbieren und in einem Pfännchen auf der Schnittfläche langsam schwärzen (**Zwiebeln schwärzen**). Die Geflügelknochen in den Kochtopf legen, Lauch und Zwiebelhälften zufügen, mit so viel Wasser auffüllen, dass die Knochen bedeckt sind. Aufkochen lassen, Hitze sofort reduzieren, während ca. 4 Stunden *leise köcheln lassen* und dabei die Unreinheiten von der Oberfläche abschöpfen.
	Salz *weisser Porto*	Geflügelknochen mit einem Schaumlöffel sorgfältig aus der Bouillon heben, die Bouillon durch ein Tuch passieren. Nun die Flüssigkeit erneut auf *sehr kleinem Feuer* reduzieren, bis nur noch 2 dl übrigbleiben. Zum Schluss vorsichtig mit Salz und weissem Porto würzen und entfetten. Die Flüssigkeit während 24 Stunden in einem flachen Geschirr kaltstellen.

Niemand verlangt von Ihnen, die angegebene Menge von Geflügelkarkassen zur Hand zu haben. Da gibt es die Möglichkeit, Knöchlein, welche bei Ihnen durch Geflügelgerichte anfallen, laufend einzufrieren, oder Sie bitten Ihren Händler um frische Geflügelkarkassen. Selbstverständlich können Sie den Gelée auch aus einer kleineren Menge herstellen, nur müssen dann die *übrigen Zutaten im Verhältnis angepasst* werden.

Gemüsefond

100	*g*	*Lauch, nur weisser und hellgrüner Teil*
100	*g*	*engl. Sellerie*
50	*g*	*Karotten*
100	*g*	*Champignons*
		wenig Fenchel oder Fenchelkraut
1		*Schalotte*
		Petersilienstengel
1	*l*	*Wasser*

Das gewaschene Gemüse kleinschneiden, Schalotte in Lamellen schneiden, Champignons vierteln.

Zutaten in eine Kasserolle legen, Wasser zugiessen, zum Kochen bringen und während ca. 2 Stunden auf kleinem Feuer *leise köcheln lassen.*

Gemüse auf ein Sieb schütten, die aufgefangene Flüssigkeit (es dürften etwa 5 dl übrigbleiben) auskühlen lassen und kaltstellen.

Der Gemüsefond ist nicht etwa nur Ersatzspieler (was er zwar durchaus sein kann), sondern eine ernstzunehmende Basis für manche delikate Sauce.

Kalbsfond

2 kg	*Kalbsknochen, vorzugsweise aus Brust und Haxe*	Lassen Sie die Knochen vom Metzger möglichst kleinhacken und achten Sie darauf, dass noch ein klein wenig Fleisch an den Knochen sitzt.
		Die Knochen in viel kochendem Wasser ca. 1 Minute blanchieren, auf ein Sieb schütten, abtropfen lassen und in einen hohen Topf legen.
4 l 200 g 100 g 1 1 12 1 dl	*kaltes Wasser* *Röstgemüse* *Champignons* *kleine Zwiebel, besteckt mit Lorbeerblatt und 2 Nelken* *Petersilienstengel* *Thymianzweiglein* *weisse Pfefferkörner* *Weisswein*	Alle Zutaten zu den Knochen fügen, Wasser zugiessen und aufkochen lassen. Mit einem kleinen Schöpflöffel aufsteigenden Schaum und andere Unreinheiten von der Oberfläche abschöpfen, Hitze reduzieren und während 4 Stunden auf kleinem Feuer *leise köcheln lassen.*
		Zum Schluss alles auf ein Sieb schütten, aufgefangene Flüssigkeit durch ein Tuch passieren und erneut zum Kochen bringen. Auf die Menge von ca. 7,5 dl reduzieren und mit Krokopapier entfetten.

Kalbsfond kann portionenweise eingefroren werden und steht so beinahe jederzeit zur Verfügung. Nützen Sie also fleissig die Regentage! Eine böse Erfahrung kann das Erlebnis sein, dass Ihnen nach 4 Stunden Kochzeit zu wenig Flüssigkeit zum weiteren Reduzieren zurückbleibt. Klarer Fall von zu starkem Kochen. – Ich gebe gerne zu, auf kleinem Feuer *leise köcheln lassen* ist nicht ganz einfach, vor allem dann, wenn Geduld und Herd zu wenig fein regulierbar sind. Bringt das An-den-Herdrand-Stellen nichts ein, so wird es schwierig. Das Kippen eines Topfes, der nur knapp auf der Platte steht, muss unbedingt mit einem untergelegten Kuchenblech (oder etwas ähnlichem, feuerfestem) verhindert werden. Stützen Sie lieber zu früh als zu spät ab.

Kalbsjus

1	*kg*	*Kalbsknochen, vorzugsweise aus Brust und Haxe*	Lassen Sie die Knochen vom Metzger möglichst kleinhacken, anhaftende Fleischreste sind erwünscht!
0,5	*dl*	*Traubenkernöl (ungefähr)*	Das Öl in einem entsprechenden Brattopf mit möglichst weitem Boden heiss werden lassen, Knochen zufügen und unter fleissigem Wenden so lange rösten, bis sie eine goldbraune Farbe angenommen haben.
100 *150*	*g* *g*	*Röstgemüse* *Zwiebeln, in Lamellen geschnitten und mit Schale*	Röstgemüse und Zwiebeln beigeben, kurz mitrösten. Es könnte durchaus sein, dass die Knochen zu wenig Fett abgeben und die vorgesehene Ölmenge nicht ausreicht, um problemlos zu rösten. Achten Sie auf den Boden Ihres Brattopfs, der immer mit einem feinen Fettfilm bedeckt sein muss. Das erleichtert Ihnen die Arbeit und verhindert das Verbrennen, was den Jus bitter machen würde.
50	*g*	*Tomatenpurée*	Tomatenpurée zufügen und gut mitrösten, wobei Sie es immer wieder vom Boden loskratzen. Es ist für das Resultat von grosser Bedeutung, dass das Purée eine dunkle Farbe annimmt, ohne zu verbrennen – Fingerspitzengefühl sollte dabei sein.
1 *2*	*dl* *l*	*Rotwein* *Wasser*	Mit Rotwein ablöschen und Wasser auffüllen, zum Kochen bringen, Schaum und alle Unreinheiten mit einem kleinen Schöpflöffel von der Oberfläche abschöpfen. Dann die Hitze reduzieren und den Jus während ca. 3 Stunden *leise köcheln lassen.* Anschliessend alles auf ein Sieb schütten, die aufgefangene Flüssigkeit durch ein Tuch passieren, erneut zum Kochen bringen und auf die Menge von ca. 2,5 dl reduzieren. Schliesslich entfetten und kaltstellen.

Kalbsknochen lassen sich ohne weiteres auch im Ofen bräunen; dann allerdings brauchen Sie weniger Öl zu verwenden, weil die Knochen das eigene Fett durch die regelmässige Hitze im Backofen leichter abgeben. Unter Umständen ist Ihr Brattopf für das Rezept zu klein. Dann brauchen Sie die angegebene Menge lediglich zu teilen und den Arbeitsgang zu wiederholen. Kalbsjus kann aber auch mit der doppelten Menge auf Vorrat hergestellt und sehr gut portionenweise eingefroren werden. (Wie gut, dass es in Mitteleuropa so viele Regentage gibt!). **Im übrigen ist die Methode dieses Rezeptes die Basis für alle anderen Jus**. Verarbeiten Sie beispielsweise gerade einen Lammsattel, dann hacken Sie die anfallenden Knöchlein klein und bauen dann den Jus wie oben beschrieben auf. Die meisten Fleisch- und Geflügelknochen schaffen Ihnen die Möglichkeit, eine Grundbrühe herzustellen. Beinahe erübrigt es sich zu betonen, wie herrlich ein ausgelöster Kaninchenrücken schmeckt, der von seinem eigenen Jus begleitet wird!

Wildjus

1	*kg*	*Wildknochen (Reh, Hirsch, Wildgeflügel etc.)*	Die Knochen möglichst kleinhacken und zum Marinieren in ein entsprechendes Gefäss geben.
100	*g*	*Röstgemüse*	Gemüse und Gewürze zu den Knochen geben, mit Rotwein auffüllen, bis alle Zutaten gut bedeckt sind. Gefäss mit Deckel oder Klarsichtfolie verschliessen und mindestens 24 Stunden im Kühlschrank stehen lassen.
1		*Schalotte mit Schale in Lamellen geschnitten*	
1		*Lorbeerblatt*	
6		*Wacholderbeeren*	
1		*Thymianzweiglein*	
1		*Tannenzweiglein (so man darüber verfügt)*	Die Knochen und das Gemüse auf ein Sieb schütten, Gewürze entfernen, Knochen gut abtropfen lassen und auf Küchenpapier trocknen. Die aufgefangene Marinadenflüssigkeit kurz aufkochen und, weil dabei Eiweiss gerinnt, durch ein feines Tuch passieren.
		Petersilienstengel	
10		*weisse Pfefferkörner*	
		Rotwein	
0,5	*dl*	*Traubenkernöl (ungefähr)*	Das Öl in einem Brattopf mit weitem Boden heiss werden lassen, Knochen zufügen und unter fleissigem Wenden rösten, bis sie eine goldbraune Farbe angenommen haben. Marinadengemüse beigeben, kurz mitrösten. Achten Sie auf den Boden Ihres Brattopfes,

der immer mit einem feinen Fettfilm bedeckt sein muss. Das erleichtert Ihnen die Arbeit und verhindert das Verbrennen, was den Jus bitter machen würde.

50 g Tomatenpurée

Tomatenpurée zufügen, Hitze reduzieren, Purée mitrösten, wobei Sie es immer wieder vom Boden loskratzen. Es ist für das Resultat von grosser Bedeutung, dass das Purée eine schöne dunkle Farbe annimmt, ohne zu verbrennen. Mit der Marinadenflüssigkeit ablöschen und mit so viel Wasser auffüllen, bis alle Zutaten gut bedeckt sind. Zum Kochen bringen, Schaum und alle Unreinheiten mit einem kleinen Schöpflöffel von der Oberfläche abschöpfen. Hitze reduzieren und Jus auf kleinem Feuer ca. 4 Std. *leise köcheln lassen.* Anschliessend alles auf ein Sieb schütten, die aufgefangene Flüssigkeit durch ein Tuch passieren, erneut zum Kochen bringen und auf die Menge von ca. 2,5 dl reduzieren, schliesslich mit Krokopapier entfetten und kaltstellen.

Falls Sie einen Rehrücken selber auslösen und die Knochen für den Wildjus verwenden wollen, dann beachten Sie bitte die notwendige *Anpassung der Zutatenmenge.* **Im übrigen gilt dieses Rezept für alle andern Wildarten** (auch Wildgeflügel), von denen bei Ihnen Knochen anfallen.

Olivenöl-Rahmsauce

1 EL Zitronensaft
2 EL feinstes Olivenöl
2 EL Bouillon
4 EL Rahm
1 CL Meerrettich, frisch gerieben
1 EL feinste Olivenbrunoise
Salz
weisser Pfeffer aus der Mühle
ein Hauch Cayenne
1 Messerspitze Dijonsenf

Aus den Zutaten eine sämige Sauce rühren und zum Schluss die feine Olivenbrunoise untermischen.

Eine Sauce, die beispielsweise zu **Fischterrinen** und **Fischsalaten** passt, vorausgesetzt, Sie sind absolut sicher, dass Ihre Tischfreunde Oliven mögen, — sonst ersetzen Sie diese durch ein Kräutlein, wie z.B. Schnittlauch, Kerbel, Dill ...

Rahmsalatsauce

1 EL Erdnussöl
1 EL Zitronensaft
4 EL Rahm
1 Messerspitze Dijonsenf
Salz
weisser Pfeffer aus der Mühle
ein Hauch Cayenne

Aus den Zutaten eine sämige Sauce rühren.

Die Rahmsalatsauce eignet sich besonders gut für Salate aus gekochten Gemüsen wie etwa **Lauch**, **Blumenkohl**, **Bohnen**, **Karotten**, **Sellerie**, **Kohlraben**, ferner aber auch zu **Froschschenkeln**, **Langustinen** und **Jakobsmuscheln**, wobei für die letzten drei Ideen das Erdnussöl durch Olivenöl ersetzt werden sollte.

Salatsauce mit Sauternes

1	*Eigelb*	Alle Zutaten im Mixer zu einer Sauce schlagen.
0,25 dl	*Sauternes*	
1 dl	*Rahm*	
	Salz	
	weisser Pfeffer aus der Mühle	
	eine Spur Curry	
	Koriander aus der Mühle	
	ein paar Tropfen Zitronensaft	

Diese Sauce passt zu Salaten mit **Langustinen**, **Jakobsmuscheln** oder **Geflügel**.

Nussölvinaigrette

1 EL	*Sherryessig*	Aus den Zutaten eine Sauce rühren, je nach Salat feinste Schalottenbrunoise und feingeschnittenen Schnittlauch zufügen.
2 EL	*Nussöl*	
1 EL	*Bouillon*	
1 EL	*Honigwasser*	Für das Honigwasser: 1 Messerspitze Honig in 1 EL heissem Wasser auflösen.
	Salz	
	weisser Pfeffer aus der Mühle	
	ein Hauch Cayenne	

Eine Nussölvinaigrette passt ganz vorzüglich zu einem Salat mit **Entenleber**, zu einem **Gemüsesalat**, zu **Spargelsalat** und überhaupt zu allen Salaten, die lauwarm serviert werden.

Vinaigrette mit Olivenöl

1	*EL*	*Rotweinessig*	Aus den Zutaten eine Sauce rühren.
2	*EL*	*feinstes Olivenöl*	
1	*EL*	*Bouillon*	
		Salz	
		weisser Pfeffer aus der Mühle	

Diese Sauce ist gedacht für **Fischsalate** oder Salate mit **Sommergemüsen**. Sie können ihr jederzeit eine Spur Dijonsenf, Knoblauch, Schalotte oder Kräuter beimischen.

Vinaigrette mit Rotweinessig

1	*EL*	*Rotweinessig*	Aus den Zutaten eine Sauce rühren.
2	*EL*	*Erdnussöl*	
1	*EL*	*Bouillon*	
		Salz	
		weisser Pfeffer aus der Mühle	
1		*Messerspitze Dijonsenf*	
½		*Knoblauchzehe, gepresst*	
½	*CL*	*Schalottenbrunoise*	

Sehr gut abgestimmt ist diese Sauce beispielsweise für einen **Linsensalat** mit **Enten-** oder **Geflügelleber**, einen **Kaninchensalat** mit **Lattichherzen**, einen **italienischen Blattsalat**, für **Tomaten**- oder **Peperonisalat**.

Vinaigrette mit Weissweinessig

1	*EL*	*Weissweinessig*	Aus den Zutaten eine Sauce rühren.
2	*EL*	*Erdnussöl*	
1	*EL*	*Bouillon*	
		Salz	
		weisser Pfeffer aus der Mühle	

Diese Sauce ist gedacht für **Blatt**- oder **Gemüsesalate**, wobei es Ihnen überlassen bleibt, ob Sie ein wenig Dijonsenf, Knoblauch, Schalotte oder Kräuter beifügen wollen.

Ein Amuse-Bouche kann Ihre Gäste in Stimmung bringen

Amuse-Bouche

Brioche mit Saucisson

1	*Waadtländer- oder Neuenburgersaucisson à ca. 300 g*	Die Wurst während 1 Stunde auf kleinem Feuer ziehen lassen, anschliessend mit einer Gabel einstechen (lässt das Fett auslaufen), Haut abziehen und kaltstellen.
		Eine Cakeform (10×26 cm) bebuttern und mit wenig Mehl bestäuben.
	Briocheteig (S.89)	Briocheteig nach Rezept herstellen, auf der offenen Backofentür (Ofen auf 50 Grad vorgeheizt) ca. 1 Stunde gehen lassen, wobei sich das Volumen etwa verdoppeln sollte. Dann den Teig auf einer bemehlten Arbeitsfläche mit den Händen kurz durcharbeiten, auf ein Rechteck von ca. 15×25 cm ausziehen, die Saucisson auf das unterste Drittel dieser Teigplatte legen, eng aufrollen und mit der Abschlusskante nach unten in die Form legen. Erneut auf der offenen Backofentür ca. 30 Minuten gehen lassen.
1	*Eigelb mit wenig Wasser zerquirlt*	Backofen auf 250 Grad aufheizen, Brioche mit Eigelb bepinseln, Form auf die mittlere Rille schieben, den **Backofen völlig ausschalten** und Brioche während ca. 35 Minuten backen. Anschliessend aus der Form lösen, auf einem Kuchengitter 10 Minuten ruhen lassen und in Scheiben schneiden.

Brioche eignet sich nicht nur als Aperitifgebäck (das selbstverständlich entsprechend kleiner hergestellt werden kann), sondern auch als Abendessen mit Salat, oder beispielsweise als kleine Aufmerksamkeit an einem Herrenabend mit dem Wein serviert. Das Rezept reicht als Amuse-Bouche für ca. 8–10 Personen.

Champignons in Blätterteig

250 g Blätterteig nach Rezept (S.83) herstellen, dünn ausrollen, Kreise in der Grösse von ca. 8 cm Durchmesser ausschneiden, auf ein bebuttertes Backblech legen und kaltstellen. In der Zwischenzeit eine Champignonfarce (S.207) herstellen, die untere Hälfte der Teigplätzchen damit belegen, Teigränder mit Wasser bestreichen, obere Teighälfte über die Füllung schlagen und den Rand mit Hilfe einer kleinen Gabel sehr gut andrücken, da er dicht schliessen soll. Die kleinen Teigkrapfen mit Eigelb (das Sie mit ein paar Tropfen Wasser zerquirlen) bestreichen und im Ofen auf der mittleren Rille bei 200 Grad während ca. 20 Minuten backen.

Besonders köstlich schmecken diese Kräpfchen mit einer • **Trüffelfüllung:** eine grosse, schwarze Trüffel sehr feinhacken, in wenig Butter sautieren, mit wenig rotem Porto ablöschen, mit Kalbs- oder Geflügeljus zu einer geschmeidigen, jedoch nicht zu dünnen Farce reduzieren. Die Kräpfchen anschliessend wie oben beschrieben füllen und backen.

Käsetoast

6 *Pariserbrotscheiben*
weiche Butter

Pariserbrotscheiben beidseitig mit Butter bestreichen und im heissen Ofen bei 220 Grad (mittlere Rille) knusprig backen, erkalten lassen.

100 g *Gruyèrekäse*
1 *ganzes Ei*
0,25 dl *Rahm*
Salz
weisser Pfeffer aus der Mühle
Cayenne
Muskatnuss

Käse feinreiben, zusammen mit dem Ei sowie dem Rahm im Mixer oder Moulinette pürieren, vorsichtig mit wenig Salz, weissem Pfeffer aus der Mühle, einem Hauch Cayenne und einer Spur Muskatnuss würzen. Während mindestens 6 Stunden im Kühlschrank kaltstellen.

Die Käsemasse anschliessend pyramidenförmig auf die Brotscheiben streichen und kurz unter dem heissen Grill gratinieren.

Wenn Sie Lust dazu verspüren, legen Sie kurz vor dem Gratinieren einige • **Speck-** oder **Schinkenjulienne** auf den Käse – das sieht nicht nur hübsch aus, sondern schmeckt auch gut.

Choux (Windbeutelchen) mit Geflügellebermousse

Brandteig (S.82)	Brandteig zubereiten, völlig erkalten lassen und 10 kleine Choux backen.
200 g Geflügelleber *1 Thymianzweiglein* *1 Lorbeerblatt* *6 weisse Pfefferkörner* *roter Porto*	Leber putzen, in eine Schüssel legen, die Gewürze zufügen und mit so viel rotem Porto auffüllen, bis die Leber knapp bedeckt ist. Mit Klarsichtfolie verschliessen und ca. 6 Stunden marinieren. Dann die Leber auf ein Sieb schütten, aufgefangene Marinadenflüssigkeit kurz aufkochen, durch ein feines Tuch passieren. Die Leber auf Haushaltpapier trocknen.
2 CL Butter *Gewürzmischung (S.41)*	Butter im Brattopf aufschäumen lassen, Leber vorsichtig mit Gewürzmischung würzen, in der heissen Butter kurz sautieren, auf einen Teller legen, Bratsatz mit der Marinadenflüssigkeit auflösen, sirupartig einkochen, zur Leber geben und auskühlen lassen.
150 g Butter	Die Leber im Mixer oder Moulinette zusammen mit der Marinadenflüssigkeit feinpürieren. Butter bei laufendem Gerät zufügen, damit sich die beiden Elemente gut verbinden können (wichtig: dazu müssen Leber und Butter dieselbe Temperatur haben!), mit Salz, weissem Pfeffer aus der Mühle und ein paar Tropfen Porto würzen.
	Mousse unter Klarsichtfolie verschliessen, gut durchkühlen lassen, anschliessend mit einem heissen Cafélöffel ausstechen und die Choux füllen.

Choux lassen sich auch mit anderen Mousses füllen: aus • **Schinken** oder • **Thon** (S.110) • **Geflügelfleisch** (S.110) • **Räucherlachs** (S.110) • **Entenleber** (S.112) oder mit einem • **Räucherlachsrahm** (S.242). Sehr gut eignet sich eine Mousse als • **kalte Vorspeise** mit Brioche oder knusprigem, dunklem Brot serviert.

Millefeuille mit Räucherschinkenmousse

150	*g*	*Räucherschinken*	Schinken kleinschneiden, zusammen mit der Butter und dem Rahm im Mixer oder in der Moulinette pürieren und vorsichtig würzen, kaltstellen.
75	*g*	*Butter*	
0,5	*dl*	*Rahm*	
		Salz	
		weisser Pfeffer aus der Mühle	
250	*g*	*Blätterteig (S.83)*	Blätterteig nach Rezept herstellen, Millefeuille nach Rezept (S.198) backen, mit dem Unterschied, dass die Teigplatte nicht in zwei, sondern in drei gleichmässige Bänder geschnitten und logischerweise nicht gezukkert wird.
			Zwei Teigbänder mit der Mousse bestreichen, aufeinandersetzen und mit dem dritten Band abdecken. Während ca. 1 Stunde kaltstellen und anschliessend mit einem feinen Sägemesser in Portionen schneiden.

Luftiger wird jede Mousse, wenn ihr am Schluss wenig geschlagener Rahm sorgfältig zugefügt wird. Das Rezept reicht für 6 Personen und das Millefeuille ist mit anderen Füllungen ebenso gut machbar: der Räucherschinken lässt sich gut ersetzen durch rosa gebratenes • **Geflügelfleisch** • **Räucherlachs** • **Thon** • **Räucherforelle** • **gekochten Schinken**, die Zubereitung bleibt sich indes immer dieselbe.

Quiche

200	*g*	*Kuchenteig (S.85)*	Kuchenteig nach Rezept herstellen und dünn ausrollen. Ein Kuchenblech von ca. 20 cm Durchmesser damit belegen, Teig über den Rand ziehen und am äusseren Rand andrükken (dies verhindert ein Zusammenziehen des Teiges, so dass die Quichemasse nicht unter den Teig läuft). Teig mit der Gabel einstechen, mit angeschlagenem Eiweiss bestreichen und kaltstellen. Das Eiweiss dichtet gleichsam den Boden ab und hält den Teig trocken – diese Methode eignet sich auch vorzüglich für Früchtekuchen.
1		*Eiweiss*	
6		*Schalotten in Lamellen geschnitten*	Schalotten in der Butter goldgelb dünsten, auf einem Küchenpapier entfetten. Den Speck im eigenen Fett knusprig braten und auf einem kleinen Sieb Fett ablaufen lassen.
1	*EL*	*Butter*	
50	*g*	*Frühstücksspeck in feinste Julienne geschnitten*	
2		*ganze Eier*	Alle Zutaten zu einer glatten Masse rühren, mit Salz, weissem Pfeffer aus der Mühle, einem Hauch Cayenne sowie einer Spur Muskatnuss würzen.
1,5	*dl*	*Rahm*	
1,5	*dl*	*Milch*	
50	*g*	*Magerquark*	
			Speck und Schalotten auf den Kuchenboden streuen, mit der Quichemasse auffüllen und im vorgeheizten Ofen bei 220 Grad auf der untersten Rille während ca. 35 Minuten goldgelb backen.

Das Rezept reicht, zum Aperitif serviert, für sechs bis acht Personen. Die Quiche ist selbstverständlich auch eine schöne Vorspeise oder ein leichtes Abendessen. Varianten sind viele möglich. Die Schalotten und den Speck können Sie ersetzen durch • **blanchierten Lauch** • **Lauch- und Trüffelstreifen** • **Lauch- und Schinkenstreifen** • **kurz sautierten Spinat** • **Petersiliengemüse und Tomatenwürfel** • **Räucherlachs** • **Crevetten**.

Entenleber (Foie gras) mit weissem Pfeffer

Hauchdünn aufgeschnittene rohe Entenleber (oder ein gutes Dosenprodukt *Foie gras*) auf kleine, knusprige Bauernbrotscheiben legen und mit grobgemahlenem, weissem Pfeffer bestreuen. Wichtig dabei ist, dass die Entenleber sehr gut durchgekühlt verwendet wird.

Tartelettes mit Entenlebermousse

150 g Entenleberterrine (oder ein gutes Dosenprodukt Foie gras)
75 g Butter

Entenleberterrine und Butter zusammen im Mixer oder in der Moulinette pürieren, mit wenig Salz, weissem Pfeffer aus der Mühle und ein paar Tropfen Armagnac würzen, mit Klarsichtfolie verschliessen und im Kühlschrank gut durchkühlen lassen,

aus Kuchenteig (S. 85) kleine Tartelettes blind backen (d.h. die mit Teig ausgelegten Förmchen mit Backerbsen belegen, was das Aufblähen der Törtchen verhindert),

die ausgekühlten Tartelettes mit der Mousse füllen und mit einem Spachtel glattstreichen.

Tartelettes bieten sich geradezu an, mit verschiedenen Mousses gefüllt zu werden: beispielsweise • **Geflügellebermousse** (S. 109), • **Schinkenmousse** (S. 110), • **Geflügelfleischmousse** (S. 110), • **Räucherlachsmousse** (S. 110) • **Thonmousse** (S. 110).

Räucherlachs auf Toast

Pariserbrotscheiben toasten und mit hauchdünn aufgeschnittenem Räucherlachs belegen.

Lachstartar auf Toast

200 g	*Lachsfilet*	Das Lachsfilet von allerbester Qualität und Frische feinschneiden (eventuell durch den Fleischwolf drehen), Öl untermischen, vorsichtig mit Salz, weissem Pfeffer aus der Mühle und ein paar Tropfen Zitronensaft würzen.
1 EL	*Nussöl (oder Olivenöl)*	
	Dillsträusschen	Lachs zu kleinen Médaillons formen, mit einem Dillsträusschen belegen, ca. 30 Minuten im Kühlschrank durchkühlen lassen und auf getoasteten Pariserbrotscheiben servieren.
6	*Pariserbrotscheiben, getoastet*	

Nussöl ist meiner Ansicht nach bei rohem Lachs besonders angezeigt, weil dieser im Geschmack leicht an Nüsse erinnert. Die Idee ist selbstverständlich auch mit • **anderen Fischen** zu verwirklichen. Einzige, aber entscheidende Bedingung dafür sind absolut frische Fische.

Feuilleté mit Räucherlachsrahm

Stellen Sie zunächst einen Blätterteig her (S.83) oder verwenden Sie jenen an einem der Regentage selbstgemachten und eingefrorenen Blätterteig. 250 g Teig ausrollen, Pastetchen in der Grösse von ca. 5×5 cm mit einem scharfen Messer ausschneiden und nach Rezept (S.154) backen; auf einem Kuchengitter auskühlen lassen. In der Zwischenzeit den Räucherlachsrahm (S.242) zubereiten, die Pastetchen damit füllen und die Deckelchen aufsetzen.

Die Pastetchen lassen sich im übrigen auch mit • **verschiedenen Mousses** füllen. Die entsprechende Mousse braucht in diesem Fall bloss noch mit wenig geschlagenem Rahm verfeinert zu werden. (S.110/112)

Oft bestehen Suppen aus herrlichen Essenzen,
aus Gemüsen oder Kräutern, deren Eigengeschmack
auf wundersame Weise erhalten bleibt.

Suppen

Karottensuppe

300	*g*	*geschälte Karotten*	Karotten in Scheiben schneiden und in der aufschäumenden Butter kurz dünsten, Zukker beifügen und mit *nur* soviel Bouillon auffüllen, bis das Gemüse knapp bedeckt ist. Karotten *zugedeckt* und auf kleinem Feuer weichgaren, mit der Flüssigkeit im Mixer feinpürieren, durch ein feines Sieb passieren und mit mehr Bouillon zur gewünschten Konsistenz verlängern (die Suppe soll crèmig und darf auf keinen Fall dünnflüssig sein).
1	*EL*	*Butter*	
6	*dl*	*Geflügel- oder Gemüsebouillon (ungefähr)*	
		eine Prise Zucker	
4	*EL*	*Rahm*	Die Suppe kurz vors Kochen bringen, Rahm zufügen, vorsichtig würzen, in heisse Tassen füllen und mit Petersilienblättchen bestreuen.
		Salz	
		ein Hauch Cayenne	
		eine Spur Muskat	
		flachblättrige Petersilie	

Die im Rezept angegebenen Zutaten reichen für vier normale Tassen oder für sechs kleine Tässchen.

Weitere Gemüsesuppen finden Sie im **Spiel** S.125.

Kartoffelsuppe

50	*g*	*Lauch (nur der weisse, unterste Teil)*	Lauch sorgfältig waschen, in Streifen schneiden und in der Butter kurz dünsten.
1	*CL*	*Butter*	
6	*dl*	*Geflügelbouillon (ungefähr)*	mit ca. 3 dl Bouillon ablöschen,
250	*g*	*geschälte Kartoffeln*	Kartoffeln waschen, kleinschneiden, zufügen und *zugedeckt* auf kleinem Feuer weichgaren,
			im Mixer feinpürieren, durch ein Sieb streichen und mit der restlichen Bouillon zur gewünschten Konsistenz verlängern,
2	*EL*	*Rahm* *Salz* *ein Hauch Cayenne* *eine Spur Muskatnuss* *Schnittlauch*	Rahm zufügen, die Suppe kurz vors Kochen bringen, vorsichtig würzen, in heisse Tassen füllen und mit Schnittlauchröllchen bestreuen.

Ideen mit Kartoffelsuppe im **Spiel** S.125.

Kräutersuppe

70	*g*	*geschälte, rohe Kartoffeln*	Die Kartoffeln in Salzwasser weichkochen und auf einem Sieb abtropfen lassen,
1	*CL*	*Butter*	Schalotten in Lamellen schneiden. Die Kräuter waschen, auf einem Tuch trocknen, zupfen und Schnittlauch kleinschneiden. Schalotten in der Butter goldgelb dünsten, Kräuter zufügen und kurz mitdünsten, nur so lange, bis sie zusammenfallen,
2		*Schalotten*	
100	*g*	*gemischte Kräuter, z.B. Petersilie, Schnittlauch, Kerbel, Thymian, Majoran, Basilikum und Estragon*	
4	*dl*	*Geflügelbouillon*	mit der Bouillon auffüllen, ganz kurz durchkochen lassen, die gekochten Kartoffeln zufügen und alle Zutaten im Mixer pürieren, durch ein feines Sieb zurück in die Kasserolle passieren, mit Rahm auffüllen, kurz vors Kochen bringen und vorsichtig würzen, das Aroma mit ein paar Tropfen Zitronensaft abrunden.
2	*dl*	*Rahm*	
		eine Spur Knoblauch	
		Salz	
		weisser Pfeffer aus der Mühle	
		eine Spur Curry	
		ein Hauch Cayenne	
		eine Spur Muskatnuss	
		Zitronensaft	
			Die Kräutersuppe in heisse Tässchen füllen.

Lassen Sie die Kräuter auf keinen Fall kochen, sie könnten ihre schöne grüne Farbe verlieren.

Variationen zu dieser Kräutersuppe finden Sie im **Spiel** auf S. 125.

Tomatensuppe mit feinen Nudeln

800 g Tomaten	Tomaten während ca. 10 Sekunden in kochendem Wasser blanchieren, Haut abziehen, halbieren und die Kerne mit einem Löffelchen auskratzen, Tomatenfleisch kleinschneiden.
1 EL Olivenöl *1 CL Butter* *1 EL Schalottenbrunoise* *1 Knoblauchzehe* *Salz* *weisser Pfeffer aus der Mühle* *eine Prise Zucker* *feingeschnittenes Selleriekraut* *Gemüse- oder Fleischbouillon* *20 g kalte Butter*	Die Schalottenbrunoise in der Butter-Öl-Mischung auf kleinem Feuer goldgelb dünsten, den kleingeschnittenen Knoblauch und das Selleriekraut zufügen, kurz mitdünsten, Tomaten beigeben und *zugedeckt*, auf kleinem Feuer, ca. 5 Minuten *leise köcheln lassen.*
	Im Mixer pürieren, durch ein feines Sieb zurück in die Kasserolle passieren, mit sehr wenig Bouillon zur gewünschten Konsistenz verlängern, die kalte Butter einschwenken und vorsichtig würzen.
100 g frische, sehr feine Nudeln *Salz* *weisser Pfeffer aus der Mühle* *eine Spur Muskatnuss* *2 EL geschlagener Rahm* *feingeschnittenes Basilikum*	Die Nudeln in kochendem Wasser al dente kochen, auf ein Sieb schütten, gut abtropfen lassen, zurück in die Pfanne geben, würzen und zum Schluss den geschlagenen Rahm und Basilikum untermischen. Nudeln in die Mitte von heissen, tiefen Tellern verteilen und vorsichtig mit der heissen Suppe auffüllen.

Für das Gelingen dieser Suppe zeichnen einmal die schmalen, selbstgemachten Nudeln und reife, vollfleischige Gartentomaten verantwortlich. Eine Suppe also, die im *Landhaus* nur immer im Hochsommer serviert wurde. Falls Sie diese Suppe in ein Menu einbauen, könnten Sie auf einen warmen Zwischengang verzichten.

Beachten Sie das **Spiel** auf S.125.

Steinpilzsuppe

300	*g*	*feste Steinpilze*	Die erdigen Teile von den Pilzen wegschneiden, die Pilze mit einem Küchentuch sauber reiben und in Scheiben schneiden. Schalotte kleinschneiden, in der Butter auf kleinem Feuer goldgelb anziehen lassen, Pilze zufügen und auf grossem Feuer während ca. 1 Minute sautieren.
1	*EL*	*Butter*	
1		*Schalotte*	
4	*dl*	*Geflügelbouillon*	Mit der Hälfte der Bouillon auffüllen, kurz durchkochen lassen, im Mixer pürieren, durch ein Sieb streichen und mit der restlichen Bouillon zur gewünschten Konsistenz verlängern.
4	*EL*	*Rahm*	Rahm zufügen, die Suppe vorsichtig würzen, in heisse Tässchen füllen und mit feingeschnittener Petersilie bestreuen.
		Salz	
		weisser Pfeffer aus der Mühle	
		eine Spur Knoblauch	
		wenig Zitronensaft	
		flachblättrige Petersilie	

Weil Pilzsuppen köstlich und kostbar sind, sollten sie unbedingt in kleinen Tassen serviert werden.

Das **Spiel** mit Pilzsuppen auf S.126.

Geflügelconsommé

1	*Suppenhuhn à ca. 1,6 kg*	Huhn ausnehmen, zerlegen, während ca. 10 Sekunden in kochendem Wasser blanchieren, in einen hohen Topf legen und mit dem kalten Wasser auffüllen.
2,5 l	*Wasser*	
100 g	*Röstgemüse*	Gemüse, Gewürze und Zwiebelhälften (**Zwiebeln schwärzen**) zufügen, aufkochen lassen, Hitze sofort reduzieren, alle Unreinheiten und aufsteigenden Schaum von der Oberfläche abschöpfen und die Consommé ca. 3 Stunden *leise köcheln lassen.* Anschliessend auf ein Sieb schütten, die aufgefangene Flüssigkeit durch ein Tuch passieren, wieder vors Kochen bringen und auf ca. 1,2 l reduzieren.
1	*Schalotte in Lamellen geschnitten*	
1	*Lorbeerblatt*	
1	*Thymianzweiglein*	
	Petersilienstengel	
1	*Tomate, geviertelt*	
2	*geschwärzte Zwiebelhälften*	
	Salz *eine Spur Muskatnuss* *ein Hauch Cayenne* *ein paar Tropfen Armagnac oder Porto*	Die Consommé vorsichtig würzen und in heissen Tassen servieren.

Eine böse Überraschung ist eine trübe Consommé. Das kann freilich nur geschehen, wenn Sie die Consommé zu stark kochen lassen. In Misserfolg und Erfolg zeigt sich die Bedeutung des geduldigen *Leise-köcheln-lassens* in seiner ganzen Konsequenz.

Für ein Consommé mit • **Fleisch** oder anderem • **Geflügel** lesen Sie bitte auf S.126 nach.

Ratatouillecrème

100	*g*	*Peperoni, gelbe, rote und grüne*	Das geschälte Gemüse klein- und die Schalotte in Lamellen schneiden. Schalotte in Olivenöl goldgelb dünsten, Gemüse und gepressten Knoblauch zufügen und auf kleinem Feuer, *zugedeckt,* weichdünsten.
1		*kleine Tomate*	
1		*sehr kleine Zucchini*	
1		*sehr kleine Aubergine*	
1		*Schalotte*	
½		*Knoblauchzehe*	
1	*EL*	*feinstes Olivenöl*	
		Fleisch- oder Gemüsebouillon	Das Gemüse im Mixer feinpürieren, eventuell etwas Bouillon zufügen, durch ein feines Sieb zurück in die Kasserolle passieren, mit *so viel* heisser Bouillon verlängern, bis die gewünschte Konsistenz erreicht ist.
4	*EL*	*Rahm*	Rahm zufügen, die Suppe vorsichtig würzen und in heisse Tässchen füllen.
		Salz	
		weisser Pfeffer aus der Mühle	
		ein Hauch Cayenne	
		ein Hauch Safran	

Die Suppe kann auch ● **eiskalt** durchgekühlt und an einem warmen Sommerabend serviert werden – weshalb eigentlich nicht?

Peperonisuppe

300	*g*	*Peperoni (grüne, gelbe, rote)*	Die geschälten Peperoni kleinschneiden, in wenig Butter und Olivenöl dünsten, mit wenig Bouillon ablöschen und zugedeckt ca. 5 Minuten weichdünsten.
		Olivenöl	
		Butter	
		Bouillon	
1	*dl*	*Rahm*	Rahm zufügen, kurz aufkochen lassen, im Mixer pürieren, Butter zufügen, durch ein Sieb streichen, mit Bouillon zur gewünschten (sämigen) Konsistenz verlängern, vorsichtig würzen und die Suppe in heisse Tässchen füllen.
20	*g*	*Butter*	
		Salz	
		weisser Pfeffer aus der Mühle	
		ein Hauch Cayenne	
		ein paar Tropfen Zitronensaft	

Schalottensuppe

200	g	*feinste Schalottenbrunoise*	Die Schalotten in der Butter und auf kleinem Feuer goldgelb dünsten, Gemüsebrunoise zufügen und kurz mitdünsten, Tomatenpurée beifügen und gut mitrösten.
2	EL	*Butter*	
50	g	*Gemüsebrunoise*	
1	CL	*Tomatenpurée*	
0,5	dl	*Weisswein*	Weisswein zufügen, mit der Bouillon auffüllen und *zugedeckt,* auf kleinem Feuer, während ca. 1 Stunde *leise köcheln lassen.* Die Suppe vorsichtig würzen, in heisse Tassen füllen und mit feingeschnittenem Schnittlauch bestreuen.
6	dl	*Fleischbouillon*	
		Salz	
		weisser Pfeffer aus der Mühle	
		ein Hauch Cayenne	
		eine Spur Knoblauch	
		ein paar Tropfen Armagnac	
		feingeschnittener Schnittlauch	

Schalottencrèmesuppe

200	g	*feinste Schalottenbrunoise*	Die Schalotten in der Butter goldgelb dünsten, Gemüsebrunoise beifügen und kurz mitdünsten.
1	EL	*Butter*	
50	g	*Gemüsebrunoise*	
0,5	dl	*Weisswein*	Mit Weisswein ablöschen, mit der Bouillon auffüllen und *zugedeckt,* auf kleinem Feuer, während ca. 1 Stunde *leise köcheln lassen.*
4	dl	*Geflügel- oder Gemüsebouillon*	
2	dl	*Rahm*	Rahm zufügen, Suppe kurz vors Kochen bringen, vorsichtig würzen, in heisse Tassen füllen und mit Schnittlauch bestreuen.
		Salz	
		weisser Pfeffer aus der Mühle	
		ein Hauch Cayenne	
		eine Spur Curry	
		eine Spur Knoblauch	
		ein paar Tropfen Zitronensaft	
		feingeschnittener Schnittlauch	

Das Spiel

Wenn Sie die Suppenrezepte aufmerksam durchlesen, stellen Sie fest, dass die Auswahl nicht sehr gross ist. Aber lassen Sie sich überraschen! Mit den wenigen Rezepten lässt sich sehr viel spielen.

Karottensuppe. Diese Art Suppe lässt sich selbstverständlich aus den meisten Gemüsen herstellen, die Karottensuppe steht stellvertretend für sie alle da (der Zucker ist nur für die Karottensuppe zuständig). Merken Sie sich ein kleines, doch nicht unwichtiges Detail: das Gemüse stets mit Bouillon *nur* bedecken, garen, mixen, durch's Sieb passieren und *erst dann* zur gewünschten Konsistenz verlängern. Damit die Suppen (die alleine durch die Gemüsebindung crèmig werden), etwas «Biss» erhalten und Ihre Liebe zum Detail unterstrichen wird, sollten Sie vom jeweiligen Gemüse kleinste Würfelchen oder Röschen als Einlage in die Suppe vorsehen, die kurz in wenig Salzwasser blanchiert werden. Ob • **Blumenkohl** (mit Röschen und Herzblättchen), • **Sellerie**, • **Kohlraben**, • **Artischocken**, • **Gurken**, (mit feinster Brunoise) • **Erbsen** (mit Karotten und knuspriger Speckbrunoise und frischer Minze), • **Fenchel** (mit Fenchelkraut und ein paar Tropfen Pernod), • **Broccoli** (mit kleinen Röschen und einer Brunoise aus den Blütenstielen), • ob **Spargeln** (mit Spargelspitzen und Kerbel), • **Mais** (mit Maiskörnern, kurz sautierter Geflügelleber und Majoran), • **Zucchini** (mit Tomatenwürfelchen und Basilikum), • **Ratatouillegemüse** (besonders schön, wenn sie im Sommer eiskalt serviert wird). Was immer Sie auf dem Markt finden, ist gut für eine Suppe! Wichtig ist, dass Sie grünes Gemüse erst grün blanchieren, damit es seine schöne Farbe behält.

Kartoffelsuppe. Die Kartoffelsuppe • **eiskalt serviert**, schmeckt im Sommer herrlich, wobei es in diesem Fall (wie überhaupt für die Kartoffelsuppe) besonders wichtig ist, dass Sie Geflügelbouillon verwenden. Im Oktober kommen hin und wieder • **weisse Trüffel** auf den Markt, die zwar sehr teuer sind, aber eine halbe kleine Trüffel genügt vollauf, um der Kartoffelsuppe ihr köstliches Aroma abzugeben. Die Trüffel sollte vor Gebrauch aus dem Kühlschrank genommen werden, damit sie sich leicht erwärmt. Hobeln Sie hauchdünne Scheiben auf die Suppe: sie wird unvergesslich bleiben! Oder, haben Sie schon einmal daran gedacht, in Streifen geschnittenen • **Räucherlachs** der Suppe beizufügen, auf die Sie einen kleinen Cafélöffel Sauerrahm setzen? Oder vielleicht • **Sauerampfer**, • **junge Spinatblättchen**?

Kräutersuppe. Das Rezept ist die Basis für die Zubereitung einer Suppe mit • **Spinat** • **Mangold** • **Kresse** • **Kerbel** • **Lattich** • **mit gemischten Kräutern**, in der sich beispielsweise • **hartgekochte** oder • **pochierte Wachteleier** besonders wohlfühlen.

Tomatensuppe. Zum ersten können Sie die Nudeln weglassen, dafür feingeschnittenes • **Basilikum** einstreuen, mit knusprig gebratenen • **Speck- und Brotwürfeln** servieren, • **ein kleiner Royale** (S.271) in die Suppe stürzen • **Tomatensuppe** eiskalt servieren, der

Sie feinste Zucchini- und Tomatenbrunoise untermischen oder die Suppe zur Abwechslung mit • **gelben Tomaten** zubereiten.

Steinpilzsuppe. Auf dieser Basis lässt sich jede andere Pilzsuppe zubereiten. Und Sie brauchen nicht unbedingt den Spätsommer abzuwarten, denn die weissen und neuerdings braunen • **Champignons** werden über das ganze Jahr angeboten. Unterstreichen können Sie den Geschmack einer jeden Pilzsuppe, indem ein paar • **entsprechende Pilze**, kurz in Butter sautiert, als Einlage in die Suppe gelegt werden.

Consommé. Sie haben kein Suppenhuhn zur Hand? Das ist weiter nicht schlimm, denn Sie können dieses jederzeit durch die gleiche Menge Geflügelkarkassen ersetzen, nur ist dann anhaftendes Fleisch sehr erwünscht! Dazu eignen sich Knöchlein von • **Enten** • **Wachteln** • **Fasanen** • **Tauben**... und entsprechend können Einlagen dem Geflügel angepasst werden: ein • **Wachtelei** in die Wachtelconsommé • **fein geschnittenes Gemüse** • ein **Royal** • **fein geschnittenes Geflügelfleisch, Tomatenbrunoise** und ein **Kräutlein**...
Wenn Sie nun eine Consommé mit Fleisch zubereiten wollen, wird das Suppenhuhn durch • 1 **kg Fleisch** ersetzt (die übrigen Zutaten bleiben sich indes dieselben), wobei es wichtig ist zu wissen, dass sich dazu nicht etwa nur Fleisch vom • **Rind** eignet, sondern zur Abwechslung auch einmal Fleisch vom • **Lamm** oder von • **Wild**.
Bei einer Consommé drängt sich stets die Frage nach der Weiterverwendung des gekochten Fleisches auf, das durch den langen Kochprozess unweigerlich viel von seiner Substanz verliert. Doch glaube ich, dass es sich anderntags immer noch für einen Geflügel- oder Fleischsalat eignet, oder für ein einfaches, warmes Gericht, begleitet von Gemüse und einer Meerrettichsauce.

Wenn ich von Teigwaren rede, können nur die herrlichen selbstgemachten Nudeln gemeint sein...

Beilagen

Champagnerrisotto

250	*g*	*Risottoreis*	Schalottenbrunoise in der Butter dünsten, Reis und gepressten Knoblauch zufügen, kurz mitdünsten.
1/2		*Schalotte in feinste Brunoise geschnitten*	
1/2		*Knoblauchzehe*	
1	*EL*	*Butter*	
2,5	*dl*	*Champagner*	Mit dem möglichst trockenen Champagner und 2 dl Bouillon ablöschen, auf kleinem Feuer einkochen lassen, erneut Bouillon zufügen, diese unter *ständigem* Rühren mit dem Holzlöffel reduzieren lassen, wieder etwas Bouillon zufügen und auf diese Art weiterfahren, bis der Reis gar und die Bouillon beinahe aufgebraucht ist, (beinahe, weil es vom Reis und dem Köcheln-lassen abhängt, wieviel Bouillon Sie benötigen), bei Bedarf salzen.
6	*dl*	*Geflügelbouillon (ungefähr)*	
		Salz	
20	*g*	*kalte Butter*	Zum Schluss die Butter in kleinen Mengen unter den Reis arbeiten.

Verwenden Sie für einen Risotto Rundkornreis, z.B. Arborio oder Vialone, und nehmen Sie sich bitte die Mühe, den Risotto während ca. 20 Minuten *ununterbrochen* zu rühren – er wird nur auf diese Art so gut, wie Sie ihn aus Italien in Erinnerung haben. Risotto *muss* sämig sein, was nur durch das ständige Rühren und wieder Einkochen der Bouillon geschieht – Rahm am Schluss zuzufügen, bringt auf keinen Fall dasselbe Resultat!

Anstelle von Champagner können Sie selbstverständlich einen möglichst trockenen • **Weisswein** verwenden. • **Rotwein** dagegen ist angezeigt, wenn der Risotto mit Tomaten gemacht wird. Einen typischen Charakter können Sie einem Risotto durch Zufügen von ca. 40–50 g bestem • **Parmigiano** oder durch • **Safran** geben. Oder sollten Sie irgendeinmal eine • **weisse Trüffel** zur Hand haben, dann werden feinste Scheiben auf den Risotto gehobelt. Wie das schmeckt!

Wildreis

100	*g*	*Wildreis*	Wildreis unter fliessendem Wasser auf einem Sieb waschen und gut abtropfen lassen. Butter aufschäumen, Reis zufügen und kurz dünsten.
1	*EL*	*Butter*	
1	*dl*	*Weisswein*	Weisswein zufügen, mit Bouillon auffüllen und *zugedeckt* auf kleinem Feuer während ca. 50 Minuten quellen lassen, eventuell mit wenig Salz nachwürzen.
2,5	*dl*	*Geflügel- oder Fleischbouillon (ungefähr)*	
20	*g*	*eiskalte Butter*	Die Butter zum Schluss in kleinen Mengen mit einem Holzlöffel unter den Reis arbeiten, wobei dies bei grosser Hitze geschehen darf, damit eine gute Bindung entsteht.

Spätzli

250	*g*	*Weissmehl*	Mehl und Eier in die Schüssel des Rührwerks geben und mit dem Knetarm kurz durchmischen. Milch langsam zufügen, vorsichtig würzen und Teig auf schnellen Touren schlagen, bis er Blasen wirft.
150	*g*	*Eier*	
1	*dl*	*Milch*	
		Salz	
		Muskat	

In einem Kochtopf mild gesalzenes Wasser zum Kochen bringen, die Spätzli vom Brett schaben oder durch ein Spätzlisieb drücken. Sobald die Spätzli an die Oberfläche steigen, mit einem Schaumlöffel aus dem Wasser heben und in kaltes Wasser legen.

Wenn der Teig aufgebraucht ist, die Spätzli aus dem kalten Wasser auf ein Sieb schütten, gut abtropfen lassen und in Butter heissschwenken.

Polenta E.C.

7	*dl*	*Fleisch- oder Geflügelbouillon*	Bouillon, Milch und Salz zusammen aufkochen, die Bramata einstreuen und auf kleinem Feuer unter *ständigem* Rühren mit einem Holzlöffel ca. 1 Stunde *leise köcheln* lassen.
6	*dl*	*Milch*	
250	*g*	*Bramata (grob gemahlener Bündner Mais)*	
		wenig Salz	
50	*g*	*Butter*	Butter und Käse zum Schluss unter die Polenta mischen und *zugedeckt* an der Wärme ca. 15 Minuten ruhen lassen.
50	*g*	*Parmesan, frisch gerieben*	
		Sbrinzkäse (Hobelkäse)	Polenta in eine entsprechende feuerfeste Form füllen, mit feingehobeltem Sbrinzkäse belegen, mit dem geschlagenen Rahm überziehen und kurz unter dem sehr heissen Grill gratinieren.
4	*EL*	*geschlagener Rahm*	

Dieses Rezept hätte man schon lange gerne von mir erfahren – ich habe es ebenso lange gehütet – wer weiss weshalb! Es ist ein Erfolgsrezept aus dem *Landhaus*, das zu vielen Gerichten passt und selbst den letzten Polentagegner überzeugt. Lassen Sie sich durch das mühevolle Rühren nicht davon abhalten (auf einem Stuhl sitzend, können längst fällige Telefonate geführt oder die neusten Nachrichten gelesen werden!). Die Polenta lässt sich gut und gerne 2 Stunden vor dem Essen zubereiten: die Polenta in der Kasserolle belassen, diese in eine entsprechend grössere Kasserolle stellen, die Sie mit Wasser füllen und auf kleinem Feuer heiss halten; nur, die Polenta muss *zugedeckt* bleiben, damit sie nicht austrocknet. Gratiniert wird selbstverständlich erst am Schluss! Im übrigen: das Rezept reicht für 6 Personen und ist auch als einfaches Nachtessen mit einem Salat gedacht.

Kartoffelgratin

500	*g*	*Kartoffeln*	Kartoffeln schälen, waschen, in möglichst dünne Scheiben schneiden (ideal: ca. 1 mm!) und auf einem Tuch trocknen (die Kartoffeln auf keinen Fall wässern!).
1	*dl*	*Milch*	Milch, Rahm, Butter, die gepresste Knoblauchzehe und die Gewürze aufkochen. Eine flache feuerfeste Form buttern. Die Kartoffeln einschichten, wobei sie möglichst dünn ausgelegt werden — der Gratin schmeckt um vieles besser! Vielleicht ist es ratsam, zwei Formen zu verwenden.
2,5	*dl*	*Rahm*	
2	*CL*	*Butter*	
1		*Knoblauchzehe*	
2		*Thymianzweiglein*	
		Salz	
		weisser Pfeffer aus der Mühle	
		ein Hauch Cayenne	
		eine Spur Muskatnuss	
			Die gewürzte Rahm-Milch-Mischung über die Kartoffeln giessen, die Form in den auf 120 Grad vorgeheizten Ofen schieben (mittlere Rille) und während 2 Stunden garen. Der Gratin hat in dieser Zeit eine goldgelbe Farbe angenommen. Sollte er jedoch wider Erwarten zu schnell bräunen, schützt eine Alufolie vor weiterer Bräunung.

Der Gratin lässt sich bis zu einer Stunde bei 50 Grad im Ofen warmhalten. Damit er in dieser Zeit nicht austrocknet, legen Sie eine Alufolie über die Form. Zur Abwechslung können Sie • **Karotten- und Selleriescheiben** zwischen die Kartoffeln legen, oder Sie machen es kostbar (und kostspielig) mit ein paar • **Trüffelscheiben**!

Rösti aus rohen Kartoffeln (Paillasson)

4	*mittelgrosse Kartoffeln* *Salz* *weisser Pfeffer aus der Mühle*	Kartoffeln schälen, waschen und in feinste Julienne schneiden, in einem Küchentuch trocknen (die Julienne darf auf keinen Fall gewässert werden!), mit Salz, weissem Pfeffer aus der Mühle vorsichtig würzen, die gezupften Thymianblättchen untermischen,
1	*Thymianzweiglein*	
4 CL	*Butter* *Butterflocken*	die Butter in einer entsprechenden Pfanne mit möglichst weitem Boden aufschäumen lassen, die Kartoffeljulienne zufügen, mit ein paar Butterflocken belegen und *zugedeckt*, auf kleinem Feuer, knusprig backen. Die Rösti wenden und *ohne Deckel* fertigbakken.

Wichtig ist, dass Sie die Rösti *sehr dünn* backen und unter Umständen, je nach Personenzahl, mehrere Pfännchen verwenden müssen. Für einzelne Portionen eignen sich besonders gut emaillierte Eierpfännchen.

Zur Abwechslung können Sie den Kartoffeln • **Karotten-Sellerie und Lauchjulienne** beimischen, oder, wenn es ganz hoch zugeht, eine • **Trüffeljulienne**! Als kleine Vorspeise sollten Sie bei Gelegenheit sehr kleine Portionenrösti backen und ein • **Wachtelspiegelei** auf die Rösti setzen.

Rösti aus gekochten Kartoffeln

500 g	*Kartoffeln*	Kartoffeln waschen, in Salzwasser nicht ganz weichkochen, was sehr wichtig ist, damit die Kartoffeln beim Raffeln nicht zerfallen. Eine schöne Rösti zeigt jedes einzelne Blättchen auf. Kartoffeln über Nacht im Kühlschrank durchkühlen lassen.
30 g	*Butter* *Salz* *Butterflocken*	Butter in einer möglichst weiten Pfanne aufschäumen lassen, geraffelte Kartoffeln zufügen, mit Butterflocken belegen, vorsichtig salzen und *zugedeckt* auf kleinem Feuer goldgelb backen, die Rösti wenden, vorsichtig salzen und *ohne Deckel* fertigbacken.

Das Geheimnis einer guten, schönen Rösti ist: die Kartoffeln dürfen *nicht zu weich* gekocht sein, mit Butter darf *nicht gespart* werden, die Raffel soll schöne, *einzelne* Blättchen abgeben und die Rösti muss möglichst *dünn* gebacken werden. Es ist vielleicht vernünftiger, in zwei Pfannen zu arbeiten.

Knoblauchkartoffeln

600 g	*Kartoffeln*	Kartoffeln schälen, waschen und in Scheiben schneiden,
1,5 dl *2 dl* *2* *1*	*Geflügel- oder Fleischbouillon* *Rahm* *Knoblauchzehen* *Zweiglein Thymian* *Salz* *weisser Pfeffer aus der Mühle* *ein Hauch Cayenne* *eine Spur Muskatnuss*	Bouillon, Rahm und Gewürze aufkochen, Thymianblättchen und die gepressten Knoblauchzehen zufügen. Die Kartoffeln in dieser Flüssigkeit, auf kleinem Feuer, so lange kochen, bis sie völlig weich sind und alle Flüssigkeit aufgesogen haben. Die Kartoffeln durch ein Passevite drehen und sofort servieren.

Kartoffeln, wie sie ganz besonders zu einem Lammgericht passen!

Nudeln

400 g Weissmehl
4 ganze Eier (=220 g)
3 EL feinstes Olivenöl
5 g Salz

Mehl in die Schüssel des Rührwerks geben, mit dem Knetarm auf langsamen Touren die Eier stückweise zufügen, dann Öl und Salz zugeben und auf schnellen Touren zu einem geschmeidigen Teig verarbeiten. Teig zu einer Kugel formen, unter Klarsichtfolie verschliessen und anschliessend im Kühlschrank mindestens zwei Stunden ruhen lassen. Der Teig verliert in dieser Zeit seine Elastizität und lässt sich dann besser verarbeiten – ob von Hand oder mit der kleinen Nudelmaschine, ist eine Entscheidung, die ich Ihnen nicht abnehmen kann.

Mit der Maschine:
Aus dem Nudelteig pflaumengrosse Stücke schneiden, mit der Hand flachklopfen, leicht mehlen und durch die Walze in breite, lange Bänder drehen. Sie beginnen mit der stärksten Stufe und steigern hin bis zur zweitfeinsten Einstellung: da lassen Sie die Bänder zweimal durchlaufen. Zwischen *jedem* einzelnen Arbeitsgang sollten die Teigbänder leicht bemehlt werden. Zum Schluss wird der Schneideaufsatz befestigt und die Teigbänder in beliebig breite Nudeln geschnitten.

Vielleicht haben Sie Lust auf • **grüne Nudeln**, dann mischen Sie ca. 50 g • **Spinatpurée** unter den Teig, das allerdings nicht zu nass sein darf! Oder es macht Spass, • **rote Nudeln** zu servieren, dann fügen Sie wenig Tomatenpurée unter den Teig. Besonders attraktiv kann ein Teller • **bunter Nudeln** sein: weisse, rote, grüne! Oder haben Sie schon einmal daran gedacht, dem Teig • **Safran** zuzufügen? Am besten aber schmecken weisse, breite Nudeln, frisch verarbeitet, frisch gekocht, mit frisch geriebenem Parmigiano und mit brauner Butter überschmolzen.

Ein kleines, aber nicht unwichtiges Detail: waschen Sie die Nudelmaschine niemals mit Wasser, der Teig würde fürchterlich kleben. Am besten wischen Sie die Maschine mit einem Mehlpinsel sauber.

Menus
im Laufe der Jahreszeiten

Frühlings-Menu I

Amuse-Bouche

Milkensalat mit Frühlingsgemüse

Suppe

Langustinen mit Spinat

Kaninchenragout mit Morcheln

Käse

Rhabarbersoufflé

Milkensalat mit Frühlingsgemüse

300 g	*Herzmilken (Bries)*	Milken während mindestens 6 Stunden in kaltem Wasser wässern, wobei die Milken besonders schön weiss werden, wenn ein feiner Wasserstrahl ununterbrochen über die Milken läuft. Von den Milken sämtliche Häutchen und harten Teile ablösen, vorsichtig in Röschen teilen.
400 g	*Frühlingsgemüse wie etwa Spargeln, junge Karotten, Frühlingszwiebeln, Erbsen oder junger Lauch*	Gemüse rüsten, waschen und einzeln blanchieren.
	Nussölvinaigrette (S.102)	Die Vinaigrette zubereiten, Gemüse kurz in der Vinaigrette marinieren und dekorativ auf grossen Tellern anrichten.
	Gewürzmischung (S.41) *wenig Mehl* *ausgelassene Butter* *gezupfte Kerbelblättchen*	Milkenröschen würzen, durch das Mehl ziehen, überschüssiges Mehl abklopfen und in der mässig heissen Butter goldgelb braten und gar werden lassen, zum Salat legen und mit Kerbelblättchen bestreuen.

Das Spiel

Die Zusammensetzung ist beim Milkensalat bloss als Idee gedacht, die Sie entsprechend dem Marktangebot zu einer eigenen Komposition anregen wird. Ein Gemüsesalat lässt sich tatsächlich zu jeder Jahreszeit zubereiten. Wichtig dabei ist, dass Sie das Gemüse erst im letzten Augenblick blanchieren, damit es warm bleibt. Nur so schmeckt der Salat wirklich apart.

Anstelle eines Frühlingsgemüses können Sie • **Lauch** • **Spinat** • **Pilze** • **Blumenkohlröschen oder** • **Broccoliröschen** • **Lattichherzen** und vieles mehr verwenden. Während Gemüse blanchiert werden, sautieren Sie in Scheiben geschnittene rohe Pilze kurz in Butter oder Olivenöl.

Anstelle von Milken nehmen Sie zur Abwechslung • **Hühnerleber** • **Kalbsleber** oder • **Entenleber** • **Nierchen** • **Lammhirn** oder was Ihnen sonst noch einfällt. Kein Diktat soll Sie davon abhalten, zu tun und zu lassen, was Ihnen Freude macht...

• **Lammzungensalat**. Für zwei Personen eine frische gesalzene Lammzunge während ca. 20 Minuten im Dampfkochtopf garkochen, sofort abschälen und auskühlen lassen. Die Zunge in hauchdünne Scheiben schneiden, auf Teller anrichten und mit einer Nussölvinaigrette (S.102) bepinseln, der Sie zum Schluss frisch geschnittene Pfefferminzblättchen beifügen. Besonders harmonisch passen Bohnen zu diesem Salat.

Während Lammschlegel und Lammrücken bei Ihrem Metzger meistens im täglichen Angebot sind, sollten Sie Innereien wie Milken, Hirn, Leber oder eben die Zunge ein paar Tage im voraus reservieren. Eigenartigerweise sind Lamminnereien nicht sehr gefragt – schade; denn es lassen sich damit herrliche, äusserst feine Gerichte zubereiten.

Eine Nussölvinaigrette passt immer zu einem Salat aus gekochtem Gemüse, den Sie, je nach Lust, mit feingewürfelten • **Schalotten** vermischen oder mit knusprig gebratenen • **Speckwürfelchen** und/oder goldgelb gebratenen • **Brotwürfelchen** bestreuen.

Oder versuchen Sie einmal zu allen oben angeführten Salaten eine Kerbelrahmsauce zu servieren • **Kerbelrahmsauce**: Saft einer halben Zitrone, 1 EL Nussöl, 2 EL Rahm, Salz, weissen Pfeffer aus der Mühle zu einer Sauce rühren und viel frisch gezupfte Kerbelblättchen untermischen.

Langustinen mit Spinat

400	*g*	*Spinat*	Spinat entstielen, waschen und trockenschleudern.
12		*Langustinen in der Schale à ca. 100 bis 120 g*	Die Langustinen aus der Schale lösen, mit Klarsichtfolie verschliessen und kaltstellen.
		feinstes Olivenöl	Langustinenscheren und -schalen kleinhakken und im Olivenöl goldgelb rösten. (Achten Sie darauf, dass der Topfboden dabei stets mit einem feinen Film von Olivenöl bedeckt ist – es lässt sich schöner rösten). Röstgemüse, Schalotte und Tomatenpurée (keinen allzu gehäuften Caféłöffel) zufügen und kurz mitrösten. Dann mit ca. 25 g Armagnac flambieren, dabei den Alkohol gut ausbrennen lassen,
100	*g*	*Röstgemüse*	
1		*Schalotte, in Lamellen geschnitten*	
1	*CL*	*Tomatenpurée*	
25	*g*	*Armagnac*	
0,5	*dl*	*weisser Sherry*	mit Sherry, Weisswein und Wasser ablöschen, das Ganze auf kleinstem Feuer während ca. 25 Minuten *leise köcheln lassen.* Die Schalen anschliessend auf ein Sieb schütten, die aufgefangene Flüssigkeit durch ein Leinentuch passieren, entfetten und auf 0,75 dl reduzieren,
1,5	*dl*	*trockener Weisswein*	
2,5	*dl*	*Wasser*	
1,5	*dl*	*Rahm*	mit dem Rahm auffüllen, ca. 5 Minuten einköcheln lassen und vorsichtig würzen. Das Aroma allenfalls mit ein paar Tropfen Zitronensaft abrunden und die Sauce im Mixer mit der Butter binden.
		Salz	
		weisser Pfeffer aus der Mühle	
		ein Hauch Cayenne	
		eine Spur Curry	
		wenig Zitronensaft	
40	*g*	*kalte Butter*	
1	*EL*	*Butter*	Spinat in der aufschäumenden Butter, der Sie Schalotten und Knoblauch zugefügt haben, sautieren, bis er zusammenfällt und alle
½	*CL*	*Schalottenbrunoise*	
		eine Spur Knoblauch	

Salz
Muskatnuss

Flüssigkeit verdampft ist, vorsichtig würzen. Die Langustinen mit Salz und einem Hauch weissem Pfeffer würzen, in wenig Olivenöl sehr kurz sautieren. Spinat auf heisse tiefe Teller verteilen, die Langustinen dazulegen und mit der heissen Sauce umgiessen.

Das Spiel

Langustinen auf diese Art zubereitet sind eine herrliche Köstlichkeit! In der Sauce wird das volle Aroma der Meeresfrüchte eingefangen – vorausgesetzt natürlich, dass Ihre Langustinen von frischester Frische sind. Es lohnt sich wirklich, sich darüber beim Händler Gewissheit zu verschaffen.

Die Langustinen mit Spinat können Sie auch in einem zarten • **Blätterteigpastetchen** servieren. Das Hauptrezept eignet sich ebenso gut für • **Froschschenkel**, ob zu Spinat oder als • **Suppe** serviert, nur gibt es dabei eine kleine Abwandlung zu beachten: Froschschenkel auslösen, den Fond mit den Knöchlein herstellen, ohne diese zu flambieren, und auf das Tomatenpurée zu verzichten. Besonders köstlich sind Langustinen auf folgende Art zubereitet:

• **Langustinen mit frischen, feinen Nudeln**. 100 g frische, feine Nudeln in Salzwasser al dente kochen, in Butter schwenken, würzen, feingeschnittenes Basilikum unter die Nudeln mischen und mit den Langustinen sowie der Sauce auftragen. Wenn Sie wollen, können Sie das Gericht während ein paar Sekunden unter dem sehr heissen Grill gratinieren, wobei Sie vorher 1 EL geschlagenen Rahm unter die Sauce ziehen.

• **Langustinensuppe**. Nach dem Rezept für die Sauce vorgehen, jedoch den Fond auf die Menge von 1 dl reduzieren, mit 2 dl Rahm auffüllen (nicht mehr reduzieren) und das Ganze in den Mixer geben, wo es mit der kalten Butter gebunden wird. Die Langustinen quer durch halbieren, sehr kurz im Olivenöl sautieren, in Tässchen verteilen und mit der heissen Suppe auffüllen.

Den Spinat können Sie im übrigen durch • **grüne Spargelspitzen** • **Lauch- und Trüffeljulienne** (oder bloss Lauch) ersetzen. Eine Sache dürfen Sie auf keinen Fall übersehen: das Gericht ist unbedingt eine Hauptspeise wert!

Kaninchenragout mit Morcheln

1	*zerlegtes Jungkaninchen von ca. 1,2 kg*	Rückenfilets auslösen, Knochen aus den Schenkeln der Hinterläufe lösen und aus den Knochen einen Jus (S.98) zubereiten, den Sie auf 2 dl reduzieren. Das ausgelöste Fleisch in Stücke von ca. 3×3 cm schneiden.
150 g	*frische oder 30 g getrocknete Morcheln*	Morcheln unter fliessendem Wasser waschen, dabei alle Fältchen sorgfältig öffnen, damit kein Sand zurückbleibt, auf einem Sieb gut abtropfen lassen. Falls Sie getrocknete Morcheln verwenden (was anzunehmen ist), werden diese während ein paar Stunden in handwarmes Wasser eingelegt.
	Gewürzmischung (S.41) *wenig Mehl* *wenig Olivenöl* *Butter*	Das Fleisch würzen, durch wenig Mehl ziehen, überschüssiges Mehl abklopfen und zuerst das Schenkelfleisch in der heissen Öl-Butter-Mischung, dann das zum Schluss zugefügte zartere Rückenfleisch goldbraun sautieren. Fleisch in einer Schüssel an der Wärme (am Herdrand) zugedeckt stehenlassen, überschüssiges Bratöl weggiessen,
1 CL *1 CL*	*Butter* *Schalottenbrunoise* *Salz* *ein Hauch Knoblauch*	frische Butter in den Brattopf geben, die feine Schalottenbrunoise kurz dünsten, Morcheln zufügen, mit wenig Salz und einem Hauch Knoblauch würzen und die Morcheln während 2 bis 3 Minuten sautieren,
0,5 dl *2 dl* *20 g*	*Weisswein* *Kaninchenjus* *weisser Pfeffer aus der Mühle* *kalte Butter*	mit Weisswein ablöschen, kurz reduzieren, mit dem Kaninchenjus auffüllen, ein paar Umdrehungen weissen Pfeffer aus der Mühle zufügen und die Butter einschwenken.
		Fleisch in die heisse Sauce legen und neben dem Herd ca. 5 Minuten durchziehen lassen. Dekorativ auf grossen Tellern anrichten.

Mögliche Beilage: **Nudeln** (S.135).

Das Spiel

Mit frischen Morcheln ist das Gericht ganz wundervoll. Nur sind frische Morcheln selten erhältlich und wenn, dann sehr teuer. Mit getrockneten Morcheln begehen Sie gewiss keine grosse Sünde. Jungkaninchen erhalten Sie in guten Delikatessengeschäften fast immer, vor allem, wenn Sie sich frühzeitig darum bemühen. Beim vorstehenden Rezept werden nur das zarte Rückenfleisch und die Hinterschenkel verwendet; mit dem Bauchfleisch und dem Fleisch aus den Vorderläufen könnten Sie eine • **Terrine** zubereiten, oder das Bauchfleisch als • **Geschnetzeltes** kurz in Butter sautieren. Kaninchenfleisch ist übrigens nicht nur preisgünstig (!), sondern auch sehr leicht verdaulich und, sofern es mit aller Sorgfalt zubereitet wird, zart und saftig. Anstelle der Morcheln sind selbstverständlich kleine • **Champignons** jederzeit denkbar; die Pilze lassen sich aber auch durch ein Karottenköpfchen ersetzen:

• **Karottenköpfchen**. 250 g geschälte und in Scheiben geschnittene Karotten in Butter und im eigenen Saft weichdünsten, grobhacken, 2 zerquirlte Eier und grob geschnittene Petersilie zufügen, mit Salz, weissem Pfeffer aus der Mühle und Muskatnuss würzen, in bebutterte Förmchen füllen, mit bebutterter Alufolie verschliessen und bei 200 Grad im Ofen im Wasserbad, auf der mittleren Rille ca. 20 bis 30 Minuten garen. Köpfchen dann auf die heissen Teller stürzen und mit dem Kaninchenragout servieren.

• **Kaninchen mit Aprikosen und Basilikum**. Sie behandeln das Fleisch wie im Hauptrezept, nur bereiten Sie aus den Knochen *keinen Jus*, sondern einen *hellen Fond* zu. Dann werden etwa 250 g entsteinte Aprikosen in Viertel geschnitten, in ca. 30 g Zucker sowie 30 g Butter caramelisiert und zum Fleisch gegeben. Ein kleines Detail: Nachdem Sie das Fleisch goldbraun sautiert und an die Wärme gestellt haben, sollten Sie den Bratsatz (vorher das überschüssige Bratöl weggiessen) mit wenig Balsamicoessig auflösen, reduzieren und erst dann den Wein zufügen.

• **Kaninchen mit Rotweinzwetschgen**. Das Gericht wie im Hauptrezept zubereiten, die Morcheln jedoch weglassen und durch Rotweinzwetschgen ersetzen: Gewaschene Dörrzwetschgen über Nacht in ca. 2 dl Rotwein einlegen. Anderntags 1 dl Zuckersirup sowie eine halbe Zimtstange, je eine halbe Orangen- und Zitronenscheibe zufügen und alles auf kleinem Feuer während ca. 2 Stunden leise köcheln lassen. Die Flüssigkeit sirupartig reduzieren und zur Sauce geben.

• **Geschnetzeltes Kaninchenfilet mit Morcheln oder • Frühlingsgemüse**. Bei dieser Idee denke ich an einen Kaninchenrücken, von dem Sie die Rückenfilets sorgfältig auslösen, aus den Knochen einen Jus herstellen, das Fleisch in Scheiben schneiden, kurz in Butter sautieren, warmstellen, Bratsatz mit wenig Weisswein auflösen, mit dem reduzierten Jus auffüllen und mit wenig kalter Butter binden. Von der Menge her ist dieses Gericht eher als kleine Vorspeise oder für 2 Personen als Hauptspeise gedacht.

Rhabarbersoufflé

400	g	*rosa Rhabarber*	Rhabarber waschen, Häutchen abziehen und die Stengel in ca. 2 cm lange Stücke schneiden. Den Zucker mit dem Zitronensaft bei mittlerer Hitze schmelzen, Rhabarber zufügen und kurz durchschwenken – der Rhabarber soll weich, aber nicht matschig sein.
100	g	*Zucker*	
1	EL	*Zitronensaft*	
4		*Souffléförmchen von ca. 2,25 dl Inhalt (Durchmesser ca. 10 cm, Höhe ca. 6 cm)*	Die Förmchen mit weicher Butter auspinseln und mit Zucker ausstreuen, kaltstellen.
		Butter	
		Zucker	
3		*Eigelb*	Eigelb sowie Zucker mit dem Schneebesen im Rührwerk weiss- und schaumigschlagen, Zitronensaft und das Abgeriebene beifügen.
60	g	*Zucker*	
1	EL	*Zitronensaft*	
		das Abgeriebene von einer Zitronenschale	
4		*Eiweiss*	Eiweiss mit dem Schneebesen steifschlagen, dabei den Zucker langsam einrieseln lassen.
40	g	*Zucker*	

Ein Drittel der Eiweissmasse vorsichtig unter die Zucker-Eigelb-Masse ziehen und erst dann das restliche Eiweiss sorgfältig unterheben. Den gekochten Rhabarber in die Förmchen verteilen, Soufflémasse drei Viertel hoch in die Förmchen füllen, Oberfläche glattstreichen und mit dem Daumen die restliche Butter-Zucker-Mischung am Rand der Förmchen lösen, damit das Soufflé besser aufgehen kann. Die Förmchen in den auf 200 Grad vorgeheizten Backofen (mittlere Rille) schieben und während ca. 14 bis 15 Minuten backen. Anschliessend mit Puderzucker bestreuen und sofort servieren.

Das Spiel

Es kann durchaus sein, dass Sie keine geeigneten Souffléförmchen besitzen. Kein Grund, auf das Soufflé zu verzichten. Die Soufflémasse lässt sich in eine Souffléform von ca. 1,5 l Inhalt, 20 cm Durchmesser und ca. 9 cm Höhe einfüllen, die dann allerdings während ca. 20–25 Minuten im Ofen zu backen hat. Sie dürfen eine Sache nicht übersehen: für das Gelingen eines Soufflés ist ein absolut zuverlässiger Backofen wichtig, der gut schliesst und die exakte Wärme abgibt, die Sie hin und wieder kontrollieren sollten; es gibt dafür spezielle Thermometer.

Es muss nicht Rhabarber sein, nur, es ist Frühling und er ist um diese Zeit am zartesten, ausserdem bringt Rhabarber eine angenehme Säure in die eigentlich recht süsse Soufflémasse. Doch auch andere Früchte eignen sich ebenso gut für ein Soufflé, besonders wenn sie über einen natürlichen Säuregehalt verfügen, wie zum Beispiel: • **Pflaumen** • **Zwetschgen** • **Johannisbeeren** • **Stachelbeeren** • **Kiwi** • **Ananas** ...

• **Kirschensoufflé**. 400 g entstielte und eventuell entsteinte Kirschen in ca. 10 g Butter und 20 g Zucker kurz dünsten, anschliessend vorsichtig mit Kirschenliqueur parfümieren.

• **Orangensoufflé**. Hier ersetzen Sie den Rhabarber durch Orangenfilets, über die Sie kandierte Orangenjulienne und Orangensauce (S.263) geben. Anstelle des *Zitronen*safts und der -schale nehmen Sie natürlich für die Soufflémasse *Orangen*saft und -schale.

Auf das Zufügen von Früchten können Sie jederzeit verzichten, also die Soufflémasse allein backen. Allerdings ist diese dann intensiver zu parfümieren:

• **Limonensoufflé**. Unter die Eigelb-Zucker-Masse 1 EL Limesaft (Limonensaft), das Abgeriebene der Lime und allerkleinste Brunoise, die Sie aus der Limeschale zugeschnitten und in kochendem Wasser kurz blanchiert haben, zufügen. Besonders herrlich schmeckt das Soufflé, wenn Sie eine warme Limonensauce dazu servieren (S.278).

• **Orangen-** oder • **Zitronensoufflé** können Sie wie das Limonensoufflé herstellen nur ersetzen Sie den Saft und die Schalenbrunoise in der Eigelb-Zucker-Masse durch die entsprechenden Früchte.

• **Passionsfruchtsoufflé**. Unter die Eigelb-Zucker-Masse werden 3 EL Passionsfruchtsaft gemischt und dazu können Sie eine noch warme Sauce aus Passionsfruchtsaft und Puderzukker servieren.

Mise en place

Am Vortag • Milken (Bries) wässern • Spinat entstielen und kaltstellen • Kaninchen auslösen, aus den Knochen einen Jus herstellen und reduzieren

Am Tag selbst

Milkensalat

Gemüse rüsten, eventuell hübsch zuschneiden, unter Klarsichtfolie verschliessen

Nussölvinaigrette zubereiten

Milken säubern, in Röschen teilen, unter Klarsichtfolie verschliessen und kaltstellen

Kerbelblättchen zupfen und mit Klarsichtfolie verschliessen

Kaninchen-ragout

Morcheln waschen

Fleisch zuschneiden

alle Zutaten für die Sauce auf die *Mise en place* stellen

Rhabarber-soufflé

Rhabarber schälen, zuschneiden, kurz sautieren

Förmchen (oder Form) buttern, mit Zucker ausstreuen und kaltstellen

alle Zutaten in getrennten Schüsseln bereitstellen, Eigelb und Zukker unter Klarsichtfolie verschliessen

---

Suppe

Entsprechende Zutaten richten, Suppe zubereiten, aber Rahm noch nicht zufügen

---

Langustinen

Langustinen auslösen, unter Klarsichtfolie verschliessen und kaltstellen

Sauce zubereiten und in der Küche stehen lassen

Spinat waschen, trockenschleudern und unter Klarsichtfolie verschliessen

---

Für die allgemeine Mise en place • Teller warm- bzw. kaltstellen • Butter, Öl, Salz, Pfeffermühle etc. bereitstellen • Ofen vorheizen nicht vergessen • *Mise en place* kontrollieren, damit Sie hinterher ruhig arbeiten können

Arbeitsablauf

Milkensalat

Kurz bevor Sie die Gäste an den Tisch bitten, Gemüse blanchieren, in der Vinaigrette kurz marinieren, die Milkenröschen sautieren und alle Zutaten hübsch auf Teller anrichten

Salat servieren

Suppe

Suppe erwärmen, wenn vorgesehen, Rahm zufügen, abschmecken, in Tässchen füllen

Suppe servieren

Langustinen

Spinat sautieren

Sauce erwärmen

Langustinen kurz in Olivenöl sautieren, auf heissen, tiefen Tellern anrichten

Langustinen servieren

Kaninchen-ragout

Kaninchenfleisch braten, am Herdrand in einer Schüssel warmstellen

Sauce zubereiten, Fleisch in der Sauce heiss werden lassen und auf heissen Tellern anrichten

Kaninchenragout servieren

Rhabarber-soufflé

Eigelb und Zucker im Rührwerk schaumigschlagen

während dieser Zeit Eiweiss und Zucker steifschlagen

Rhabarber in Förmchen (bzw. in Form) verteilen, mit der Soufflémasse drei Viertel hoch auffüllen und im vorgeheizten Ofen backen, mit Puderzucker bestreuen

Soufflé servieren

Frühlings-Menu II

Amuse-Bouche

Langustinensalat mit Spargeln

Suppe

Blätterteigpastetchen mit Milken (Bries) und Zucchini

Stubenküken mit Frühlingszwiebeln

Käse

Eisparfait auf Sauerkirschensauce

Langustinensalat mit Spargeln

12	*Langustinen à 120 g*	Langustinen aus der Schale lösen, mit Klarsichtfolie verschliessen und kaltstellen.
1	*Bund Spargeln à ca. 500 g (weisse oder grüne)* *Butter* *Zucker* *Salz*	Spargeln schälen, zuschneiden, portionieren und mit Küchenfaden binden, in Salzwasser, dem Sie eine Spur Zucker und ein nussgrosses Stück Butter zufügen, auf den Punkt garkochen.
 1 *1*	*Nussölvinaigrette (S.102)* *Schalotte* *Bund Schnittlauch*	Nussölvinaigrette zubereiten, Schalotte in feinste Brunoise und Schnittlauch in feinste Röllchen schneiden, unter die Vinaigrette mischen.

Spargeln mit der Vinaigrette bepinseln, auf Teller verteilen.

Langustinen vorsichtig salzen und sekundenschnell über Dampf auf den Punkt garen, zu den Spargeln legen, Spargeln und Langustinen mit der Vinaigrette überziehen.

Wichtig bei diesem Rezept ist, dass die Teller nicht zu kalt, Langustinen und Spargeln noch warm sind.

Das Spiel

Dieses Rezept ist für Sie *die* Gelegenheit, die Langustinenschalen, kurz gewaschen, im Tiefkühlschrank aufzubewahren, um diese dann für eine Sauce zu verwenden, wenn Langustinen durch Crevetten ersetzt werden sollen. Crevetten sind in den seltensten Fällen frisch, sondern meistens abgekocht (in Gläsern) erhältlich. Sie bringen von daher nichts mit, was sich für eine Sauce verwenden liesse.

• **Langustinensalat mit Avocados**. 1 Avocado schälen, halbieren, den Stein auslösen und das Fruchtfleisch in schöne Scheiben schneiden. Herzblättchen eines Salates auslösen, zusammen mit den Avocadoscheiben auf Teller legen, die Langustinen sekundenschnell über Dampf auf den Punkt garen, zum Salat legen und mit folgender Sauce das Ganze überziehen: 1 Eigelb, 0,25 dl Sauternes (oder sonst einen süsslichen Weisswein), 1 dl Rahm, Salz, weissen Pfeffer und Koriander aus der Mühle, eine Spur Curry, einen Hauch Cayenne und ein paar Tropfen Zitronensaft im Mixer zu einer sämigen Sauce schlagen und durch ein feines Sieb passieren. Koriander hat einen kräftig-intensiven Geschmack, der, mit viel Fingerspitzengefühl angewendet, diesem Salat eine besonders aparte Note verleiht. Die Avocadofrucht darf sich nicht hart anfühlen. Nur wenn die Schale auf Fingerdruck nachgibt, hat das gelbliche Fleisch das wundervolle Aroma.

• **Jakobsmuscheln und Karotten als Salat**. 200 g Karottenjulienne im eigenen Saft weichdünsten und für kurze Zeit in einer Sauce aus 1 dl Rahm, 1 EL Sherryessig, Salz, weissem Pfeffer aus der Mühle sowie wenig Olivenöl marinieren. 200 g ausgelöste Jakobsmuscheln quer durch halbieren, würzen, in wenig Olivenöl sekundenschnell sautieren und mit der Karottenjulienne anrichten. Eine Steigerung ist durch Zugabe von wenig Trüffelsaft sowie das Mischen von Trüffeljulienne unter die Karotten möglich.

• **Jakobsmuscheln und Lauch als Salat**. 200 g breite weisse Lauchstreifen kurz blanchieren, gut abtropfen lassen und in der folgenden Sauce marinieren: Salz, weisser Pfeffer aus der Mühle, 1 EL Zitronensaft, 2 EL Olivenöl, 1 EL Bouillon, wenig Schalottenbrunoise, geschnittene Kräuter sowie Safranfäden. Zusammen mit Friséespitzen dekorativ auf Teller legen. Jakobsmuscheln quer durch halbieren, würzen, in wenig Olivenöl sekundenschnell sautieren und zum Salat legen.

• **Froschschenkelsalat**. Froschschenkel auslösen, würzen und das Muskelfleisch kurz in wenig Olivenöl sautieren. Herzblättchen von Kopfsalat mit einer Nussölvinaigrette bepinseln, dicht auf Teller legen, das Froschschenkelfleisch zwischen die Salatblättchen verteilen und mit der restlichen Vinaigrette beträufeln.

• **Crevetten und Fenchelstreifen als Salat**. 4 Fenchelherzen in Streifen schneiden, kurz blanchieren, in einer Olivenölvinaigrette marinieren, auf Teller verteilen. 300 g Crevetten auf den Fenchel legen, mit der restlichen Sauce beträufeln und mit Fenchelkraut bestreuen.

Blätterteigpastetchen mit Milken und Zucchini

250	*g*	*Blätterteig (S.83)*	Blätterteig nach Rezept herstellen, auf einem leicht bemehlten Tisch 5 mm dick ausrollen, mit einem scharfen Messer (damit die Lagen einen glatten Schnitt bekommen und besser aufgehen können) vier Rechtecke in der Grösse von ca. 6×8 cm schneiden, auf ein bebuttertes Backblech legen und ca. 30 Minuten kaltstellen.
1		*Eigelb*	An den vier Seiten einen Rand von ca. 1 cm Breite einschneiden (nicht einritzen), damit sich beim Backen ein Deckelchen bildet, das ausgelöst werden kann. Eigelb mit ein paar Tropfen Wasser zerquirlen, die Pastetchen damit bepinseln (nur die Oberfläche und nicht die Seiten, sonst könnten die Pastetchen nicht aufgehen), im Ofen bei 220 Grad während ca. 20 Minuten auf der mittleren Rille backen.
			Deckel ausschneiden, eventuell ungebackene Lagen entfernen und auf einem Kuchengitter auskühlen lassen.
300	*g*	*Herzmilken (Bries)*	Milken während mindestens 6 Stunden in kaltem Wasser wässern, wobei sie besonders schön weiss werden, wenn ein feiner Wasserstrahl ununterbrochen über die Milken läuft, in Röschen teilen, sämtliche Häutchen und harten Teile entfernen.
0,5	*dl*	*Weisswein*	Schalotte in Lamellen schneiden und alle Zutaten zum Kochen bringen und auf 1 dl reduzieren, anschliessend durch ein feines Sieb passieren.
0,5	*dl*	*trockener Vermouth*	
½		*Schalotte*	
		Petersilienstengel	
1		*ungeschälte Knoblauchzehe*	
1,5	*dl*	*Kalbs-, Geflügel- oder Gemüsefond*	

1,5	*dl*	*Rahm* *Butter* *Salz* *ein Hauch Cayenne*	Rahm zufügen, kurz durchkochen lassen und die Butter in kleinen Mengen einschwenken, vorsichtig würzen.
40	*g*		
4		*kleine Zucchini* *Butter* *weisser Pfeffer aus der Mühle* *Salz*	Zucchini waschen, in Julienne schneiden, in der Butter und im eigenen Saft weichdünsten, vorsichtig würzen.
1	*CL*		
		Gewürzmischung (S. 41) *wenig Mehl* *ausgelassene Butter*	Milkenröschen würzen, durch Mehl ziehen, überschüssiges Mehl abklopfen, die Milken in der mässig heissen Butter goldgelb braten.
			Pastetchen kurz im Ofen heiss machen, die Zucchinijulienne in die Pastetchen füllen, Milkenröschen dazulegen und mit der heissen Sauce übergiessen.

Das Spiel

Milken (Bries) sind ein sehr delikates Produkt, das sein Aroma am besten behält, wenn es roh verarbeitet wird. Viele meiner Schüler waren der Ansicht, dass sie mit pochierten Milken weniger Schwierigkeiten hätten. Nun können bei roh verwendeten Milken kaum Probleme entstehen, dafür liefern pochierte Milken aber einen eigenen Fond, der dann als Basis für die Sauce verwendet werden kann. Noch ein wichtiger Hinweis: Verlangen Sie beim Kauf *Herzmilken,* das sogenannte *Nüsschen,* und nicht die längliche Halsmilke, welche um vieles weniger delikat ist.

• **Pochierte Milken.** 300 g Herzmilken wässern. 50 g Gemüsejulienne, eine halbe Schalotte in Lamellen geschnitten, Petersilienstengel und wenig Knoblauch in Butter kurz dünsten, mit 0,5 dl trockenem Vermouth, 0,5 dl Weisswein sowie 1,5 dl Wasser ablöschen, die Milken in diesen Sud legen und ca. 15 Minuten pochieren (nach halber Pochierzeit wenden). Anschliessend die Milken kalt abspülen. Häutchen und alle harten Teile ablösen, Milken auf einen flachen Teller legen, mit einem Teller beschweren und während ca. 2 Stunden im Kühlschrank steif werden lassen. Pochierfond mit der Gemüsejulienne auf 0,75 dl reduzieren, 1,5 dl Rahm zufügen, kurz vors Kochen bringen, alles im Mixer pürieren, wobei Sie gleichzeitig 40 g kalte Butter mitmixen, dann durch ein feines Sieb passieren. Anschliessend auf kleinem Feuer zur gewünschten Konsistenz reduzieren und würzen. Milken in Scheiben schneiden oder in Röschen teilen, würzen und in Butter goldgelb braten.

Milken brauchen nicht unbedingt im Pastetchen angerichtet zu werden, ebenso passen sie zusammen mit der Sauce in tiefe Teller. Und wenn Sie die Menge erhöhen, ob mit oder ohne Pastetchen, ist das Gericht als Hauptgang möglich; wobei dann aber die Pastetchen etwas grösser sein müssen.

Die Zucchini lassen sich jederzeit ersetzen durch • **Spinat** • **Lauch**- oder • **Gemüsejulienne**, durch • **Spargelspitzen** • **Artischocken** oder • **Pilze**, die Milken durch • **Lamm-** • **Geflügel-** • **Kaninchen-** oder in Streifen geschnittene • **Kalbsleber**, aber auch durch • **Fische** oder • **Langustinen** • **Jakobsmuscheln** • **Froschschenkel** oder • **Crevetten**, wobei Sie bei Fischen und Meeresfrüchten einen Fischfond verwenden können – aber nicht müssen, weil auch Gemüse- oder Geflügelfond passen.

Stubenküken mit Frühlingszwiebeln

4		*Poussins (Stubenküken) à ca. 500 g*	Stubenküken kurz abspülen und trocknen.
2	EL	*Traubenkernöl*	Alle Zutaten mischen und die bratfertigen Poussins damit bepinseln und während ca. 1 Stunde bei Küchentemperatur stehen lassen.
2	EL	*frische, flüssige Butter*	
1	CL	*Dijonsenf*	
1	EL	*Thymianblüten oder -blätter*	
		Salz	
		weisser Pfeffer aus der Mühle	
		eine Spur Curry	
		eine Spur Paprika	
1		*zerdrückte Knoblauchzehe*	
			Poussins in einem entsprechenden Brattopf auf allen Seiten goldgelbe Farbe nehmen lassen, Brattopf in den auf 230 Grad vorgeheizten Ofen auf die mittlere Rille schieben und die Stubenküken während ca. 20 Minuten fertigbraten.
20		*Frühlingszwiebeln*	Von den Frühlingszwiebeln die äusseren Häutchen ablösen und die Stengel abschneiden. Zwiebeln mit allen Zutaten aufsetzen und *zugedeckt* auf kleinem Feuer weichdünsten.
1	EL	*Butter*	
1	CL	*Zucker*	
1	EL	*Balsamico- oder Sherryessig*	
1	dl	*Kalbs- oder Geflügelfond*	
0,25	dl	*weisser Porto*	Anschliessend die Zwiebeln auf ein kleines Sieb schütten, die aufgefangene Flüssigkeit mit dem Porto auffüllen und auf die Menge eines Esslöffels reduzieren. Jus zufügen, die kalte Butter einschwenken, die Zwiebeln in dieser Sauce heiss durchziehen lassen, nach Bedarf wenig salzen und vorsichtig mit Pfeffer würzen.
0,5	dl	*Geflügel- oder Kalbsjus*	
		Salz	
		weisser Pfeffer aus der Mühle	
10	g	*Butter*	

Mögliche Beilage: **Rösti aus gekochten Kartoffeln** (S.134)

Das Spiel

Im Gegensatz zu Gerichten mit ausgelösten Geflügelteilen lässt sich Geflügel selbstverständlich auch am Stück braten, besonders wenn es sich um so kleine Vögel wie die Stubenküken handelt. Je nach Grösse der Vögel (also **Enten, Tauben Perlhühner, Poularden usw**.) müssen Hitze und Bratdauer entsprechend angeglichen werden.

Anstelle von Frühlingszwiebeln können Sie zum gebratenen Poussin auch ein ● **Ragout aus Frühlingsgemüsen** servieren:

● **Frühlingsgemüse**. Je 100 g sehr kleine Frühlingskarotten, ausgelöste Erbsen, Spargelspitzen und Frühlingszwiebelchen. Die Spargelspitzen sowie die Erbsen entsprechend blanchieren, die Karotten in Butter und im eigenen Saft dünsten, die Zwiebelchen *zugedeckt* mit wenig Butter und sehr wenig Bouillon weichdünsten. Alle Gemüse mit dem eigenen Saft in eine Kasserolle geben, 2 EL Rahm zufügen, würzen und ca. 30 g kalte Butter in kleinen Mengen einschwenken, mit Kerbelblättchen bestreuen.

Ein sehr schönes, allerdings etwas aufwendigeres Rezept mit Poussins soll an dieser Stelle noch erwähnt werden:

● **Poussins à la nage mit Riesenravioli.** 4 bratfertige Poussins waschen, mit Haushaltpapier trocknen. 200 g Gemüsejulienne (ca. 1 cm breit aus Karotten, Lauch und engl. Sellerie) in wenig Butter andünsten, die Küken auf das Gemüsebett legen, mit 5 dl Court-Bouillon (S.91) auffüllen, *zugedeckt* auf kleinem Feuer ca. 30 Minuten pochieren und anschliessend weitere 8 Minuten neben dem Herd durchziehen lassen. Aus Ravioliteig 4 Ravioli von ca. 8 cm Durchmesser herstellen. Eine Handvoll Spinat in Butter dünsten, bis er zusammenfällt und alle Flüssigkeit verdampft ist, mit Salz, weissem Pfeffer aus der Mühle, einer Spur Knoblauch und Muskat würzen. Kükenlebern in Butter kurz steif und rosa braten, in Scheiben schneiden, die Ravioli mit Leber und Spinat füllen, in Salzwasser auf den Punkt garen. Poussins zerlegen, in heisse, tiefe Teller auf das Gemüsebett setzen, Court-Bouillon kurz reduzieren, wenig kalte Butter einschwenken, sehr heiss zum Geflügel geben und die Ravioli dazulegen.

Eisparfait auf Sauerkirschensauce

3 dl	*Rahm*	Rahm steifschlagen und kaltstellen.
125 g *1,25 dl* *3*	*Zucker* *Wasser* *Eigelb*	Zucker im Wasser auflösen und mit dem Eigelb in einer entsprechenden Schüssel *auf* dem Wasserbad während ca. 20 Minuten zu einer luftigen Crème schlagen,
		durch ein feines Sieb in die Schüssel des Rührwerks streichen und mit dem Schneebesen im Rührwerk weitere 20 Minuten zu einer zähflüssigen Crème schlagen.
0,5 dl	*Cherry-Brandy (Kirschenliqueur)*	Liqueur in kleinen Mengen zufügen und den geschlagenen Rahm sehr sorgfältig unterheben,
		in eine entsprechende Form (Gratin,- Parfait-, Soufflé-, Gugelhopf- oder Cakeform) füllen und mindestens 8 Stunden ins Tiefkühlfach stellen.
400 g *1 dl* *1 EL* *1*	*Weichselkirschen* *Zuckersirup (S. 51)* *Orangensaft* *Orangenscheibe*	Kirschen waschen, entstielen und entsteinen, im Zuckersirup mit Orangensaft und -schale ca. 5 Minuten *leise köcheln lassen*, Orangenscheibe entfernen, Kirschen im Mixer pürieren, durch ein Sieb passieren, eventuell mit Zuckersirup zur gewünschten Konsistenz verlängern und sehr kalt stellen.
		Heisses Wasser über die Parfaitform laufen lassen, Parfait aus der Form lösen, aufschneiden und auf die Sauce setzen.

Das Spiel

Ein Eisparfait enthebt Sie erstens der Notwendigkeit, eine Sorbetière haben zu müssen, und ist zweitens gut vorzubereiten. Ich rate Ihnen, das Parfait am Morgen herzustellen und es am selben Abend zu geniessen, denn frisch schmeckt es am besten. Darüber hinaus ist das Rezept echt zum Spielen geeignet, die Basis bleibt indes immer dieselbe, hingegen wird der Alkohol entsprechend der Fruchtsauce angepasst (der von der Menge her aber gleich bleibt). Beachten Sie ferner, dass Beeren und exotische Früchte *roh*, Kern- sowie Steinobst jedoch *pochiert* verwendet werden. Ich will Ihre Phantasie ein wenig anregen:

• **Parfait mit Apricot-Brandy auf Aprikosensauce** und mit Pistazien bestreut • **Parfait mit Peach-Brandy** auf Pfirsichsauce und mit feingeschnittenen Pfefferminzblättchen bestreut • **Parfait mit Grand-Marnier** auf Orangensauce (S.263) mit kandierter Orangenjulienne (S.263) • **Parfait mit Cointreau** auf Feigen- oder Erdbeersauce • **Parfait mit Himbeerliqueur** auf Himbeersauce • **Parfait mit Brombeerliqueur** auf Brombeersauce • **Parfait mit weissem Rum** auf exotischer Fruchtsauce aus beispielsweise • **Kiwi** • **Mango** • **Ananas** • **Feigen...** • **Parfait mit Nussliqueur** und gehackten Baumnüssen auf Birnensauce • **Parfait mit Calvados** oder Apfelliqueur auf Apfelsauce...

• **Honigparfait auf Beeren- oder Weichselsauce**. Das Parfait wird auf dieselbe Art wie im Hauptrezept zubereitet, nur ersetzen Sie den Zuckersirup durch 150 g Honig und die 3 Eigelb durch 3 ganze Eier. Zudem entfällt der Alkohol.

• **Zimtparfait auf Apfel- oder Birnensauce**. Das Parfait wird wie im Hauptrezept zubereitet, an Stelle des Zuckersirups verwenden Sie jedoch Zimtsirup (S.249). Der Alkohol entfällt auch hier.

• **Théparfait mit Rotweinzwetschgen**. Das Parfait wie im Hauptrezept beschrieben zubereiten, nur wird der heisse Zuckersirup auf 5 Teelöffel Teespitzen oder -blätter gegossen und muss 5 Minuten an der Wärme stark ziehen. Der Alkohol entfällt selbstverständlich. Rotweinzwetschgen (S.236).

• **Vanilleparfait auf Rhabarbersauce**. Das Parfait wird auf dieselbe Art wie im Hauptrezept zubereitet, allerdings lassen Sie 2 aufgeschnittene Vanillestengel im heissen Zuckersirup ca. 10 Minuten zugedeckt ziehen und verzichten auf die Alkoholbeigabe.

• **Eisgugelhopf auf Schokoladensauce**. Unter eine fertige Grand-Marnier-Parfait-Masse werden folgende Zutaten untergehoben: 50 g grobgehackte Crémant- (Zartbitter-) Schokolade, 50 g gehackter Krokant (S.43), 50 g kandierte Orangenjulienne oder -brunoise (S.263). Diese Parfaitmasse in eine Gugelhopfform füllen und mindestens 12 Stunden ins Tiefkühlfach stellen. Für die Schokoladensauce lösen Sie 100 g Crémant- (Zartbitter-)

Schokolade mit 2 EL Wasser auf, lassen die Sauce erkalten und verlängern mit flüssigem Rahm zur gewünschten Konsistenz.

• **Eisgugelhopf auf Orangensauce**. Servieren Sie den oben beschriebenen Gugelhopf einmal auf einer Orangensauce (S. 263), wobei auf die grobgehackte Schokolade verzichtet wird.

Mise en place

Am Vortag • Milken wässern (eventuell über Nacht) • Blätterteig herstellen

Am Tag selbst

Eisparfait

Parfaitmasse herstellen, in die Form füllen und tiefgefrieren

Sauerkirschensauce zubereiten, mit Klarsichtfolie verschliessen und kaltstellen

Langustinensalat

Langustinen aus der Schale lösen, unter Klarsichtfolie verschliessen und kaltstellen

Spargeln schälen, zuschneiden, in Bündchen binden und in ein feuchtes Tuch schlagen, kaltstellen

Vinaigrette zubereiten

Schalotte und Schnittlauch kleinschneiden

Garfond und Geräte für das Garen über Dampf bereitstellen

Pastetchen mit Milken

Pastetchen herstellen, backen, Deckelchen ausschneiden und auf einem Kuchengitter auskühlen lassen

Milken in Röschen teilen, putzen, mit Klarsichtfolie verschliessen, kaltstellen

Zucchini in Julienne schneiden, mit Klarsichtfolie verschliessen

Sauce zubereiten, *nicht* kaltstellen

Suppe

entsprechende Zutaten richten, Suppe zubereiten, aber Rahm noch nicht zufügen

Stubenküken

Poussins marinieren

Frühlingszwiebeln rüsten, mit Klarsichtfolie verschliessen und alle übrigen Zutaten auf die *Mise en place* stellen

Für die allgemeine Mise en place • Teller warm- bzw. kaltstellen • Butter, Öl, Salz, Pfeffermühle etc. bereitstellen • Ofen vorheizen • *Mise en place* kontrollieren, damit Sie hinterher ruhig arbeiten können

Arbeitsablauf

Langustinensalat

Kurz bevor Sie Ihre Gäste an den Tisch bitten, Spargeln kochen, mit der Vinaigrette bepinseln, auf Teller anrichten

Langustinen über Dampf garen, zu den Spargeln legen und mit der restlichen Vinaigrette überziehen

Poussins anbraten und in den Ofen schieben, Küchenuhr auf Zeit stellen

Salat servieren

Suppe

Suppe erwärmen, wenn vorgesehen Rahm zufügen, abschmecken, in Tässchen füllen

In diesem Fall erst jetzt die Poussins in den Ofen schieben

Suppe servieren

Pastetchen mit Milken

Zucchinijulienne im eigenen Saft dünsten

Milkenröschen braten

Pastetchen kurz im Ofen erwärmen

Sauce erwärmen und Pastetchen anrichten

In diesem Fall erst jetzt die Poussins in den Ofen schieben

Pastetchen servieren

Stubenküken

Frühlingszwiebeln zubereiten

Poussins eventuell zerlegen

Poussins und Zwiebeln auf heissen Tellern anrichten

Poussins servieren

Eisparfait

Kalte Teller mit der Fruchtsauce ausgiessen

Parfait aus der Form lösen, aufschneiden und auf die Sauce setzen

Parfait servieren

Frühlings-Menu III

Amuse-Bouche

Geflügellebersalat

Suppe

Forellenmousseline an Sherrysauce

Kaninchenrücken mit Majoran

Käse

Erdbeeren mit Erdbeersorbet

Geflügellebersalat

300 g Geflügelleber *100 g Frühstücksspeck* *100 g Weissbrotwürfel* *1 Knoblauchzehe, ungeschält*	Möglichst schöne Geflügelleber (foies blondes) sauber parieren. Speck in Würfel von ca. 1×1 cm schneiden, kurz blanchieren und knusprig braten. Die Rinde vom Brot wegschneiden, Brot in Würfel von ca. 1×1 cm schneiden und in einer trockenen Pfanne zusammen mit der ungeschälten Knoblauchzehe goldgelb und knusprig braten.
junge Frühlingssalate	Salate rüsten, waschen, trockenschleudern und auf eine flache Platte ordnen.
Rotweinvinaigrette (S.103) *1 Schalotte* *Schnittlauch* *eine Spur Knoblauch*	Vinaigrette zubereiten, Schalotte in feinste Brunoise und Schnittlauch in feine Röllchen schneiden, eine Spur Knoblauch in die Vinaigrette pressen, Salate mit der Vinaigrette bepinseln und auf Teller verteilen.
Gewürzmischung (S.41) *ausgelassene Butter*	Geflügelleber würzen, in der heissen Butter kurz rosa braten, auf den Salat verteilen, mit Vinaigrette beträufeln und mit Brot- und Speckwürfeln bestreuen.

Das Spiel

Bei diesem Salat denke ich an jungen Löwenzahn, wie er in den ersten warmen Frühlingstagen in dichten Rosetten spriesst – genau richtig sind die Blättchen, bevor der Löwenzahn anfängt, Blüten- und Stengelansatz zu bilden. Leider wird dieser Löwenzahn kaum auf dem Markt angeboten. Ein Grund mehr also, zusammen mit der Familie, ausgerüstet mit einem scharfen Messer und einem Körbchen, die Frühlingswiesen zu durchwandern!

Der Salat ist selbstverständlich auch mit feinen, jungen • **Spinatblättchen** machbar, aus denen ein kleines Nest gebildet wird, auf das Sie die Geflügelleber setzen. Das Ganze abschliessend mit einer leichten Nussölvinaigrette (S.102) überziehen.

Besonders hübsch präsentiert sich ein Salat aus • **Kopfsalatherzen** mit Geflügelleber und hartgekochten **Wachteleiern**. Die Geflügelleber können Sie jederzeit durch in Streifen geschnittene • **Kaninchen**- oder • **Kalbsleber**, ebenfalls kurz in Butter rosa und steif sautiert, ersetzen. Ein Lebersalat passt ebenso gut zu einem Salat aus • **Trockengemüse**, zum Beispiel mit Linsen:

• **Lebersalat mit Linsen**. 120 g Linsen abspülen, eine Zwiebel mit Lorbeerblatt und zwei Gewürznelken bestecken und alles in Salzwasser weichkochen (frisch getrocknete Linsen brauchen nicht erst eingeweicht zu werden). Eine Rotweinvinaigrette zubereiten, dieser feinste Schalottenbrunoise, eine Spur Knoblauch und 1 Msp. Dijonsenf beimischen und die gekochten Linsen während 30 Minuten in der Vinaigrette marinieren. Die Linsen auf Teller verteilen, mit der kurz sautierten Leber und grob geschnittener, flacher Petersilie servieren.

Oder Sie bereiten einen Lebersalat auf • **Friséespitzen** zu, begleiten ihn mit • **Sellerie-Apfelbrunoise und gehackten Nüssen**: einen halben Knollensellerie in Brunoise schneiden und in wenig Salzwasser weichkochen, einen kleinen Apfel in Brunoise schneiden, in wenig Zitronensaft marinieren und mit einer Sherry-Nussölvinaigrette servieren.

Nun eignet sich Geflügelleber nicht bloss für einen Salat, sondern auch als kleine • **warme Vorspeise**, beispielsweise auf einem Bettchen von • **Wildreis** (S.130) mit einer feinen Rotweinsauce (S.290) überzogen, der Sie 1 CL Holundersirup beigefügt haben.

Als • **Hauptgericht** bringt • **Geflügel**- oder in Streifen geschnittene • **Kalbsleber** Abwechslung, etwa mit einer • **Rotweinsauce** (S.290) und • **Rotweinzwetschgen** (S.286).

Forellenmousseline an Sherrysauce

150 g	*Forellenfilets*	Die sauber parierten Forellenfilets zusammen mit dem Eiweiss im Mixer (oder Moulinette) pürieren, durch ein Sieb in eine Schüssel streichen und 30 Minuten kaltstellen.
30 g	*Eiweiss*	
4	*Darioleförmchen von ca. 0,75 dl Inhalt*	Darioleförmchen mit weicher Butter auspinseln, kaltstellen.
	weiche Butter	
1,5 dl	*Rahm*	Rahm mit einem Holzlöffel in kleinen Mengen unter die Fischmasse arbeiten, so als wollten Sie eine Mayonnaise aufschlagen, vorsichtig würzen und das Aroma mit ein paar Tropfen Zitronensaft abrunden.
	Salz	
	ein Hauch Cayenne	
	eine Spur Curry	
	Zitronensaft	
		Fischmasse in die Förmchen füllen, mit bebutterter Alufolie verschliessen, in ein entsprechendes Wasserbad stellen und *zugedeckt* auf dem Herd während ca. 15 bis 20 Minuten pochieren.
0,5 dl	*Weisswein*	Weisswein, Sherry, Vermouth und Fond auf ca. 0,75 dl reduzieren, Rahm zufügen, vorsichtig würzen und die kalte Butter in kleinen Mengen einschwenken, eventuell das Aroma mit einigen Tropfen Zitronensaft abrunden.
0,25 dl	*Sherry*	
0,25 dl	*trockener Vermouth*	
1 dl	*Fisch-, Gemüse- oder Geflügelfond*	
1,5 dl	*Rahm*	Mousselines auf heisse, tiefe Teller stürzen, mit der Sauce umgiessen und eventuell mit einem Kräutlein bestreuen.
	Salz	
	ein Hauch Cayenne	
	eine Spur Curry	
40 g	*kalte Butter*	

Das Spiel

Ein Fischmousseline lässt sich gut vorbereiten, in Förmchen füllen, mit Alufolie verschliessen und im Kühlschrank kaltstellen. Achten Sie auf die angegebene Menge, es handelt sich dabei um sehr kleine Mousselines; wenn Sie grössere Portionen servieren wollen, muss der Anteil erhöht werden.

Es versteht sich von selbst, dass ein Fischmousseline aus **fast allen Fischarten** zubereitet werden kann, besonders fein werden sie mit • **Lachs** oder mit

• **Jakobsmuscheln mit Portosauce**. Aus dem Muschelfleisch wie beschrieben eine Farce herstellen. Den Corail während 3 bis 5 Minuten in wenig Salzwasser pochieren, auskühlen lassen und in feinste Brunoise schneiden. Diese unter die fertige Masse ziehen, was nicht nur den Eigengeschmack erhöht, sondern auch besonders hübsch aussieht. Die Sauce kann zur Abwechslung wie folgt zubereitet werden: in Butter Schalottenbrunoise anziehen, eine Prise Safran zufügen, mit 0,5 dl weissem Porto, 0,5 dl Weisswein und 1 dl weissem Fond ablöschen, reduzieren, mit 1,5 dl Rahm auffüllen und mit kalter Butter binden.

Aber auch • **Langustinen** oder • **Crevetten** sind für dieses Rezept geeignet, wobei Sie die Sauce auf der Basis von • **Weisswein** • **Champagner** oder • **Aperitifweinen** und dem • **entsprechenden Fond** (Fisch-, Gemüse- oder Geflügelfond) aufbauen können.

Sehr gut passen zu Mousselines eine • **Gemüsesauce** (S.220), irgendein • **Kräutlein** oder ein feines Gemüse: • **Gemüsejulienne** • ausgestochene **Gemüseperlen** • **Spargelspitzen** • **Spinat** • **Lauchjulienne** • **Artischocken** • **Fenchel** • **Peperoni** (Paprika) • **Zucchini** • **Erbsen** • **Zuckererbsen** (Kefen) oder • **Champignons**...

Kaninchenrücken mit Majoran

2	*Kaninchenrücken à ca. 500–600 g*	Kaninchenrücken sauber parieren, Bauchfleisch wegschneiden, Fett und Nieren auslösen.
1 CL 2 EL	*ausgelassene Butter* *Traubenkernöl* *Gewürzmischung (S.41)*	Butter und Öl in einem entsprechenden Brattopf erhitzen, Kaninchenrücken würzen, beidseitig Farbe geben und im Ofen bei 220 Grad auf der mittleren Rille während ca. 10 bis 12 Minuten rosa braten. Anschliessend im ausgeschalteten Ofen an der Wärme und auf dem Kuchengitter durchziehen lassen.
1 dl 1 dl	*Weisswein* *Kalbsjus (S.98)* *Majoranzweiglein* *kalte Butter*	Überschüssiges Bratöl weggiessen, Bratsatz mit Weisswein auflösen, um zwei Drittel reduzieren, mit Kalbsjus auffüllen, ca. 10 bis 20 g kalte Butter einschwenken und gezupfte Majoranblättchen einstreuen, eventuell nachwürzen.
12 12 12 12	*sehr kleine Lauchstengel* *sehr kleine Karotten* *sehr kleine weisse Rübchen (Navets)* *sehr kleine Frühlingszwiebeln* *Butter* *Salz* *weisser Pfeffer aus der Mühle*	Gemüse waschen, nach Möglichkeit ganz lassen oder in Form schneiden und getrennt in Salzwasser knapp garkochen, in Butter heissschwenken, vorsichtig mit Salz und sehr wenig weissem Pfeffer aus der Mühle würzen.
		Rückenfilet aus den Knochen lösen, aufschneiden, mit dem Gemüse auf heisse Teller legen und mit Jus umgiessen.

Mögliche Beilage: **Neue Kartoffeln**

Das Spiel

Es könnte durchaus sein, dass Sie den Kaninchenrücken beziehen können, ohne gleich das ganze Tier kaufen zu müssen. Ganz so schlimm wäre das andere jedoch nicht, denn ein ganzes Kaninchen bringt viele Möglichkeiten für verschiedene Zubereitungsarten, die deswegen interessant sind, weil Kaninchenfleisch zwar köstlich, aber nicht kostbar ist!

Die *Knochen* benützen Sie für • **einen Jus**, *Leber* für einen • **Salat**, das *Bauchfleisch* und die *Vorderläufe* für eine • **Terrine** (S.284), *Schenkel* und *Rücken* als • **Ragout** (S.144), den *Rücken* allein für einen • **Salat mit Lattichherzen** (S.231) oder mit • **Frühlingsgemüse** an einer Himbeeressigvinaigrette oder als • **warme Vorspeise** oder • **Hauptgericht**:

• **Kaninchenrücken auf Basilikumnudeln**. Rückenfleisch auslösen, mit den Knöchlein einen Jus zubereiten (S.98), die beiden Filets in ausgelassener Butter rosa braten und an der Wärme durchziehen lassen. Frische, breite Nudeln herstellen, in Butter heissschwenken, viel feingeschnittenes Basilikum untermischen, auf heisse, tiefe Teller anrichten, das Fleisch dazulegen und mit wenig reduziertem Jus umgiessen.

• **Kaninchenschenkel mit Basilikum**. Knöchlein aus dem Schenkel lösen, das Fleisch in Form binden (wie ein kleiner Rollbraten), in einer Öl-Butter-Mischung während ca. 25 Minuten *zugedeckt* weichschmoren und die Knöchlein mitbraten. Das Fleisch an der Wärme durchziehen lassen, überschüssiges Bratöl weggiessen, Bratsatz mit Weisswein auflösen, reduzieren, mit ca. 1 dl Bouillon auffüllen und kalte Butter einschwenken. Abschliessend würzen, durch ein feines Sieb passieren und feingeschnittenes Basilikum in die Sauce streuen.

• **Geschnetzeltes Kaninchenfleisch mit rosa Pfeffer und Zuckererbsen**. Dazu eignen sich sowohl das Bauchfleisch als auch der Rücken oder die Schenkel. Das Fleisch von Sehnen und Häutchen parieren, in Streifen oder Scheiben schneiden, würzen, in einer heissen Öl-Butter-Mischung sautieren, zwischen zwei Tellern an die Wärme stellen. Das Bratöl weggiessen, Bratsatz mit Weisswein auflösen, reduzieren, eine Spur Paprika zufügen, mit Geflügelfond auffüllen, erneut reduzieren, Rahm zufügen und die Sauce mit kalter Butter binden. Zum Schluss 1 EL rosa Pfeffer einstreuen und das Gericht mit in Butter geschwenkten Zuckererbsen (Kefen) servieren.

Erdbeeren mit Erdbeersorbet

800 g Erdbeeren
Puderzucker
Zitronensaft
Zuckersirup (S.51)
Pfefferminzblättchen

Erdbeeren waschen, entstielen und aussortieren, ca. 200 g schöne Beeren als Garnitur zurückbehalten. Die restlichen Beeren mit ca. 80 g Puderzucker (je nach Zuckergehalt der Früchte) und wenig Zitronensaft im Mixer pürieren, durch ein feines Sieb passieren, ca. 120 g dieses Purées mit wenig Zuckersirup zu einer Sauce verlängern und kaltstellen. Übriges Purée in der Sorbetière zu einem Sorbet verarbeiten.

Die kalte Erdbeersauce auf kalte Teller ausgiessen. Beeren und Sorbet dekorativ auf die Sauce geben, Beeren mit wenig Puderzucker bestreuen, eventuell mit Pfefferminzblättchen Farb- und Aromatupfer setzen.

Das Spiel

Ein sehr einfaches und keineswegs aufregendes Rezept, aber Früchte auf diese harmonische Weise zubereitet, entfalten ihr eigenes Aroma am intensivsten – die reine Natur liegt auf Ihrem Teller! Selbstverständlich eignen sich fast • **alle Beeren** für die Zubereitung dieses Desserts. Dass • **Walderdbeeren** das schönste aller Aromen haben, begreift jede feine Nase. Sie sind eine Kostbarkeit, für die Sie und Ihre Familie mit einem Spaziergang durch den frühsommerlichen Wald sorgen könnten... Lassen Sie im übrigen Ihrer Phantasie freien Lauf; die meisten Früchte können verwendet werden, wobei Sie stets darauf achten sollten, • **Stein-** und • **Kernobst** vorher zu pochieren (ausgenommen die • **Mango**, welche roh verwendet wird). Besonders • **exotische Früchte** geben sehr viel Geschmack her. Denkbar ist auch ein gemischter • **Früchteteller**: verschiedene Früchte hübsch zuschneiden, dekorativ auf Teller legen, die restlichen Früchte *gemischt* zu einem Sorbet verarbeiten, auf einer Limonen- oder Orangensauce servieren (S.263).

• **Feigen mit Feigensorbet** haben eine etwas andere Zubereitungsart: 12 blaue Feigen waschen, mit einer Gabel mehrmals einstechen, in eine Auflaufform ordnen, 1,5 dl Zuckersirup und 2 EL Danziger Goldwasser (falls Sie dieses im Schrank stehen haben) oder Cointreau zufügen und im Ofen bei 180 Grad ca. 20 Minuten pochieren. Form aus dem Ofen nehmen und die Feigen in der Flüssigkeit erkalten lassen. Anschliessend die Pochierflüssigkeit auf 1 dl reduzieren, wiederum erkalten lassen, mit Doppelrahm zu einer Sauce, der Sie wenig Zitronensaft zufügen, verlängern und während 2 Stunden in einem Eiswasserbad im Kühlschrank durchkühlen lassen. 12 weitere Feigen zusammen mit wenig Puderzucker und Zitronensaft im Mixer pürieren, durch ein Sieb streichen und in der Sorbetière zu einem Sorbet verarbeiten. Das Sorbet mit den pochierten Feigen und der Sauce dekorativ auf Tellern anrichten.

• **Pochierte Äpfel mit Apfelsorbet.** 1 kg aromatische Äpfel schälen, Stielansatz und Kernhaus entfernen, in Achtel schneiden, mit 2 dl Zuckersirup, 0,5 dl Zitronensaft und 0,5 dl süsslichem Wein (Sauternes!), einer Zitronenschale und einem halben Vanillestengel auf kleinem Feuer pochieren. Bevor die Äpfel ganz weich sind, 20 Achtel aus der Pochierflüssigkeit stechen und kaltstellen. Die restlichen, sehr weich pochierten Äpfel im Pochierfond erkalten lassen, Vanillestengel und Zitronenschale entfernen, Äpfel im Mixer pürieren, durch ein Sieb passieren, mit wenig Calvados parfümieren und in der Sorbetière gefrieren. Eine grüne Limone (Lime) mit dem Kartoffelschäler schälen, Schale in feinste Brunoise schneiden, in kochendem Wasser blanchieren und in 1 dl Zuckersirup köcheln lassen, bis der Sirup zu caramelisieren beginnt. Mit dem Saft einer Limone ablöschen, erkalten lassen, mit Doppelrahm zu einer Sauce verlängern und diese sehr kaltstellen. Die Sauce auf kalte Teller ausgiessen, pochierte Äpfel und Sorbet dekorativ auf die Sauce legen.

Mise en place

Am Vortag • Kaninchen zerlegen • aus den Knochen einen Jus zubereiten

Am Tag selbst

Geflügelleber-salat

Geflügelleber sauber parieren, unter Klarsichtfolie verschliessen und kaltstellen

Salat waschen, trockenschleudern, auf eine flache Platte ordnen und kaltstellen. Speck- und Brotwürfel zuschneiden, Speck blanchieren, mit Klarsichtfolie verschliessen

Vinaigrette zubereiten

Schalotte in Brunoise und Schnittlauch in Röllchen schneiden, unter Klarsichtfolie verschliessen

Kaninchen-rücken

Kaninchenrücken parieren

Jus und Wein auf die *Mise en place* stellen

Majoranblättchen zupfen und unter Klarsichtfolie verschliessen

Gemüse in Form schneiden, in Salzwasser blanchieren, auskühlen lassen und unter Klarsichtfolie verschliessen

Erdbeerdessert

Erdbeeren waschen, entstielen, aussortieren, pürieren und kaltstellen

---

Suppe

Entsprechende Zutaten richten, Suppe zubereiten, Rahm noch nicht zufügen

---

Forellenmousseline

Farce zubereiten, in Förmchen füllen, Förmchen mit bebutterter Alufolie verschliessen und kaltstellen

Wasserbad richten

Sauce zubereiten

Kräutlein zupfen, unter Klarsichtfolie verschliessen

Für die allgemeine Mise en place • Teller warm- bzw. kaltstellen • Kuchenblech und Kuchengitter warmstellen • Ofen vorheizen nicht vergessen • *Mise en place* kontrollieren, damit Sie hinterher ruhig arbeiten können

Arbeitsablauf

Geflügelleber-salat

Kurz bevor Sie die Gäste an den Tisch bitten, Salat mit Vinaigrette bepinseln, mit Schalotten und Schnittlauch bestreuen, auf Teller verteilen, Brot- und Speckwürfel knusprig braten, zum Salat geben, Leber kurz sautieren und auf den Salat setzen, mit restlicher Vinaigrette beträufeln

Kaninchenrücken kurz anbraten, in den Ofen schieben und auf der Küchenuhr 10 Minuten einstellen

Salat servieren

Suppe

Suppe erwärmen, wenn vorgesehen Rahm zufügen, abschmecken, in Tässchen füllen

In diesem Fall erst jetzt den Kaninchenrücken in den Ofen schieben

Suppe servieren

Forellenmousseline

Bevor Sie die Suppe servieren, Mousselines ins Wasserbad setzen, mit heissem Wasser auffüllen, auf das Feuer stellen; während Sie die Suppe erwärmen, haben Sie Zeit, das Wasser im Wasserbad zu kontrollieren, das, wie Sie wissen, nicht kochen darf; Küchenuhr auf 15 Minuten einstellen

In diesem Fall erst jetzt den Kaninchenrücken in den Ofen schieben

Mousselines servieren

Kaninchen-rücken

Fleisch an der Wärme durchziehen lassen

Sauce zubereiten

Gemüse in der Butter heissschwenken

Rückenfleisch aus den Knochen lösen, aufschneiden, auf heisse Teller legen, mit wenig Jus umgiessen und mit dem Gemüse umlegen

Kaninchen servieren

Erdbeerdessert

Sorbet zubereiten

Teller mit der Erdbeersauce ausgiessen, Erdbeeren dekorativ auf die Sauce setzen und Sorbet dazulegen

Erdbeerdessert servieren

Sommer-Menu I

Amuse-Bouche

Lachsterrine

Suppe

Nudeln mit Tomaten und Basilikum

Kalbsfiletmignons mit Kräutern

Käse

Kirschengratin

Lachsterrine

400	*g*	*Lachsfilet*	Aus dem Lachsfilet ein schmales Filet in der Länge der Terrinenform zuschneiden, das ca. 150 g schwer sein soll, unter Klarsichtfolie verschliessen und kaltstellen. Dieses kleine Filet ist als Einlage in die Terrine gedacht.
1		*Eiweiss*	
1		*Terrinenform von ca. 500 g Inhalt*	
			Das übrige Lachsfilet kleinschneiden und zusammen mit dem Eiweiss im Mixer oder Moulinette pürieren, durch ein Sieb in eine kalte Schüssel streichen und kaltstellen.
		Zucchettischalen *weiche Butter*	Mit dem Kartoffelschäler breite Streifen von Zucchetti abziehen, in Salzwasser kurz grünblanchieren, abtropfen und erkalten lassen. Terrinenform ausbuttern, mit den Schalen sorgfältig auskleiden, wobei diese an den Längsseiten der Form überlappen müssen, damit die gefüllte Terrine hinterher verschlossen werden kann.
2,5	*dl*	*Rahm* *Salz* *weisser Pfeffer aus der Mühle* *ein Hauch Cayenne* *eine Spur Curry* *ein paar Tropfen Zitronensaft*	Den eiskalten Rahm mit einem Holzlöffel sorgfältig unter die Fischmasse einarbeiten, dabei so verfahren, als wollten Sie eine Mayonnaise aufschlagen: immer nur so viel Rahm zufügen, wie Sie aufarbeiten können — für eine gute Bindung ist dies entscheidend. Die Masse vorsichtig würzen.
			Die Hälfte der Fischmasse in die Form füllen, glattstreichen, das Lachsfilet einlegen und mit der restlichen Masse auffüllen. Die Terrine mit den überlappenden Schalen und dem Deckel verschliessen, die Form in ein Wasserbad stellen, mit heissem Wasser bis zum Rand der Terrinenform auffüllen, in den Ofen auf die mittlere Rille schieben und bei 150 Grad während ca. 1 Stunde garen.

Weil Backöfen verschieden reagieren, sollten Sie unbedingt die Fingerprobe machen, bevor Sie die Terrine aus dem Ofen nehmen: unter dem Druck Ihres Fingers soll sich die Terrine elastisch anfühlen. Wenn die Terrine bei dieser Probe zuviel nachgibt, ist sie noch nicht ganz durchgegart – in diesem Fall noch weitere 10 Minuten garen lassen und dann erneut kontrollieren. Zur besseren Erklärung dient folgender Hinweis: Falls sich die Terrine hart anfühlt, ist es zu spät, dann wurde sie zu lange im Ofen belassen und hat zweifellos Schaden genommen. Ein Zustand also, der unter keinen Umständen erreicht werden darf, was sich nur dadurch verhindern lässt, dass Sie nach ca. 45 Minuten anfangen zu kontrollieren.

Anschliessend die Terrine bei Küchentemperatur auskühlen und über Nacht im Kühlschrank durchkühlen lassen.

1 EL Zitronensaft
2 EL feinstes Olivenöl
2 EL Geflügel- oder Gemüsebouillon
4 EL Rahm
Salz
weisser Pfeffer aus der Mühle
ein Hauch Cayenne
1 Messerspitze Dijonsenf
4 grüne Oliven
4 schwarze Oliven

Aus den Zutaten eine Sauce rühren, die Oliven in feinste Julienne schneiden und unter die Sauce mischen.

Lachsterrine mit einem Spachtel aus der Form lösen, auf ein Brettchen stürzen, Terrine mit einem feinen Sägemesser sorgfältig in Scheiben schneiden, auf kalte Teller legen und mit der Sauce umgiessen.

Das Spiel

Die Lachsterrine muss, wie Sie im Rezept gelesen haben, über Nacht im Kühlschrank ruhen. Somit ist eine Terrine immer eine dankbare Vorspeise, weil sie sich vorbereiten lässt. Doch während Fleischterrinen erst nach zwei, drei Tagen das volle Aroma entfalten, eignen sich Fischterrinen für eine längere Aufbewahrung (durch den Rahmanteil) weniger gut. Sie sind am andern Tag genau richtig.

Das vorstehende Rezept könnte sehr wohl mit **Fischterrine** übertitelt werden. **Fast jede Art Fisch eignet sich für die Zubereitung einer Terrine**. Generell kann auch auf die Einlage eines Fischfilets verzichtet werden. Allerdings reduziert sich dann die im vorstehenden Rezept angegebene Fischfiletmenge auf 250 g, weil die Farce auf diesen 250 g Fisch und 2,5 dl Rahm aufgebaut ist – lediglich die Einlage von einem Fischfilet erhöht automatisch das Gewicht!

Nun ist aber die Terrine nicht nur mit • **verschiedenen Fischarten** – je nach Angebot – machbar, sie eignet sich ebensogut für • **Jakobsmuscheln**, wobei Sie den Corail kurz in Salzwasser pochieren, auskühlen lassen, in feinste Brunoise schneiden und unter die Farce mischen.

Falls die Terrine auf • **Langustinen** aufgebaut wird, können Sie Langustinenfleisch in Würfel schneiden und unter die Farce mischen.

Oder die Terrine wird beispielsweise aus • **Hechtfleisch** hergestellt und Sie legen in die Mitte • **Crevetten** ein.

Die Form kann ausser mit Zucchettischalen auch mit blanchierten • **Gurkenschalen** • **Lattichblättern** • **Spinat** oder gar mit • **Orangen**, die Sie (mit der Schale) in hauchdünne Scheiben schneiden, ausgekleidet werden.

Wenn Sie Oliven unter die Sauce mischen, müssen Sie sicher sein, dass Ihre Gäste Oliven auch wirklich mögen. Sonst lassen sie sich ersetzen durch frisch geriebenen • **Meerrettich**, durch feinste • **Tomaten- und Zucchinibrunoise**, durch feine • **Schnittlauchröllchen** oder gezupfte • **Dillspitzen**.

Nudeln mit Tomaten und Basilikum

300	*g*	*frische, breite Nudeln (S.135)*	Nudeln nach Rezept herstellen.
2		*grosse Tomaten*	Tomaten während ca. 10 Sekunden in kochendes Wasser tauchen, Haut abziehen, halbieren, mit einem Löffelchen die Kerne auskratzen, das Tomatenfleisch in Brunoise schneiden. Schalottenbrunoise im Öl kurz anziehen, Tomaten zufügen, kurz durchschwenken, vorsichtig würzen und feingeschnittenes Basilikum sowie wenig Knoblauch unter die Tomaten mischen.
1	*CL*	*Olivenöl*	
1	*CL*	*Schalottenbrunoise*	
		Knoblauchzehe	
		Salz	
		weisser Pfeffer aus der Mühle	
		eine Spur Zucker	
		Basilikum	
			Die Nudeln in viel Salzwasser auf den Punkt kochen, auf ein Sieb schütten und abtropfen lassen.
30	*g*	*Butter*	Die Butter in einer entsprechenden Kasserolle goldgelb werden lassen, Nudeln zufügen, mit einer Gabel mischen, nicht zu zaghaft würzen, Parmesan untermischen und anschliessend auf heisse, tiefe Teller verteilen, mit den heissen Tomaten belegen.
30	*g*	*frisch geriebener Parmesan*	
		Salz	
		weisser Pfeffer aus der Mühle	
		eine Spur Muskatnuss	

Das Spiel

Selbstgemachte Nudeln sind eine Köstlichkeit. Dem einfachen Produkt, sorgfältig zubereitet, mit Butter und feinstem Parmigiano serviert, liegt eine besondere «Philosophie» zugrunde, durch die allein schon das Verständnis für die Begriffe Köstlichkeit und Einfachheit möglich wird.

Das soll natürlich nicht heissen, dass Nudeln auf jegliches Beiwerk verzichten müssen – sie sind zwar darauf nicht angewiesen, jedoch durchaus dafür geeignet, z.B. mit • **Tomaten und Basilikum**, wie im vorstehenden Rezept beschrieben, oder mit • **weissen, hauchdünn gehobelten Trüffelscheiben**, oder Sie vermischen unter die Nudeln feine Streifen von • **Räucherlachs**, oder mit • **geschlagenem Rahm und einer Käsemischung**, die aus Parmigiano, Sbrinz und Gruyère besteht, mit • **Entenleber**: knusprig gebratene Entenleberwürfel mit Trüffelsauce (S.271, damals ein Erfolgsrezept im *Landhaus*), mit • **Langustinen** (S.142), mit • **Pilzragout** (S.244), mit • **Spinatnudeln**, mit • **Spinat als Salat** • **Safrannudeln mit Gemüsejulienne** • **feine Nudeln in Tomatensuppe** (S.120), und natürlich die Nudeln als • **Beilage**.

Kalbsfiletmignons mit Kräutern

8		*Kalbsfiletmignons à ca. 70 g*
1	*EL*	*Öl*
1	*CL*	*Butter*
		Gewürzmischung (S.41)
0,5	*dl*	*Weisswein*

Fleisch würzen, in der heissen Öl-Butter-Mischung rosa braten und an der Wärme durchziehen lassen. Das überschüssige Bratöl weggiessen, Bratsatz mit dem Wein auflösen, um mindestens die Hälfte reduzieren, durch ein feines Sieb passieren und dann der folgenden Kräutermischung zufügen:

60	*g*	*Butter*
30	*g*	*gezupfte Kräuter wie Petersilie, Kerbel, Schnittlauch, Thymian, Estragon, Majoran, Basilikum*
1	*EL*	*Schalottenbrunoise*
		Salz
		weisser Pfeffer aus der Mühle
		ein Hauch Cayenne
		eine Spur Curry
		eine Spur Paprika
		eine Spur Koriander aus der Mühle
		eine Spur Knoblauch
1		*Messerspitze Dijonsenf*
		ein paar Tropfen Zitronensaft

Die angegebene Menge Kräuter bezieht sich tatsächlich auf gezupfte Blättchen bzw. auf feingeschnittenen Schnittlauch – die Stiele werden also nicht mitgewogen. Es ist ausserdem für das Resultat wichtig, dass Sie eine möglichst grosse Kräutervielfalt verwenden und keinesfalls auf den Koriander verzichten.

Schalottenbrunoise in der Butter goldgelb dünsten, Kräuter zufügen und nur so lange mitdünsten, bis sie zusammenfallen. Jetzt nicht zu zaghaft würzen.

Mignons auf heisse Teller legen und mit der heissen Kräuterbutter übergiessen.

Mögliches Gemüse: **Lattich**

Vom Lattich die äusseren Blätter ablösen, Lattich waschen, in Streifen schneiden und kurz blanchieren, in Eiswasser Garprozess stoppen und auf einem Sieb gut abtropfen lassen. Lattichstreifen in 1 EL Butter und 1 EL blanchierter Speckbrunoise kurz dünsten, mit Salz, weissem Pfeffer aus der Mühle und einer Spur Muskat würzen.

Mögliche Beilage: **Rösti aus rohen Kartoffeln** (S.133)

Das Spiel

Die Kräuter und die Gewürze beeinflussen das Resultat wesentlich – je frischer die Kräuter sind, und je besser Sie die kleine Kunst des Würzens beherrschen, desto deutlicher kommt ein harmonisches Aroma zum Tragen. Ich glaube, es versteht sich von selbst, dass diese Kräuterbutter dafür da ist, jedes kurzgebratene Fleisch oder Geflügel zu begleiten: • **Poulardenbrüstchen** • **Perlhuhnbrüstchen** • **gebratenes Stubenküken** • **geschnetzeltes Kalbfleisch** oder geschnetzelte • **Kalbsleber** • **Kalbssteak** • **Kalbskotelett** • **Rindsfiletsteak** • **Entrecôte** • **Huftsteak** • **Lammnüsschen** und • **Lammkotelett** sowie • **Schweinssteak** • **Schweinsfilet** oder • **Schweinskotelett.**

Mit kurz gebratenem Kalbfleisch haben Sie viele Möglichkeiten, Abwechslung in Ihr Programm zu bringen, wobei es nicht schaden kann, wenn Sie Ideen vom Spiel • **Poulardenbrüstchen** (S.274) oder vom Spiel • **Rindsfilet** (S.290) auf Kalbfleisch übertragen.

• **Kalbsfiletmignons an Schnittlauchsauce**. Mignons würzen, rosa braten, durchziehen lassen, Bratsatz mit 1 dl Weisswein auflösen, 1,5 dl weissen Fond zufügen, auf die Menge von 1 dl reduzieren, 1,5 dl Rahm zufügen, mit 40 g Butter binden, vorsichtig würzen und viel fein geschnittenen Schnittlauch in die Sauce geben. Der Schnittlauch gibt diesem Gericht auf angenehme Weise einen milden Zwiebelgeschmack, der durch die Beilage eines • **Lauchdariols** (S.145) unterstützt wird. Im übrigen passt diese Sauce auch zu einem • **Fischfilet.**

• **Kalbsfiletmédaillons auf Pfifferlingsauce** (Eierschwämmchen). Médaillons würzen, rosa braten, durchziehen lassen, Bratsatz mit 1 CL Butter auflösen, 1 CL Schalottenbrunoise goldgelb dünsten, 200 g gerüstete Pilzchen zufügen und so lange mitdünsten, bis alle Flüssigkeit verdampft ist, mit 0,5 dl Weisswein ablöschen, reduzieren, mit 1,5 dl weissem Fond auffüllen, im Mixer feinpürieren, durch ein Sieb zurück in die Kasserolle streichen, mit Salz, weissem Pfeffer aus der Mühle, einer Spur Knoblauch und ein paar Tropfen Zitronensaft würzen, zum Schluss mit 2 EL Rahm und 20 g Butter die Sauce verfeinern. Sie könnten ein paar besonders schöne und kleine Pilzchen kurz in Butter sautieren und am Schluss zum Fleisch legen. Ein eigentliches Herbstgericht, das noch köstlicher schmeckt, wenn die Pilze ein • **Rehfiletmédaillon** begleiten.

• **Kalbsfiletmignons an einer grünen Limonensauce** (Lime). Mignons würzen, rosa braten, durchziehen lassen, Bratsatz mit 1 dl weissem Porto und Saft einer grünen Limone (Lime) auflösen und auf die Menge von 2 EL reduzieren, 1,5 dl weissen Fond zufügen, reduzieren, mit 1,5 dl Rahm auffüllen und 40 g Butter einschwenken, würzen und zum Schluss feinste, kleinste und blanchierte Julienne von Limonenschale zufügen. Die grüne Limone (Lime) hat einen ausgesprochen frischen und aparten Duft und macht eine Sauce besonders aromatisch. Nur, bitte gehen Sie vorsichtig mit dem Saft von Limonen um, denn durch unkonzentriertes Zufügen von zu viel Saft könnte die Sauce leicht zu sauer werden. Es ist deshalb ratsam, am

Anfang wenig Saft zuzufügen, die Menge lässt sich am Schluss immer noch erhöhen, wenn Sie glauben, die Sauce könnte noch um eine Spur deutlicher gemacht werden. Im übrigen schmeckt diese Sauce auch zu einem • **Fischfilet**; dann allerdings wird der Fond durch *Fischfond* ersetzt.

• **Kalbsfiletmignons mit Champignons**. Mignons würzen, rosa braten, durchziehen lassen, Bratsatz mit 1 CL Butter auflösen, 1 CL Schalottenbrunoise goldgelb dünsten, 100 g in Würfel oder Scheiben geschnittene Champignons zufügen und so lange mitdünsten, bis alle Flüssigkeit verdampft ist, mit 1 dl rotem Porto ablöschen, reduzieren, mit 1,5 dl Kalbsjus auffüllen und Butter einschwenken, würzen.

Kirschengratin

400	*g*	*entsteinte Kirschen*	Butter aufschäumen lassen, Kirschen zufügen, mit Zucker bestreuen, leicht caramelisieren, mit dem Liqueur ablöschen, die Kirschen einen kurzen Augenblick dünsten, mit einem Schaumlöffel aus der Kasserolle heben, in entsprechende Gratinförmchen verteilen (Durchmesser ca. 12 cm, Höhe ca. 3 cm), Sirup reduzieren und über die Kirschen geben.
20	*g*	*Butter*	
30	*g*	*Zucker*	
1	*dl*	*Cherry-Brandy (Kirschenliqueur)*	
		Zitronensaft	
1	*dl*	*Weisswein oder Champagner*	Eigelb und Weisswein (Champagner) in einer entsprechenden Schüssel *auf* dem Wasserbad mit dem Schneebesen während ca. 20 Minuten zu einer Crème schlagen.
2		*Eigelb*	
			Die Schüssel, die auf dem kochenden Wasser sitzt, darf dabei keinesfalls die Wasseroberfläche berühren, weil sonst die Eier zu schnell stocken würden. Alles, was Sie brauchen, ist Dampf, der vom kochenden Wasser abgegeben wird. Die Crème anschliessend durch ein feines Sieb in die Schüssel des Rührwerks streichen.
60	*g*	*Zucker*	Zucker zufügen und während weiteren 20 Minuten mit dem Schneebesen im Rührwerk schlagen. So entsteht eine zähflüssige Crème.
0,5	*dl*	*Rahm*	Rahm steifschlagen, unter die Crème ziehen, auf die Kirschen verteilen, glattstreichen und unter dem sehr heissen Grill kurz gratinieren.

Das Spiel

Ein verblüffendes Dessert, weil sich nur die Oberfläche des Sabayons durch das Gratinieren leicht erwärmt und die Früchte dabei kalt bleiben. Ein Dessert auch, das von der Leichtigkeit her selbst nach einem langen Menu durchaus angebracht ist. Der Aufwand liegt beim Schlagen des Sabayons, der dafür gut vorbereitet werden kann.

Es versteht sich eigentlich von selbst, dass die meisten Früchte gratiniert werden können. Die vorstehend beschriebene Art, wo Früchte erst leicht caramelisiert werden, ist auch bei • **Zwetschgen** und • **Rhabarber** angebracht, wobei Sie den Alkohol natürlich entsprechend austauschen.

Beerengratin: • **Johannisbeeren** • **Himbeeren** • **Brombeeren** beispielsweise werden etwas anders zubereitet. Sie brauchen dazu ca. 400 g Beeren, wobei die schönen Beeren aussortiert und der Rest mit wenig Puderzucker und Zitronensaft im Mixer püriert sowie anschliessend durch ein feines Sieb gestrichen wird. Das Früchtepurée dann in Gratinförmchen verteilen, die schönen Beeren auf das Purée setzen, mit dem Sabayon überziehen und kurz gratinieren.

Früchtegratin: • **Stein- und** • **Kernobst** wird stets in wenig Zuckersirup und Zitronensaft pochiert, in entsprechende Form geschnitten, ein Teil der Früchte im Mixer püriert, durch ein Sieb gestrichen und in Gratinförmchen verteilt. Die in Form geschnittenen Früchte auf das Purée setzen, mit Sabayon überziehen und kurz unter dem sehr heissen Grill gratinieren.

• **Exotischer Früchtegratin**. Hier werden die Früchte nie pochiert, auch nicht eine Mango, die eigentlich als eine Steinfrucht zu bezeichnen ist. Früchte entsprechend zuschneiden, die restliche Frucht im Mixer mit wenig Puderzucker und Limesaft (grüne Limone) pürieren, das Fruchtpurée unter Umständen mit sehr wenig Zuckersirup verlängern, in Gratinförmchen verteilen, die in Form geschnittenen Früchte auf das Purée legen, mit Sabayon überziehen und kurz unter dem sehr heissen Grill gratinieren. Von den exotischen Früchten eignen sich besonders • **Ananas** • **Kiwi** • **Mango** • **Feigen** und • **Lychees**.

• **Orangengratin**. Orangen in Filets schneiden, in Gratinförmchen verteilen, Orangensauce (S.263) zufügen, mit kandierter Orangenjulienne (S.263) bestreuen, mit Sabayon überziehen und kurz unter dem sehr heissen Grill gratinieren.

Der Sabayon kann durch eine • **Vanillecrème** (S.237) ersetzt werden, der Sie geschlagenen Rahm unterziehen — das Dessert verliert dann allerdings seine besondere Leichtigkeit.

Mise en place

Am Vortag • Lachsterrine zubereiten

Am Tag selbst

Kalbsfilet-mignons

Kräuter waschen, trocknen, in Blättchen zupfen, den Schnittlauch feinschneiden und alles unter Klarsichtfolie verschliessen

Schalotten und Knoblauch in feinste Brunoise schneiden, unter Klarsichtfolie verschliessen

Lattich zurichten, grünblanchieren, gut abtropfen lassen und unter Klarsichtfolie verschliessen

Speckbrunoise schneiden, blanchieren und unter Klarsichtfolie verschliessen

Suppe

Entsprechende Zutaten richten, Suppe zubereiten, aber Rahm noch nicht zufügen

Lachsterrine

Sauce zubereiten

Oliven schneiden, unter die Sauce mischen und kaltstellen

Nudeln mit Tomaten

Nudeln zubereiten und auf ein leicht bemehltes Tuch legen

Käse reiben

Tomaten schälen und in Würfel schneiden, Schalottenbrunoise vorbereiten, unter Klarsichtfolie verschliessen

Kirschengratin

Kirschen zubereiten, in Gratinförmchen verteilen

Sabayon schlagen, mit Klarsichtfolie verschliessen und kühlstellen (nicht bei Küchentemperatur – die ist zu *warm*, und nicht im Kühlschrank – der ist zu *kalt*; am besten eignet sich ein *kühler* Raum, etwa der Keller)

Rahm steifschlagen und kaltstellen

Für die allgemeine Mise en place • Teller warm- bzw. kaltstellen • Kuchenblech und Kuchengitter warmstellen • Ofen vorheizen nicht vergessen • sämtliche Gewürze für die Kalbsfiletmignons auf die *Mise en place* stellen

Arbeitsablauf

Lachsterrine

Kurz bevor Sie Ihre Gäste an den Tisch bitten, schneiden Sie die Lachsterrine auf, die zusammen mit der Sauce auf kalten Tellern angerichtet wird

Terrine servieren

Suppe

Suppe erwärmen, wenn vorgesehen Rahm zufügen, abschmecken, in Tässchen füllen

Suppe servieren

Nudeln mit Tomaten

Nudeln kochen und auf einem Sieb gut abtropfen lassen

Tomaten sautieren, Basilikum in feine Streifen schneiden und unter die Tomaten mischen

Nudeln in der Butter schwenken, Käse zufügen und würzen, auf heisse, tiefe Teller verteilen und mit den Tomaten belegen

Nudeln servieren

Kalbsfilet-mignons

Lattich in der Butter sautieren, am Herdrand zugedeckt warmstellen

Kalbsfiletmignons rosa braten und an der Wärme durchziehen lassen

Kräutersauce zubereiten

Grill für den Kirschengratin einschalten

Kalbsfiletmignons servieren

Kirschengratin

Rahm unter den Sabayon ziehen, auf die Früchte verteilen und glattstreichen

Unter dem heissen Grill kurz gratinieren

Kirschengratin servieren

Sommer-Menu II

Amuse-Bouche

Geflügelsalat

Suppe

Lachsmédaillons an Chablissauce

Lammsattel mit Thymian

Käse

Millefeuille mit Himbeeren

Geflügelsalat

2		*Kopfsalatherzen*	Die schönen Herzblättchen auslösen, waschen und trockenschleudern.
2		*Poulardenbrüstchen à ca. 120 g*	Haut abziehen und die Brüstchen sauber parieren.
100	*g*	*Gemüsejulienne aus Lauch, Karotten und engl. Sellerie*	Geflügelfond und Gemüsejulienne in einer kleinen Kasserolle aufsetzen, Poulardenbrüstchen auf das Gemüse legen und zugedeckt auf kleinem Feuer ca. 5 Minuten pochieren. Dann neben dem Herd *zugedeckt* weitere 3 Minuten durchziehen lassen. Anschliessend die Brüstchen aus der Kasserolle stechen, Gemüsejulienne auf ein kleines Sieb schütten und die aufgefangene Flüssigkeit auf 1 EL reduzieren.
0,5	*dl*	*Geflügelfond*	
1	*EL*	*Weissweinessig*	Aus den Zutaten eine Sauce rühren, die reduzierte Pochierflüssigkeit zufügen. Salat mit der Sauce bepinseln und auf grossen Tellern anrichten. Die Brüstchen aufschneiden, zum Salat legen und mit der restlichen Vinaigrette beträufeln. Die Gemüsejulienne dekorativ über den Salat verteilen und mit Kerbelblättchen bestreuen.
2	*EL*	*feines Öl*	
		Salz	
		weisser Pfeffer aus der Mühle	
1		*Messerspitze Dijonsenf*	
		abgeriebene Zironenschale	
		Kerbelblättchen	

Das Spiel

Ein Geflügelsalat ist ein leichter und duftiger Auftakt zu einem Menu, aber nichts soll Sie daran hindern, ihn an einem warmen Sommerabend als Hauptgang zu servieren. Pochiertes Geflügel ist besonders leicht verdaulich, Sie können es jedoch jederzeit in Butter rosa braten. Im übrigen lässt sich mit Geflügel gut spielen:

- **Wachtelsalat mit frischem Mais**. Dafür benötigen Sie 4 Wachteln, die Sie am besten bratfertig kaufen – die Vögelchen könnten Ihnen sonst leid tun! Die bratfertigen Wachteln mit der Gewürzmischung würzen, in einer heissen Öl-Butter-Mischung schön braun braten, anschliessend im Backofen bei 220 Grad während ca. 10 Minuten fertigbraten und an der Wärme durchziehen lassen. 200 g frische Maiskörner garkochen, in Nussölvinaigrette (S. 102) kurz marinieren, gezupfte Majoranblättchen untermischen und auf Teller verteilen. Brüstchen und Schenkel aus den Wachteln lösen, zum Salat legen sowie eventuell mit gekochten Wachteleiern garnieren. Wenn Sie Zeit und Lust haben, können Sie den Bratsatz mit wenig Wein und Bouillon auflösen, reduzieren und die Wachteln zum Schluss damit beträufeln.

- **Taubenbrüstchen auf Lauchsalat**. Zwei bratfertige Täubchen würzen, in einer Öl-Butter-Mischung kurz Farbe nehmen lassen und im Ofen bei 200 Grad während ca. 10 bis 12 Minuten rosa braten, herausnehmen und durchziehen lassen. Ca. 200 g Lauchjulienne blanchieren, in einer Rahmsalatsauce (S. 101) kurz marinieren, auf Teller verteilen. Die Brüstchen auslösen und aufschneiden, auf den Salat legen sowie mit knuspriger Speckbrunoise bestreuen. Vom übrigen rosa gebratenen Schenkelfleisch könnten Sie eine kleine Mousse zubereiten (S. 110), oder Sie legen dieses zum Salat.

- **Perlhuhnbrüstchen auf Kohlrabibett mit Trüffelvinaigrette**. Möglichst zarte Kohlrabi in Salzwasser garkochen, in feinste Scheiben schneiden, in einer Nussölvinaigrette (S. 102), der Sie feinste Trüffelbrunoise beigemischt haben, marinieren. Zwei Perlhuhnbrüstchen in einer Öl-Butter-Mischung auf der Hautseite rosa braten und an der Wärme durchziehen lassen. Bratsatz mit wenig Wein und Bouillon auflösen, auf die Menge von 1 EL reduzieren. Brüstchen aufschneiden, auf das Kohlrabibett setzen und mit dem Fond beträufeln.

Denken Sie daran, dass die Salate immer nur als Anregung dienen, und mit **jedem Geflügel** machbar sind, dass sich das Gemüse vielfältig austauschen lässt und die Trüffel nicht sein muss! Lassen Sie sich wieder einmal mehr durch das Marktangebot inspirieren und Sie werden erleben dürfen, wieviel Spass es macht, eigene Ideen zu entwickeln. Im übrigen: wenn Sie irgendwann einmal Geflügelschenkel zur Verfügung haben, können auch diese rosa gebraten zu einem Salat verwendet werden.

Lachsmédaillons an Chablissauce

300	*g*	*Lachsfilet*
1	*dl*	*Fischfond*
1	*dl*	*Chablis*
1,5	*dl*	*Rahm*
40	*g*	*kalte Butter*
		Salz
		eine Spur Curry
		ein Hauch Cayenne

Lachsfilet in Médaillons schneiden und kaltstellen.

Fischfond und Wein zusammen aufkochen, auf ca. 0,75 dl reduzieren, Rahm zufügen, kurz durchkochen lassen, die kalte Butter in kleinen Mengen einschwenken und die Sauce vorsichtig würzen, dabei mit ein paar Tropfen Chablis das Aroma abrunden.

Lachsmédaillons wenig salzen und mit einer Spur weissem Pfeffer aus der Mühle würzen, über Dampf auf den Punkt garen.

Lachsmédaillons auf heisse Teller verteilen und mit der heissen Sauce übergiessen.

Das Spiel

Dieses Buch hätte mit den Worten beginnen können: Kochen ist ein unwahrscheinlich schönes Thema in Variationen, mit denen sich unablässig improvisieren lässt. Diese Aussage trifft kaum auf andere Produkte so eindeutig zu wie auf Fische und Meeresfrüchte. Es sind Ihnen überhaupt keine Grenzen gesetzt, solange Sie mit viel Sinn für Geschmacksharmonie spielen. Ersetzen Sie beispielsweise den Lachs durch einen anderen Fisch: • **Forelle** • **Lachsforelle** • **Seeforelle** • **Seezunge** • **Rotzunge** • **Steinbutt** • **Goldbutt** • **Seewolf** • **Sankt-Petersfisch** • **Hecht**- oder • **Seeteufelmédaillons**... oder durch Meeresfrüchte wie • **Jakobsmuscheln** • **Crevetten** und viele andere mehr.

Auch der Alkohol lässt sich leicht ersetzen. Verwenden Sie an Stelle des Chablis zum Beispiel einen • **Champagner** • **Champagner rosé,** • **einen Meursault**, oder nehmen Sie einen • **Aperitifalkohol** wie • **Sherry** • **weissen Porto** • **trockenen, weissen Vermouth** • **Pernod**. Bei den Aperitifs dürfen Sie allerdings nicht vergessen, am Schluss der Sauce ein paar Tropfen Zitronensaft beizufügen, der die natürliche Säure (die bei Champagner und Wein gegeben ist) ersetzt.

In diesem Zusammenhang denke ich an die Sauce mit • **grünen Limonen** (Lime), der Sie am Schluss, sehr kontrolliert, Limonensaft und in feinste Julienne geschnittene Limeschalen zufügen (die Sie selbstverständlich erst blanchieren). Wenn Sie am Schluss all Ihren Saucen ein paar Tropfen vom entsprechenden Alkohol zufügen, unterstreicht dies das Aroma ganz erheblich.

Zu diesen Saucen passen selbstverständlich • **feine Kräuter** etwa • **Kerbel** • **Sauerampfer** • **Estragon** • **Schnittlauch** • **Dill** • **Basilikum** • **Zitronenmelisse** • **Zitronenthymian** • **Rosmarin** • **Fenchelkraut**... Kräuter sollten Sie immer erst am Schluss der Sauce zufügen, damit sie ihre schöne Farbe und das frische Aroma behalten. Sie können ferner jederzeit die Sauce mit dem entsprechenden Kräutlein im Mixer kurz mischen, das macht das Aroma besonders intensiv.

Natürlich lassen sich Saucen auch mit • **Gewürzen** parfümieren, wie • **Curry** • **Paprika** • **Muskat** • **Anis** • **Fenchel** • **Koriander** • **Safran** • **rosa** und • **grüner Pfeffer** • **Ingwer** • **Senfkörner** und...

Im übrigen verbinden sich Fische sehr harmonisch mit • **Gemüse:** • **Gemüsejulienne** • **Gemüsebrunoise** • **ausgestochene Gemüseperlen** • **Lauch** • **Spinat** • **Lattich** • **Kresse** • **Mangold** • **Broccoli-** und • **Blumenkohlröschen** • **Spargeln** • **Artischocken** • **Chicorée** • **Fenchel** • **Stangensellerie** • **Peperoni (Paprika)** • **Auberginen** • **Tomaten** • **Gurken** • **Zucchini** • **Schalotten** und was der Markt sonst noch alles bietet!

Schliesslich lässt sich der Fischfond selbst durch Geflügel- (S. 94) oder Gemüsefond (S. 96) ersetzen.

Erinnern Sie sich an die Methode, wie Fischfilets über Dampf schnell und unkompliziert gegart werden? Wenn nicht, dann schlagen Sie auf S.48 nach, da nämlich wird der Vorgang beschrieben.

Lammsattel mit Thymian

1 *Lammsattel à ca. 1,2 kg*

Sattel vom Metzger auf dem Rückenknochen spalten lassen.

Das Filet, das auf den Knöchlein unter dem Sattel sitzt, vorsichtig auslösen und sauber parieren. Die Knochen vom Fleisch freischaben, damit der Verlauf der Knochen gut sichtbar wird. Mit einem scharfen Messer alle Knochen vom Fleisch lösen, wobei die Fettschicht nicht abgelöst werden darf, denn in diese Fettschicht – die unter Umständen etwas dünner gemacht werden muss – wird das Fleisch hinterher eingerollt und in Form gebunden (hier nehme ich gerne an, dass Sie aus Erfahrung wissen, wie ein gebundener Rollbraten aussieht...). Die Knochen kleinhacken und einen Jus zubereiten (S.98), den Sie auf ca. 1,25 dl reduzieren.

Das Lammfleisch eine Stunde vor Verwendung aus dem Kühlschrank nehmen, damit es Küchentemperatur annimmt.

6 *ungeschälte Knoblauchzehen*
4 *Thymianzweiglein*
Gewürzmischung (S.41)

Ofen auf 275 Grad vorheizen, wobei der Brattopf schon von Beginn an auf der mittleren Rille im Ofen steht. Das Fleisch würzen, auf die fettlose Seite Knoblauchzehen und Thymianzweiglein legen, das Fleisch mit der Fettseite *nach unten* in den heissen, trockenen Brattopf legen, während 10 Minuten auf der Fettseite braten, anschliessend wenden und je nach Dicke weitere 3 bis 5 Minuten fertigbraten. Während dieser letzten Phase die beiden gewürzten Filets mitbraten. Fleisch an der Wärme bei ausgeschaltetem Ofen ca. 10 Minuten durchziehen lassen.

Fleisch aufschneiden, auf heisse Teller anrichten, mit dem reduzierten Jus umgiessen.

Mögliches Gemüse: **Bohnen**

400 g grüne, feine Bohnen grün- und fast garblanchieren, im Eiswasser überschüssiges Salz entziehen und auf einem Sieb gut abtropfen lassen. Die Bohnen anschliessend in 1 EL aufschäumender Butter kurz heissschwenken, mit Salz, weissem Pfeffer aus der Mühle, einem Hauch Knoblauch, einer Spur Muskat und Thymianblättchen würzen.

Mögliche Beilage: **Kartoffelgratin** (S. 132)

Das Spiel

Der Lammsattel ist für mich das beste Stück vom Lamm und liefert ausserdem das in Fett eingebettete kleine Filet mit, das Sie entweder kurz rosa gebraten zum Lammsattel servieren oder zu einem kleinen warmen Salat verwenden. Meine Art, den Lammsattel zu verarbeiten, hat den Vorteil, dass das Fleisch sehr saftig bleibt und die Knochen einen kleinen Jus liefern. Es besteht aber durchaus die Möglichkeit, den Sattel nicht spalten zu lassen, sondern ihn als • **Selle d'Agneau** zu servieren. Zu Lamm passt jedes Sommergemüse, besonders aber eine • **Ratatouille** und natürlich • **Bohnen**. Letztere gehören (wer weiss weshalb) zu jedem Lammgericht, schmecken jedoch nur dann wirklich gut, wenn sie frisch gepflückt sind. Das erkennen Sie daran, dass sich Bohnen leicht wie Glas brechen lassen.

Sollten die Bohnen zu gross sein, und Sie möchten dennoch ein feines Gericht zubereiten, dann braucht es Geduld und ein wenig Zeit: Bohnen in feine Julienne schneiden, blanchieren, überschüssiges Salz in Eiswasser entziehen, gut abtropfen lassen. Die Bohnenjulienne in Butter heissschwenken, mit Salz, weissem Pfeffer aus der Mühle, einem Hauch Knoblauch und einer Spur Muskat würzen, mit kusprig gebratener Speckjulienne bestreuen. Ich hätte keine Hemmungen, Bohnen auf diese feine Art zubereitet als • **warme Vorspeise** zu servieren!

Millefeuille mit Himbeeren

250 g Blätterteig (S. 83)
Zucker

Blätterteig nach Rezept zubereiten, auf einem bemehlten Tisch zu einem Rechteck von ca. 15×30 cm (2 mm Dicke) ausrollen, behutsam auf ein bebuttertes Blech legen und ca. 30 Minuten kaltstellen. Anschliessend die Teigplatte mit einer Gabel dicht einstechen, damit der Teig nicht aufgehen kann, gleichmässig mit Zucker bestreuen und im Ofen auf der mittleren Rille bei 220 Grad während ca. 15 bis 20 Minuten backen, auf einem Kuchengitter auskühlen lassen.

1 dl Milch
½ Vanillestengel
2 Eigelb
35 g Zucker
10 g Mehl

Milch zusammen mit der aufgeschnittenen Vanillestange aufkochen und während 10 Minuten zugedeckt neben dem Herd ziehen lassen. Eigelb und Zucker mit dem Schneebesen im Rührwerk weiss- und schaumigschlagen, Mehl und die heisse Milch der Zucker-Eier-Masse zufügen, kurz durchmischen, in die kleine Kasserolle zurückschütten und auf kleinem Feuer unter ständigem Rühren mit dem Holzlöffel kurz vors Kochen bringen – die Masse soll sich dabei langsam verdicken. Das Ganze durch ein feines Sieb in eine Schüssel streichen und kaltstellen.

400 g Himbeeren
Zuckersirup
Zitronensaft

Himbeeren verlesen, die schönsten Beeren aussortieren und als Garnitur zur Seite stellen. Die restlichen Beeren mit wenig Zitronensaft im Mixer pürieren, durch ein feines Sieb streichen und mit Zuckersirup zu einer Sauce verlängern.

2 dl Rahm

Rahm steifschlagen und 2 EL erkaltete Vanillecrème sorgfältig unterziehen. Mit einem feinen Sägemesser die Ränder der Blätterteigplatte ausgleichen, so dass Ihnen am Schluss ein Rechteck von ca. 12×24 cm übrigbleibt. Dieses Rechteck der Länge nach halbieren, Blätterteigboden mit der Vanillecrème bestreichen, Blätterteigdeckel mit Puderzucker bestreuen, aufsetzen und die Ränder glattstreichen, was Ihnen mit dem Spachtel am besten gelingt.

Das Band in vier gleichmässige Stücke schneiden, und zwar mit einem feinen Sägemesser, wobei Sie nicht zuviel Druck ausüben dürfen – lassen Sie ruhig das Sägemesser die Arbeit tun. Erst wenn Sie auf den Rahm stossen, sollten Sie mit etwas mehr Druck zum Blätterteigboden vorstossen, eventuell mit dem Spachtel den Rahm glattstreichen.

Teller mit der Himbeersauce ausgiessen, Millefeuille auf die Sauce setzen und mit den aussortierten Beeren garnieren.

Das Spiel

Die Zubereitung für dieses wundervolle Dessert wird wesentlich vereinfacht, wenn Sie den Blätterteig in Vorrat haben. Es handelt sich hier jedenfalls um ein Dessert, das Ihnen viel Lob einbringen wird. Damit dieses aber perfekt gelingt, dürfen Sie eine wichtige Sache weder übersehen noch unterschätzen: Die Art, *wie* Sie den Rahm schlagen! Blättern Sie noch einmal zum Kapitel **Die Küchensprache** zurück und lesen Sie dort unter dem Begriff **Rahm schlagen** aufmerksam nach, beherzigen Sie jedes Wort, es ist so wichtig!

Ein Dessert, mit dem Sie fast unbegrenzt spielen können, vor allen Dingen mit **Beeren**, wie • **Brombeeren** • **Erdbeeren** • **Walderdbeeren** (was für eine Köstlichkeit!) oder auch • **Johannisbeeren** • **Heidelbeeren**... Darüber hinaus eignen sich besonders gut beinahe alle • **exotischen Früchte**, beispielsweise • **Mango** • **Ananas** • **Feigen** • **Kiwi** oder • **Orangen**, wobei Sie bei letzteren die Sauce unbedingt nach Rezept (S.263) zubereiten sollten. Mit allen anderen Früchten stellen Sie die Sauce wie im Hauptrezept beschrieben her.

Auch pochiertes **Stein-** oder **Kernobst** eignet sich hervorragend, also • **Aprikosen** • **Pfirsiche** • **Zwetschgen** • **Kirschen** oder caramelisierte • **Birnen** und • **Äpfel**.

Mise en place

Am Vortag • Blätterteig nach Rezept herstellen • Lamm auslösen und in Form binden, aus den Knochen einen Jus zubereiten

Am Tag selbst

Geflügelsalat

Salat waschen, gut trocknen, auf eine flache Platte ordnen und mit Klarsichtfolie verschliessen, kaltstellen

Poulardenbrüstchen sauber parieren, mit Klarsichtfolie verschliessen und kaltstellen

Gemüsejulienne zuschneiden, mit Klarsichtfolie verschliessen

Vinaigrette zubereiten, Kerbelblättchen zupfen

Lammsattel

Knoblauch und Thymian richten

Bohnen rüsten, eventuell kleinschneiden, grünblanchieren, auf Küchenpapier unter Klarsichtfolie verschliessen

---

Suppe

Entsprechende Zutaten richten, Suppe zubereiten, aber Rahm noch nicht zufügen

---

Millefeuille

Blätterteig ausrollen, kaltstellen und anschliessend backen

Vanillecrème zubereiten, kaltstellen

Beeren verlesen, aussortierte Beeren unter Klarsichtfolie verschliessen, aus den restlichen Beeren die Sauce herstellen

Rahm steifschlagen und kaltstellen

Lachsmédaillons

Fisch in Médaillons schneiden, mit Klarsichtfolie verschliessen und kaltstellen

Garfond und Geräte für das Garen über Dampf bereitstellen

Sauce zubereiten

eventuell Kräutlein zupfen oder Gemüse in Form schneiden

Für die allgemeine Mise en place • Teller warm- bzw. kaltstellen • Butter, Öl, Salz, Pfeffermühle etc. bereitstellen • Den Ofen mit dem entsprechenden Brattopf vorheizen

Arbeitsablauf

Geflügelsalat

Kurz bevor Sie Ihre Gäste an den Tisch bitten, Poulardenbrüstchen pochieren, Salat bepinseln und auf Teller verteilen, die Brüstchen aufschneiden und zusammen mit der Gemüsejulienne dekorativ zum Salat legen

Lammsattel in den Ofen schieben und die Küchenuhr entsprechend einstellen

Salat servieren

Suppe

Suppe erwärmen, wenn vorgesehen Rahm zufügen, abschmecken, in Tässchen füllen

In diesem Fall erst jetzt das Lamm in den Ofen schieben

Suppe servieren

Lachsmédaillons

Fischsauce erwärmen

In diesem Fall erst jetzt das Lamm in den Ofen schieben

Fische über Dampf garen

Lachsmédaillons servieren

Lammsattel

Lamm an der Wärme durchziehen lassen, Bohnen kurz in Butter heissschwenken und Lammjus erwärmen, das Fleisch aufschneiden, mit den Bohnen auf heisse Teller legen und mit wenig Jus umgiessen

Lamm servieren

Millefeuille

Himbeersauce auf kalte Teller ausgiessen, Vanillerahm auf Blätterteigboden füllen, Blätterteigdeckel mit Puderzucker bestreuen, aufsetzen und das Millefeuille zuschneiden, auf die Sauce setzen und mit den aussortierten Beeren garnieren

Millefeuille servieren

Sommer-Menu III

Amuse-Bouche

Fischsalat

Suppe

Ravioli mit Gartenkräutern

Lammkotelett mit Koriander

Käse

Pochierter Pfirsich auf Himbeersauce

Fischsalat

		Brunnenkresse oder Saisonsalate	Salat waschen, trockenschleudern, auf eine flache Platte (oder Teller) ordnen.
300	*g*	*Lotte (Seeteufel)*	Fisch in Médaillons, Streifen oder Würfel schneiden.
0,5 *0,5* *20* *1* *2*	*dl* *dl* *g*	*Weisswein* *Wasser* *Gemüse (Karotten, Lauch, engl. Sellerie)* *Schalotte in feine Ringe geschnitten* *Petersilienstengel* *weisse Pfefferkörner*	Gemüse hübsch zuschneiden oder ausstechen, alle Zutaten zum Kochen bringen und auf kleinstem Feuer zugedeckt ca. 10 Minuten *leise köcheln lassen.*
		Salz	Fisch vorsichtig salzen, in den heissen Fond legen und neben dem Feuer ca. 2 Minuten durchziehen lassen, dann auf ein Sieb schütten, Petersilienstengel und Pfefferkörner entfernen, aufgefangene Flüssigkeit auf 1 EL reduzieren und zur Vinaigrette geben.
1 *2* *1*	*EL* *EL* *EL*	*Zitronensaft* *feinstes Olivenöl* *Pochierfond* *Salz* *weisser Pfeffer aus der Mühle*	Alle Zutaten zu einer Vinaigrette rühren, Salate bepinseln, auf Teller verteilen, Fisch und Pochiergemüse dekorativ auf den Salat legen und mit der restlichen Vinaigrette beträufeln.

Das Spiel

Der Lotte (Seeteufel oder Baudroie) ist ein Fisch mit schneeweissem Fleisch, das im Geschmack an das Fleisch von Krustentieren erinnert. Sein Kopf ist masslos gross und hässlich, so dass der Fisch ohne Kopf in den Handel kommt (obwohl nichts in der Natur hässlich ist; dazu macht es erst die Gewohnheit unseres Auges). Garen Sie das Lottefleisch mit viel Gefühl, denn so saftig es sein kann, so gummig wird es, wenn das Fleisch zu lange der Hitze ausgesetzt wird.

Sie haben inzwischen sicher verstanden, dass sich die Produkte innerhalb eines Rezeptes (oder auch nur einer Idee) austauschen lassen. So kann es denn so schlimm nicht sein, wenn der Lotte bei Ihrem Händler nicht angeboten wird. Es könnte doch eine • **Forelle** sein, • **ein Stück Lachs** • **Rougets** • **Sankt-Petersfisch** • **ein Seezungenfilet** oder • **ein Goldbutt**.

Ob nun • **pochiert** • **gebraten** oder • **über Dampf** gegart; ob mit • **Blattsalaten** oder • **Gemüse als Salat**; ob mit einer • **Olivenrahmsauce**, einer • **Sherryessig-Nussölvinaigrette** oder mit • **Balsamicoessig**, Sie sind völlig frei in Ihrem persönlichen Spiel, wobei nachfolgendes Beispiel eine weitere Möglichkeit aufzeigt:

• **Fischfilets auf Tomatenvinaigrette**. 4 Tomaten schälen, entkernen und in feinste Brunoise schneiden, auf Teller verteilen, vorsichtig mit Salz, weissem Pfeffer aus der Mühle würzen, 1 feingeschnittene Schalotte und feingeschnittenes Basilikum über die Tomaten streuen, tropfenweise Rotweinessig oder Balsamicoessig und feinstes Olivenöl dazugeben. Fischfilets vorsichtig würzen, in Olivenöl kurz goldgelb braten (oder über Dampf garen) und auf die Tomatenvinaigrette setzen.

Ravioli mit Gartenkräutern

200	g	*Spinat*	Spinat entstielen, waschen und trockenschleudern.
2	CL	*Butter*	Schalotte in feinste Brunoise schneiden, in einer Pfanne mit möglichst weitem Boden in der Butter goldgelb dünsten, Spinat zufügen, mit einer Gabel, an der die Knoblauchzehe steckt, durchmischen, bis der Spinat zusammenfällt und alle Flüssigkeit verdampft ist.
½		*Schalotte*	
1		*geschälte Knoblauchzehe*	
1	EL	*Petersilie, geschnitten*	Kräuter zufügen, kurz mitdünsten.
1	EL	*Schnittlauch, geschnitten*	
1	EL	*gezupfte Kräuter, wie Salbei, Thymian, Basilikum, Majoran*	
2	EL	*Rahm*	Rahm und Parmesan zufügen und kochen, bis eine Bindung entsteht, vorsichtig würzen, auf ein kleines Sieb schütten und auskühlen lassen.
1	CL	*geriebener Parmesan*	
		Salz	
		weisser Pfeffer aus der Mühle	
		eine Spur Muskatnuss	
200	g	*Ravioliteig (S.86)*	Ravioliteig sehr dünn ausrollen, 4 Kreise im Durchmesser von ca. 12 cm und 4 Kreise von 14 cm ausstechen.
			Spinat und Kräuter auf die kleineren Kreise in die Mitte verteilen, Ränder mit Wasser bepinseln, mit dem grösseren Kreis abdecken und mit Hilfe einer Gabel die Ränder fest verschliessen.
			Ravioli in leise kochendem Wasser auf den Punkt garen, mit einem Schaumlöffel aus dem Wasser heben, auf ein Küchentuch legen und auf heisse, tiefe Teller verteilen.
40	g	*geriebener Parmesan*	Salbeiblätter feinschneiden, Ravioli mit Parmesan und Salbei bestreuen, zum Schluss mit goldbrauner Butter überschmelzen.
40	g	*Butter*	
4		*Salbeiblätter*	

Das Spiel

Ein Ravioli (oder mehrere kleine) ist immer eine schöne Idee, ob als kleine Vorspeise, in einer Consommé oder, wenn die Menge angepasst wird, als selbständiges Gericht. Ravioli können beim Kochen leicht platzen; damit dies nicht geschieht, darf das Wasser nicht zu stark kochen.

Nun ist der zarte Mantel nicht nur für ein grünes Innenleben gedacht – ausser vielleicht noch mit einem • **Petersiliengemüse** (S.222), dem feinste Tomatenwürfel untergemischt werden – sondern auch mit einer:

• **Champignonsfüllung**. 250 g Champignons in feinste Scheiben oder Brunoise schneiden, 1 feingeschnittene Schalotte in Butter dünsten, die Champignons zufügen und auf grossem Feuer sautieren, bis alle Flüssigkeit verdampft ist, mit Salz, weissem Pfeffer aus der Mühle und ein paar Tropfen Zitronensaft würzen. Die Hälfte der Champignons zusammen mit soviel Rahm im Mixer pürieren, bis ein zwar geschmeidiges, aber nicht zu dünnes Purée entsteht. Die übrigen Champignons unter diese Masse mischen und die Ravioli damit füllen.

• **Gemüsefüllung**. Beispielsweise mit • **Erbsen**: 100 g Erbsen grün blanchieren, in wenig Butter Schalottenbrunoise anziehen, 0,5 dl Rahm zufügen, die Erbsen darin weichköcheln. Im Mixer alles pürieren, es soll ein geschmeidiges, aber nicht zu dünnes Purée entstehen, was Sie durch Zugabe von Rahm beeinflussen können, würzen. 100 g Karottenbrunoise in wenig Butter und im eigenen Saft weichdünsten, 1 EL Schinkenbrunoise kurz sautieren, Karotten und Schinken unter das Erbsenpurée mischen, gezupfte Majoranblättchen zufügen und die Ravioli damit füllen.

Oder mit • **Karotten**: 200 g geschälte Karotten in Scheiben schneiden, in Butter und im eigenen Saft weichdünsten, grobhacken. 1 EL Schalottenbrunoise in Butter goldgelb dünsten, unter die Karotten mischen, 1 zerquirltes Ei und grobgeschnittene, flachblättrige Petersilie zufügen, mit Salz, weissem Pfeffer aus der Mühle und einer Spur Muskatnuss würzen, die Ravioli damit füllen.

Fein schmecken auch Füllungen mit • **Spinat und Mascarpone** (diesem herrlichen Italiener), mit • **Quark** oder • **Roquefort** oder natürlich mit der

• **Fleischfüllung**. 125 g gemischtes Fleisch in feinste Würfel schneiden, mit Schalottenbrunoise in wenig Knoblauch auf grossem Feuer in einer Öl-Butter-Mischung kurz sautieren, eine kleine, in feinste Würfel geschnittene Tomate zufügen, mit ca. 0,5 dl Kalbsjus auffüllen, zu einer geschmeidigen Masse reduzieren, mit Salz, weissem Pfeffer aus der Mühle, einer Spur Paprika, ein paar Tropfen Zitronensaft und einer Spur Abgeriebenem von Zitronenschale würzen sowie zum Schluss feingeschnittenes Basilikum untermischen.

Bevor Sie die Ravioli mit Butter überschmelzen, können Sie in kleine Würfel geschnittene, in wenig Olivenöl sautierte • **Tomaten** darauf setzen oder • **weisse Trüffelscheiben** darüberhobeln oder eine • **Käsesauce** dazu servieren:

• **Käserahmsauce**. 1,5 dl Rahm und 50 g Käse (etwa Parmesan, Mascarpone, Roquefort) zu einer sämigen Sauce kochen, mit wenig Salz, einem Hauch Cayenne, weissem Pfeffer aus der Mühle, einer Spur Knoblauch, einer Spur Muskat und ein paar Tropfen Zitronensaft würzen.

Lammkotelett mit Koriander

8	*Lammkoteletts à ca. 80 g* *Gewürzmischung (S.41)* *Traubenkernöl*	Die Knöchlein sauber schaben, Koteletts würzen und im Öl auf den Punkt braten, anschliessend an der Wärme durchziehen lassen.
20 g	*Butter* *Koriander aus der Mühle* *ein paar Tropfen Zitronensaft*	Überschüssiges Bratöl weggiessen, Bratsatz mit der Butter auflösen, grob- und frischgemahlenen Koriander einstreuen, mit ein paar Tropfen Zitronensaft abschmecken. Die Koteletts mit der heissen Butter überschmelzen.

Mögliches Gemüse: **Kleines buntes Gemüse**

400 g Gemüse wie beispielsweise Karotten, Kohlrabi, Sellerie und Zucchini in Form schneiden, in Butter und im eigenen Saft dünsten, vorsichtig salzen.

Mögliche Beilagen: **Rösti** (S.134) oder **Kartoffelgratin** (S.132)

Das Spiel

Jedes Fleisch oder Geflügel, das am Knochen gebraten wird, bleibt erwiesenermassen saftiger. Allerdings haben Sie in diesem Fall keine Knöchlein, aus denen sich eine Sauce zubereiten liesse. Das ist weiter nicht schlimm (ausser für Saucenfans), denn es genügt vollauf, das Fleisch oder Geflügel mit ein wenig Bratbutter, die mit einem entsprechenden Gewürz oder Kräutlein harmonisch aromatisiert wird, zu überschmelzen.

Die Art, wie das Lammkotelett im Hauptrezept gebraten wird, eignet sich für jedes andere Kotelettstück auch – **wie überhaupt für alles kurzgebratene Fleisch.** Neben • **Kalbs-** • **Rinds-** • **Schweins-** oder • **Wildkoteletts** auch für • **Steaks** • **Nüsschen** und ähnliches. Noch zwei weitere mögliche Zubereitungsarten:

• **Lammkotelett in der Folie**: Je eine kleine rote, grüne, gelbe Peperoni schälen. Kerne und weisse Häutchen entfernen, in feinste, lange Julienne schneiden. In wenig Olivenöl 1 in Lamellen geschnittene Schalotte goldgelb dünsten, Peperonijulienne und eine zerdrückte Knoblauchzehe zufügen, vorsichtig salzen und zugedeckt im eigenen Saft weichdünsten, gezupfte Thymianblättchen zufügen und mit weissem Pfeffer aus der Mühle nachwürzen. 8 Lammkoteletts würzen, in heissem Öl sekundenschnell beidseitig Farbe geben. Aus Alufolie runde Kreise von ca. 30 cm Durchmesser ausschneiden, mit Butter bepinseln, auf die untere Hälfte der Folie das Gemüse verteilen, die Koteletts auf Peperoni legen, mit Butterflocken belegen. Die obere Hälfte der Folie über das Fleisch falten, so als wollten Sie ein grosses Ravioli herstellen, die Ränder einschlagen, im vorgeheizten Ofen bei ca. 220 Grad während ca. 10—12 Minuten rosa durchziehen lassen. Lammkoteletts in der Folie servieren und à part Lammjus dazureichen.

• **Lammcarré mit Kräutern**. 1 kg Lammcarré würzen, in heissem Traubenkernöl anbraten, die Fleischseite mit Dijonsenf bestreichen. Schnittlauch, Petersilie sowie Knoblauch feinschneiden, Thymianblüten oder -blätter zupfen und zusammen mit weissem Paniermehl auf das Fleisch streuen, mit flüssiger Butter beträufeln und im Ofen bei 220 Grad ca. 10 bis 12 Minuten auf den Punkt braten, dann an der Wärme durchziehen lassen.

Pochierter Pfirsich auf Himbeersauce

2	*grosse Pfirsiche*	Pfirsiche kurz in kochendes Wasser tauchen, die Haut abziehen.
	Zuckersirup (S.51) *Zitronensaft*	Pfirsiche in leise kochendem Zuckersirup, dem der Saft einer halben Zitrone beigefügt wurde, weichpochieren, in der Flüssigkeit erkalten lassen, halbieren, Stein auslösen.
200 g	*Himbeeren* *Puderzucker* *Zitronensaft*	Himbeeren verlesen, mit Puderzucker (je nach Zuckergehalt der Früchte) und wenig Zitronensaft im Mixer pürieren, durch ein feines Sieb streichen und kaltstellen.
1 dl 2	*Champagner* *Eigelb*	Champagnersabayon herstellen: Eigelb und Champagner in einer entsprechenden Schüssel *auf* dem Wasserbad zu einer Crème schlagen.
50 g	*Zucker*	Diese Crème durch ein feines Sieb in die Schüssel des Rührwerks streichen, Zucker zufügen und während 20 Minuten auf schnellen Touren mit dem Schneebesen zu einer zähflüssigen Crème schlagen.

Pfirsichhälften fächerartig aufschneiden, auf Himbeersauce setzen und mit dem Sabayon überziehen.

Eventuell ein Pfirsicheis (S.212) dazu servieren.

Das Spiel

Das **Spiel** mit Früchten wurde hinreichend auf den Seiten 172 und 199 besprochen. Das vorstehende Rezept bezieht sich vor allem auf pochierte Früchte. Weil sich das Dessert vom entsprechenden **Rahmeis** begleiten lässt, ist die Gelegenheit gegeben, Sie auf die Zubereitungsart hinzuweisen. Zuvor aber ein weiteres Rezept mit Pfirsichen:

• **Pfirsich im Ofen überbacken auf Himbeersauce mit Vanilleeis**. 4 Pfirsiche kurz in kochendes Wasser tauchen, Haut abziehen, halbieren, Stein auslösen. Eine entsprechend kleine Gratinform buttern, mit dem Abgeriebenen einer halben Zitrone ausstreuen, Pfirsichhälften mit der Rundung nach oben in die Form setzen, mit einer Gabel einstechen, mit wenig Zitronensaft beträufeln, mit Kristallzucker und fein geriebenen Löffelbiscuits bestreuen, Butterflocken darauflegen und im Ofen bei 220 Grad, mittlere Rille, ca. 20 Minuten goldgelb überbacken. Himbeersauce auf Teller ausgiessen, Pfirsiche auf die Sauce setzen und mit Vanilleeis (S.250) servieren.

• **Pfirsichrahmeis**. 2 dl Rahm zum Kochen bringen, 2 Eigelb und 80 g Zucker mit dem Schneebesen im Rührwerk schaumigschlagen, den heissen Rahm zufügen, kurz durchmischen, zurück in die Kasserolle geben und auf kleinem Feuer unter ständigem Rühren mit dem Holzlöffel kurz vors Kochen bringen. Die Masse soll sich dabei langsam verdicken, ohne zu kochen; denn dies hätte die Gerinnung der Eier zur Folge. Die Crème durch ein feines Sieb in eine Schüssel streichen und kaltstellen. 200 g vollreife Pfirsiche entsteinen und im Mixer pürieren, durch ein Sieb zur erkalteten Rahm-Eier-Crème streichen, sorgfältig vermischen und in der Sorbetière gefrieren.

Auf dieser Basis wird jedes andere **Fruchtrahmeis** zubereitet. Sie benötigen die Rahm-Eier-Crème und 200 g entsprechende Früchte wie • **Aprikosen** • **Ananas** • **Himbeeren** • **Erdbeeren** • **Brombeeren** • **Pflaumen** • **Kirschen** • **Johannisbeeren**...

Es kann sein, dass Sie immer noch keine Sorbetière besitzen, was nicht heisst, dass Sie auf ein gefrorenes Dessert verzichtet müssen. Eine • **Mousse glacée** mit • **Walderdbeeren** • **Himbeeren** • **Brombeeren** • **Ananas** • **Pfirsich** • **Aprikosen** • **Kiwi** • **Mango** usw. ist ebenfalls ein herrlicher Genuss:

• **Mousse glacée**. 200 g Früchte mit 50 bis 80 g Puderzucker (je nach Zuckergehalt der Früchte) im Mixer pürieren und durch ein Sieb streichen. 2 dl Rahm steifschlagen, sorgfältig unter das Fruchtpurée ziehen, in Dariole- oder Souffléförmchen füllen und ca. 2 Stunden im Tiefkühlfach gefrieren. Diese Zeit sollten Sie beachten, denn ein zu langes Gefrieren würde die Mousse hart machen, wo sie doch geschmeidig bleiben soll.

• **Mousse glacée mit Grand-Marnier**. 3 Eigelb, 70 g Zucker und 2 bis 3 Esslöffel Grand-Marnier in einer entsprechenden Schüssel auf dem Wasserbad zu einer Crème schlagen, durch ein feines Sieb in die Schüssel des Rührwerks streichen und mit dem Schneebesen auf schnellen Touren während ca. 20 Minuten zu einer zähflüssigen Crème schlagen. Das Abgeriebene einer Orange zufügen, 1,5 dl Rahm schlagen und sorgfältig unter die Masse ziehen, in Förmchen füllen und über Nacht im Tiefkühlfach gefrieren lassen.

Mise en place

Am Vortag • Ravioliteig herstellen, unter Klarsichtfolie verschliessen und kaltstellen

Am Tag selbst

Fischsalat

Salat rüsten, waschen, trockenschleudern, auf eine flache Platte (oder Teller) ordnen, mit Klarsichtfolie verschliessen und kaltstellen

Vinaigrette zubereiten

Fischfilets zuschneiden, mit Klarsichtfolie verschliessen und kaltstellen

Garfond zubereiten

Lammkotelett

Knochen von Fleisch freischaben, mit Klarsichtfolie verschliessen und kaltstellen

Gemüse entsprechend zuschneiden, getrennt blanchieren und unter Klarsichtfolie verschliessen (diese Art der Vorbereitung erleichtert Ihnen die Arbeit während des Essens, weil das Gemüse dann nur noch in Butter heissgeschwenkt werden muss)

Suppe

Entsprechende Zutaten richten, Suppe zubereiten, aber Rahm noch nicht zufügen

---

Pfirsich

Pfirsiche blanchieren, in Form schneiden, unter Klarsichtfolie verschliessen

Sabayon herstellen, *kühl-*, aber nicht kaltstellen

Himbeersauce zubereiten und kaltstellen

Ravioli

Raviolifüllung zubereiten, Ravioli damit füllen und auf ein bemehltes Tuch legen

Parmesan reiben, Salbei schneiden, mit Klarsichtfolie verschliessen

---

Für die allgemeine Mise en place • Teller warm- bzw. kaltstellen • Kuchenblech und Kuchengitter warmstellen, um das Fleisch durchziehen zu lassen • Butter, Öl, Salz, Pfeffermühle etc. bereitstellen • Koteletts aus dem Kühlschrank nehmen • Ofen vorheizen • *Mise en place* kontrollieren

Arbeitsablauf

Fischsalat

Kurz bevor Sie Ihre Gäste an den Tisch bitten, den Fisch im Sud garen, auf ein Sieb schütten, den Garfond reduzieren und zur Vinaigrette geben

Salate bepinseln und anrichten, restliche Vinaigrette über den Fisch träufeln

Salat servieren

Suppe

Suppe erwärmen, wenn vorgesehen Rahm zufügen, abschmecken, in Tässchen füllen

Suppe servieren

Ravioli

Ravioli im Salzwasser köcheln lassen, auf ein Tuch heben

Butter goldbraun werden lassen, Ravioli damit überschmelzen

Ravioli servieren

Lammkotelett

Gemüse in der Butter heissschwenken

Lammkoteletts braten, an der Wärme durchziehen lassen

Gemüse und Fleisch auf heisse Teller anrichten

Lammkoteletts servieren

Pfirsich

Pfirsichfächer auf Himbeersauce setzen und mit dem Sabayon überziehen. (Falls der Sabayon nicht mehr schön crèmig sein sollte, weil er zu lange auf seine Verwendung warten musste, kann er mit wenig geschlagenem Rahm gerettet werden.)

Dessert servieren

Herbst-Menu I

Amuse-Bouche

Entenleberterrine

Suppe

Filets von Sankt-Petersfisch an Peperonisauce

Rehmédaillons mit Petersiliengemüse

Käse

Brombeersuppe

Entenleberterrine (Foie gras)

1 *Entenleber à ca. 500–600 g*
Salz
weisser Pfeffer aus der Mühle
Armagnac
1 *Terrineform à ca. 500 g Inhalt*

Die Leber mit einem Küchenpapier abwischen und das Häutchen mit einem Messer abschaben. Die beiden Flügel von Hand trennen und eventuelle Gallenrückstände ausschneiden. Jeden einzelnen Flügel von innen nach aussen vorsichtig aufschneiden, damit der Verlauf der Blutgefässe gut sichtbar wird. Die Blutgefässe mit einem kleinen, scharfen Messer vorsichtig auslösen, wobei Sie den Verlauf der Blutgefässe oft eher erahnen als sehen können. Die geöffnete Leber sorgfältig mit Salz, weissem Pfeffer und tropfenweise Armagnac würzen und den Leberflügel in die ursprüngliche Form zuklappen. Den grösseren der beiden Flügel – mit der Rundung nach unten – in die Form legen, mit dem kleineren Flügel – Rundung nach oben – abschliessen. Die Leber gut in die Form drücken, um Zwischenräume zu vermeiden, in denen sich Fett ablagern könnte. Terrine mit Deckel verschliessen und während ca. 4 Stunden kaltstellen.

Ofen auf 100 Grad vorheizen, die Terrine in ein Wasserbad von exakt 70 Grad setzen und im Ofen, auf mittlerer Rille, während 30 Minuten pochieren. Anschliessend Terrine aus dem Wasserbad nehmen und vorsichtig beschweren:

ein Brettchen zuschneiden, das in der Grösse dem Innenraum der Terrinenform entspricht, d.h. es darf nicht *auf* dem Rand der Form aufliegen, sondern muss *in* die Form gelegt werden können. Nur so kann das Brettchen auf die Leber einen leisen Druck ausüben, der das Fett an die Oberfläche dringen lässt und die Leber unter der eigenen Fettschicht hermetisch verschliesst. Unter

Umständen ist der Druck nicht ausreichend, um das Fett an die Oberfläche dringen zu lassen, in diesem Fall muss das Brettchen zusätzlich belastet werden und zwar mit zwei kleinen, ungefüllten Tassen, die Sie gleichmässig auf dem Brettchen verteilen.

Lassen Sie die Terrine in der Küche auskühlen. Dabei fängt das Fett an, sich zu verfestigen, was Sie daran erkennen, dass es leicht trübe wird; es hat den Zustand erreicht, wo es nicht mehr absinken kann. In diesem Moment sollten Sie das Brettchen aus dem Fett heben, mit einem Haushaltpapier die Ränder abwischen, Deckel aufsetzen und die Terrine kaltstellen.

Unter der Fettschicht ist die Terrine ca. 10–12 Tage haltbar.

Das Spiel

Der Kauf einer frischen Entenleber ist Vertrauenssache, und für die Zubereitung brauchen Sie ein klein wenig Mut. Allerdings müssen Sie nicht zahllose Fehlversuche hinnehmen, wenn Sie sich genau an das Rezept halten und sich die nötige Ruhe und Geduld nehmen. Das Säubern und Auslösen von all den kleinen Blutgefässen ist nur halb so schlimm, wie es gerne dargestellt wird. Auch wenn die Leber beim Auslösen der Adern aufbricht und in kleinere Stücke zerfällt, können diese hinterher sorgfältig in die Form gedrückt und dazu verwendet werden, Zwischenräume auszufüllen. Die Leber wird sich an der Kälte wieder beruhigen, und es ist mit Sicherheit kein Schaden entstanden. Ohne Zweifel ist die Entenleber ein in jeder Beziehung kostbares Produkt, das mit aller Sorgfalt behandelt werden sollte, doch es besteht kein Grund, einer geschickten Hausfrau die Zubereitung nicht zutrauen zu wollen.

Mit keinem andern Rezept kehren meine Schüler mit so viel gespannter Erwartung nach Hause zurück wie mit diesem Rezept, von dem sie sich echt herausgefordert fühlen. Und weshalb sollte ein besonderer Abend nicht mit dieser Köstlichkeit beginnen? Mit Erfolg hergestellt, ist eine Entenleberterrine nicht nur ein stolzer Beweis von Können, sondern zudem weitaus erschwinglicher als alle auf dem Markt angebotenen Fertigprodukte.

Filets von Sankt-Petersfisch an Peperonisauce

1 St. Petersfisch (Saint-Pierre)
à ca. 600 g oder
300 g ausgelöste Filets

Fisch filetieren, in Portionen schneiden und aus den Gräten nach Rezept S.93 einen Fond zubereiten und auf die Menge von 1 dl reduzieren. Wenn Sie den Fisch filetiert kaufen, dürfen Sie nicht vergessen, die Gräten mit nach Hause zu nehmen, es sei denn, Sie haben Fischfond im Vorrat oder behelfen sich mit Geflügel- oder Gemüsefond.

je eine rote, gelbe, grüne
Peperoni (Paprika)

Mit einem Kartoffelschäler die Haut von den Schoten abschälen, Kerne und weisse Häutchen auslösen. Von diesen Peperoni brauchen Sie für das Rezept insgesamt 200 g, das restliche Gemüse lässt sich anderweitig verwenden.

feinstes Olivenöl
1 dl Fisch-, Geflügel- oder Gemüsefond
0,75 dl Rahm
20 g Butter
Salz
weisser Pfeffer aus der Mühle
ein Hauch Cayenne
ein paar Tropfen Zitronensaft

60 g gemischte Peperoni in feinste Brunoise schneiden, kurz in wenig Olivenöl dünsten und warmstellen. 140 g gemischte Peperoni kleinschneiden, in wenig Olivenöl auf kleinem Feuer, *zugedeckt*, weichdünsten, mit Fond auffüllen, kurz durchkochen lassen, im Mixer feinpürieren, Rahm zufügen, Mixer laufen lassen und die kalte Butter beigeben. Die Sauce durch ein feines Sieb zurück in die Kasserolle passieren, erwärmen und vorsichtig würzen. Die Peperonibrunoise unter die Sauce mischen.

Fischfilets wenig salzen und über Dampf auf den Punkt garen, auf heisse Teller verteilen und die heisse Sauce darübergeben.

Das Spiel

Gemüsepurées in Saucen ergeben harmonische Verbindungen und machen Saucen besonders leicht. Der Sankt-Petersfisch lässt sich durch jeden • **anderen Fisch**, aber auch durch • **Langustinen** oder • **Jakobsmuscheln** ersetzen. An Stelle der Peperoni können Sie beinahe jedes andere • **Knollen**- oder • **Wurzelgemüse** verwenden, als Beispiel:

• **Steinbuttfilet mit Fenchel**. Bei dieser Idee lässt sich der typische Anisgeschmack mit sehr wenig Pernod unterstreichen.

• **Seezungenfilet mit Lauch**. Hier ist es wichtig, dass Sie die Sauce auf der Basis von möglichst weissem-hellgrünem Lauch zubereiten; der obere, grüne Teil würde die Sauce zu aggressiv machen. Abrunden können Sie die Sauce mit sehr wenig trockenem Vermouth und das Gericht mit kurz blanchierten Lauchstreifen bestreuen.

• **Médaillons vom Seeteufel mit Karotten**. In diesem Fall werden die Médaillons kurz in Olivenöl gebraten und die Sauce mit wenig süsslichem Wein (z.B. Sauternes) im Aroma unterstützt. Das Gericht mit kurz gedünsteter Karottenjulienne (und Trüffeljulienne!) bestreuen. Die etwas süssliche Sauce eignet sich nicht nur zum Seeteufel, sondern ganz besonders gut zu • **Jakobsmuscheln**, deren Fleisch auch ein wenig süsslich ist.

• **Forellenfilets mit Eierschwämmchen**. Die Pilze kurz sautieren, mit wenig Weisswein ablöschen, mit Fond auffüllen und im Mixer feinpürieren, unter Zugabe von Rahm und Butter. Eventuell ein paar sehr kleine, ausgesuchte Pilzchen als Garnitur zurückbehalten.

Rehmédaillons mit Petersiliengemüse

1	*Rehrücken à ca. 1,2 kg*	Das Fleisch aus den Knochen lösen, einen Wildjus nach Rezept S.99 zubereiten und auf die Menge von 2 dl reduzieren.
250 g 250 g	*gezupfte Petersilienblumen* *Eierschwämmchen (Pfifferlinge) oder Steinpilze*	Petersilienblumen waschen und kurz grünblanchieren, auf einem Sieb gut abtropfen lassen und das restliche Wasser mit den Händen auspressen. Von den Pilzen die erdigen Teile wegschneiden, die Pilze mit einem Haushalttuch sauberreiben.
  0,5 dl 1 EL 2 dl 1 EL	*Traubenkernöl* *Gewürzmischung (S.41)* *Rotwein* *roter Porto* *Wildjus* *Holundergelée* *Salz* *weisser Pfeffer aus der Mühle*	Rückenfleisch sauber parieren, in Médaillons schneiden, würzen, im heissen Öl rosa braten und an der Wärme durchziehen lassen. Überschüssiges Bratöl weggiessen, Bratsatz mit Rotwein und rotem Porto auflösen, um zwei Drittel reduzieren, mit Wildjus auffüllen, Holundergelée zufügen, sirupartig einkochen lassen und vorsichtig würzen.
1 EL 2 EL	*Butter* *eine Spur Knoblauch* *Salz* *weisser Pfeffer aus der Mühle* *eine Spur Muskatnuss* *wenig Zitronensaft* *Rahm*	Die Petersilie in der aufschäumenden Butter kurz dünsten, vorsichtig würzen und den Rahm zufügen. Dann die Pilzchen in wenig Butter kurz sautieren, mit Salz, weissem Pfeffer aus der Mühle und ein paar Tropfen Zitronensaft würzen.
		Médaillons auf heisse Teller verteilen, mit der Sauce nappieren, das Petersiliengemüse daneben legen und die Pilzchen dekorativ darauf anrichten.

Mögliche Beilage: **Polenta** (S.131)

Das Spiel

Ein am Stück gebratener Rehrücken ist eine Delikatesse in der Wildsaison. Dies ist durchaus verständlich, wenn man die Tatsache berücksichtigt, dass am Knochen gebratenes Fleisch normalerweise saftiger bleibt. Doch ist es für den Ungeübten stets recht schwierig, das Fleisch im genau richtigen Moment aus dem Ofen zu nehmen. Sie haben inzwischen gelernt, Fleisch auf dem Herd zu braten und es an der milden Wärme rosa durchziehen zu lassen. Ein Grund, das vorstehende Rezept nachzuvollziehen. Wenn Sie das Fleisch aus den Knochen lösen, können Sie mit diesen einen Wildjus zubereiten, der als Basis für die Sauce dient, welche das Gericht perfekt begleitet.

Die Tradition besagt, dass Früchte ausgesprochen gut zu Wild passen. Ich denke dabei weniger an den unter Früchten begrabenen Rehrücken, als viel eher an die Möglichkeit, Feigen dazu zu servieren:

• **Reh mit blauen Feigen**. Besonders feste und kleine Feigen waschen, in einer Mischung aus Zuckersirup und Rotwein auf kleinem Feuer weichpochieren, die Feigen aus der Flüssigkeit stechen, Flüssigkeit auf grossem Feuer sirupartig reduzieren und die Feigen mit diesem Sirup überglänzen. Oder:

• **Reh mit Dörrzwetschgen**. Das Gericht wie im Hauptgericht zubereiten, dabei jedoch Holundergelée weglassen und die Pilzchen durch Rotweinzwetschgen ersetzen: gewaschene Dörrzwetschgen über Nacht in ca. 2 dl Rotwein einlegen, am andern Tag 1 dl Zuckersirup zufügen sowie ½ Zimtstengel, je ½ Orangen- und Zitronenscheibe, und alles auf kleinem Feuer während ca. 2 Stunden leise köcheln lassen. Die Flüssigkeit sirupartig reduzieren und zur Sauce geben.

Aus dem Rehrücken lassen sich nicht nur Médaillons schneiden, sondern auch • **Koteletts**; ebenso gut können Sie das Petersiliengemüse durch ein • **Selleriepurée** und die Eierschwämmchen durch • **Steinpilze** ersetzen.

Für das Wildjusrezept eignen sich selbstverständlich alle andern Wildknochen auch, z. B. • **Hirsch** • **Wildhase** • **Wildgeflügel** usw.

Brombeersuppe

400	*g*	*vollreife Brombeeren*	Brombeeren verlesen und auf einem Sieb kurz unter sanft fliessendem Wasser abspülen.
0,5	*dl*	*Brombeer- oder Cassisliqueur*	Alle Zutaten aufkochen, die Beeren zufügen und auf kleinstem Feuer 4 bis 5 Minuten *leise köcheln lassen.* Die Beeren mit einem Schaumlöffel aus dem Sirup heben und in tiefe, heisse Teller verteilen. Pochierflüssigkeit auf grossem Feuer sirupartig einkochen lassen und über die Beeren verteilen.
1	*dl*	*Rotwein*	
0,5	*dl*	*roter Porto*	
50	*g*	*Zucker*	
1/4		*Zimtstange*	
1		*Gewürznelke*	
		abgeriebene Schale einer halben Orange	
4	*EL*	*Doppelrahm*	Rahm über die Beeren fliessen lassen.

Das Spiel

Ein kühler Herbstabend könnte für ein warmes Dessert geeignet sein, ein Grund, diese Idee aufzunehmen und damit zu spielen, denn viele Früchte lassen sich auf diese Weise zubereiten:

• **Birnen** schälen, Stielansatz und Kernhaus entfernen, in gleichmässige Schnitzchen schneiden, ca. 6 bis 8 Minuten in einem Fond, der, wie im Hauptgericht erwähnt, hergestellt wird, pochieren und wie die Brombeeren servieren. • **Kirschen** werden auf genau dieselbe Art zubereitet. • **Zwetschgen** bereiten Sie wiederum wie Brombeeren zu, nachdem sie zuerst entsteint und dann in gleichmässige Schnitzchen geschnitten wurden.

• **Warme Himbeeren**. Sie brauchen 400 g schöne, vollreife Beeren, wobei Sie die allerschönsten als Garnitur zurücklassen. Den Rest mit wenig Puderzucker (je nach Zuckergehalt der Beeren) und wenig Zitronensaft im Mixer pürieren, durch ein feines Sieb in eine kleine Kasserolle passieren, erwärmen und mit Himbeerliqueur parfümieren. Zum Schluss ca. 10 g kalte Butter einschwenken. Das Himbeerpurée auf heisse Teller verteilen, die schönen zurückbehaltenen Beeren in die Mitte setzen und mit Doppelrahm überziehen.

Auf diese Art lassen sich alle • **andern Beeren** zubereiten. Bei • **Kern- und Steinobst** sollten Sie sich daran erinnern, dass diese erst in wenig Zuckersirup pochiert werden müssen, bevor sie wie die warmen Himbeeren weiterverarbeitet werden. Wichtig ist, dass der Liqueur möglichst gut mit der jeweiligen Frucht harmoniert.

• **Orangensuppe**. S.265.

Es muss nicht sein: aber eine Kugel • **Vanilleeis** auf einer Fruchtsuppe serviert schmeckt herrlich!

Mise en place

Zwei Tage vorher • Entenleberterrine zubereiten • Rehrücken auslösen und Knochen marinieren

Am Vortag • Wildjus herstellen und auf 2 dl reduzieren

Am Tag selbst

Brombeersuppe

Beeren verlesen, unter Klarsichtfolie verschliessen und kühlstellen

alle Zutaten für den Fond dazu in einer entsprechenden Kasserolle bereitstellen

Entenleberterrine

Damit haben Sie keine Arbeit mehr

Rehmédaillons

Petersilie zupfen, waschen, grünblanchieren und gut getrocknet unter Klarsichtfolie verschliessen

Pilze rüsten, sauberreiben und unter Klarsichtfolie verschliessen

Rehfleisch parieren, in Médaillons schneiden, mit Klarsichtfolie verschliessen und kaltstellen

alle Zutaten für die Wildsauce zur *Mise en place* stellen

Suppe

Die entsprechenden Zutaten richten, Suppe zubereiten – aber Rahm noch nicht zufügen

---

Sankt-Petersfisch

Fisch filetieren, in Portionen schneiden, mit Klarsichtfolie verschliessen und kaltstellen

Aus den Gräten einen Fond zubereiten und diesen auf 1 dl reduzieren

Peperoni in Brunoise schneiden, unter Klarsichtfolie verschliessen, die restlichen Peperoni weichdünsten und die Sauce zubereiten, die nicht kaltgestellt werden darf

Garfond und Gerät für das Garen über Dampf bereitstellen

Für die allgemeine Mise en place • Teller warm- bzw. kaltstellen • Butter, Öl, Salz, Pfeffermühle etc. bereitstellen • entsprechendes Kuchenblech und -gitter warmstellen, um das Fleisch durchziehen zu lassen • Ofen vorheizen nicht vergessen

Arbeitsablauf

Entenleberterrine

Kurz bevor Sie die Gäste an den Tisch bitten, die Entenleberterrine aufschneiden und auf kalte Teller legen. Wenn Sie kein Briochebrot gebacken haben, eignen sich dunkle, knusprige Brötchen besonders gut

Entenleberterrine servieren

Suppe

Suppe erwärmen, wenn notwendig Rahm zufügen, abschmecken, in Tässchen füllen

Suppe servieren

Sankt-Petersfisch

Peperonibrunoise kurz in Olivenöl dünsten

Sauce erwärmen

Fischfilets über Dampf garen

Fischgericht servieren

Rehmédaillons

Rehmédaillons rosa braten und an der Wärme durchziehen lassen

Sauce sirupartig einkochen

Petersiliengemüse kurz in Butter sautieren

Pilze kurz in Butter sautieren

alles dekorativ auf heisse Teller anrichten

Rehmédaillons servieren

Brombeersuppe

Rotweinfond aufkochen, Beeren kurz pochieren

Fond sirupartig reduzieren

Beeren auf heisse Teller verteilen, mit dem Sirup und Doppelrahm überziehen

Brombeersuppe servieren

Herbst-Menu II

Amuse-Bouche

Pilzsalat mit Rehfilet

Jakobsmuscheln à la nage (im Sud)

Perlhuhnfricassée

Käse

Théeis mit Rotweinzwetschgen

Pilzsalat mit Rehfilet

250	g	*Rehrückenfleisch oder Rehfilet Friséesalat*	Das Fleisch von allen Häutchen befreien. Von dem Friséesalat nur die Herzblättchen auslösen, waschen, gut trocknen und auf eine flache Platte ordnen.
200	g	*Eierschwämmchen (Pfifferlinge) oder Steinpilze*	Möglichst kleine Eierschwämmchen mit einem Haushalttuch sauberreiben, eventuell erdige Teile wegschneiden. Wenn Sie Steinpilze verwenden, werden diese in feine Scheiben geschnitten.
1	EL	*Himbeeressig*	Aus den Zutaten eine Sauce rühren.
2	EL	*feinstes, neutrales Öl*	
1	EL	*Bouillon*	
		Salz	
		weisser Pfeffer aus der Mühle	
		Traubenkernöl	Rehfleisch würzen und im heissen Öl rosa braten, kurz an der Wärme durchziehen lassen, überschüssiges Bratfett weggiessen, Butter zugeben, die Pilze darin kurz sautieren und auf einen Teller geben. Bratsatz mit wenig Himbeeressig auflösen und der Vinaigrette zufügen.
		Gewürzmischung (S.41)	
½	CL	*Butter*	
			Salat mit der Sauce bepinseln, auf Teller verteilen, Pilzchen ebenfalls mit wenig Vinaigrette beträufeln und zum Salat legen. Das Rehfleisch dünn aufschneiden, dekorativ zum Salat legen und mit der restlichen Vinaigrette vorsichtig beträufeln.

Das Spiel

Dieses Rezept ist eine von vielen Möglichkeiten, einen lauwarmen Salat mit Fleisch zu servieren, der ganz besonders dann angebracht ist, wenn Sie hinterher ein Geflügel vorgesehen haben. Es eignen sich eigentlich fast alle feinen Fleischarten, wie zum Beispiel:

• **Kaninchensalat mit Lattichherz**. Dazu brauchen Sie das Fleisch eines ausgelösten Kaninchenrückens, das Sie rosa braten und an der Wärme durchziehen lassen. Pro Person ein Lattichherz kurz blanchieren, gut abtropfen lassen und auf einem Küchentuch trocknen, mit Nussölvinaigrette (S.102) bepinseln, hübsch auf Teller anrichten und mit knusprig gebratenen Speckwürfeln bestreuen. Das Fleisch in feine Scheiben aufschneiden und zum Salat legen, mit der restlichen Vinaigrette beträufeln. Oder:

• **Lammfiletsalat mit Kefen** (Zuckererbsen). Ausgelöstes Lammrückenfleisch oder Filet rosa braten und an der Wärme durchziehen lassen. 300 g Kefen (oder sonstiges Frühlingsgemüse) grünblanchieren, auf einem Sieb gut abtropfen lassen und in der Rahmsalatsauce (S.101) kurz marinieren. Das Gemüse auf Teller verteilen, mit knusprig gebackenen Brotwürfelchen und gezupften Kerbelblättchen bestreuen, das Fleisch in feine Scheiben schneiden und zum Salat legen. Oder:

• **Kaninchensalat mit Karotten**. Kaninchenrückenfleisch rosa braten und an der Wärme durchziehen lassen, 100 g Bohnen und 100 g junge Karotten blanchieren. Gemüse und Kaninchenfleisch in kleine Würfel schneiden, in einer Nussölvinaigrette mit Himbeeressig (S.102) kurz marinieren und hübsch auf Teller verteilen.

Selbstverständlich können Sie jederzeit auf das Fleisch verzichten und nur einen • **bunten Herbstsalat** servieren, oder beispielsweise nur • **Steinpilze** verwenden, die Sie in Scheiben schneiden, kurz sautieren, mit der Vinaigrette beträufeln und zwischen Salatblättchen legen.

Weil Früchte gut zu Reh passen, ist Himbeeressig in diesem Fall angebracht, den Sie übrigens gut selbst herstellen können (S.258).

Jakobsmuscheln à la nage (im Sud)

1,5	*kg*	*Jakobsmuscheln in der Schale oder*	Jakobsmuscheln auslösen und kurz unter kaltem Wasser waschen. Das Muschelfleisch quer durchschneiden, auf einen Teller legen, mit Klarsichtfolie verschliessen und kaltstellen.
300	*g*	*ausgelöstes Muschelfleisch*	
3,5	*dl*	*Geflügel- oder Fischfond*	Alle Zutaten vors Kochen bringen und während ca. 1 Stunde auf kleinstem Feuer *leise köcheln lassen* – die Flüssigkeit darf nicht zu stark reduzieren! Die Nage durch ein feines Tuch passieren und warmstellen.
1,5	*dl*	*kräftiger Weisswein (etwa Chablis oder Meursault)*	
100	*g*	*Röstgemüse, möglichst kleingeschnitten*	
4		*Champignonsköpfchen*	
1		*Estragonzweiglein*	
1		*Thymianzweiglein*	
		Petersilienstengel	
1		*ungeschälte Knoblauchzehe*	
1/2		*Lorbeerblatt*	
4		*weisse Pfefferkörner*	
120	*g*	*Gemüsejulienne, wie z.B. Lauch, Karotten, engl. Sellerie, Kohlraben*	Die Julienne in der Butter zugedeckt weichdünsten. Jakobsmuscheln vorsichtig salzen, auf das Gemüsebett legen und *zugedeckt* ca. 1 Minute durchziehen lassen,
1	*CL*	*Butter*	
		Salz	
			Gemüse und Muscheln auf tiefe, heisse Teller verteilen und mit der heissen, gewürzten Nage auffüllen.

Das Spiel

Ein Produkt in einer Nage zu servieren, ergibt ein köstliches und leichtes Gericht, das, wenn Sie die Zutaten entsprechend erhöhen, als selbständiges Gericht serviert werden kann. Als kleine Vorspeise ist es *dann* angebracht, wenn Sie hinterher ein Gericht mit Rahm vorgesehen haben.

Eine Nage eignet sich ebenso gut für ein Gericht mit andern • **Meeresfrüchten** oder beispielsweise mit in Streifen geschnittenen • **Fischfilets**, die Sie je nach Angebot auswählen. Ganz wundervoll schmecken • **Froschschenkel** in einer Nage, die aus den Knöchelchen zubereitet wurde. Überhaupt können Sie die Nage durch einen entsprechenden Fond beeinflussen, besonders auch durch Verwendung von einem besonders trockenen, • **weissen Burgunderwein** oder mit einem • **Sancerre** von der Loire.

• **Langustinen à la nage**. Bei dieser Idee verwenden Sie die Langustinenschalen, um den Fond zuzubereiten. Die ausgelösten Langustinen werden ganz kurz in diesem Fond pochiert, wobei es sich hier eher um ein Durchziehen handelt, damit die Langustinen ihr durchscheinendes Fleisch behalten. Anschliessend die Langustinen mit grünen, auf den Punkt gekochten Spargelspitzen sowie weichgedünsteten Frühlingszwiebeln anrichten, mit der Nage auffüllen und mit Kerbelblättchen bestreuen.

• **Fische à la nage** sind besonders für ein selbständiges Hauptgericht geeignet. Wichtig ist hier, dass Sie die frischesten Produkte auftreiben! Die verschiedenen Fischfilets in Streifen schneiden, kurz in der Nage pochieren und auf einem Bett aus Tomatenwürfelchen anrichten. Diese Würfelchen haben Sie zuvor kurz in ein wenig Olivenöl gedünstet, mit Salz, weissem Pfeffer aus der Mühle und in Streifen geschnittenem Basilikum gewürzt. Zum Schluss das Ganze mit der Nage auffüllen.

Oder die Fische auf einem • **Ratatouillegemüse** kurz durchziehen lassen, anrichten, mit der Nage auffüllen und mit Knoblauchbrot servieren.

Geflügel à la nage (S.158)

Perlhuhnfricassée

2		*bratfertige Perlhühnchen*	Von den Hühnchen Schenkel und Brust auslösen, den Schenkel von den Knochen und Sehnen befreien. Die Brüstchen und das Schenkelfleisch in breite Streifen schneiden. Aus den Karkassen einen Fond zubereiten (S.94) und auf ca. 2 dl reduzieren.
		Gewürzmischung (S.41) *wenig Mehl*	Geflügelstreifen würzen, durch Mehl ziehen und überschüssiges Mehl abklopfen, in der heissen Öl-Butter-Mischung wenig Farbe nehmen lassen (ca. 5 Minuten) und aus der Kasserolle stechen. Überschüssiges Bratöl weggiessen. Bratsatz wie folgt auflösen:
2	*EL*	*Traubenkernöl*	
1	*EL*	*Butter*	
1	*CL*	*Butter*	Butter in die Kasserolle geben, Schalotten und Tomate vierteln, zusammen mit dem Knoblauch in der Butter dünsten, Sherryessig zufügen und völlig einkochen lassen. Dann erst mit Weisswein und Fond ablöschen, Geflügelstreifen zufügen und auf kleinem Feuer ca. 4 bis 6 Minuten *zugedeckt* weichschmoren. Fleisch aus der Kasserolle stechen und am Herdrand warmstellen, den Fond um zwei Drittel reduzieren.
4		*Schalotten*	
1		*Tomate*	
2		*ungeschälte Knoblauchzehen*	
1	*EL*	*Sherryessig*	
1,5	*dl*	*trockener Weisswein*	
2	*dl*	*Perlhuhnfond*	
2	*dl*	*Rahm*	Mit Rahm auffüllen, zu einer sämigen Sauce kochen, mit Salz, weissem Pfeffer aus der Mühle, einem Hauch Cayenne, einer Spur Curry sowie ein paar Tropfen Zitronensaft würzen, Sauce durch ein Sieb passieren.
		Salz *weisser Pfeffer aus der Mühle* *eine Spur Curry* *ein Hauch Cayenne* *wenig Zitronensaft*	
1		*engl. Sellerie* *Butter* *Salz*	Sellerie rüsten, waschen, die Stangen in Scheiben schneiden, die Sellerieblättchen zupfen, beides in wenig Butter *zugedeckt* weichdünsten, vorsichtig salzen.

Geflügelfleisch in der Sauce erwärmen, Gemüse auf heisse Teller verteilen, Geflügelfleisch dekorativ dazulegen und mit der heissen Sauce überziehen.

Mögliche Beilage: **Wildreis** (S.130)

Das Spiel

Kleine Perlhühnchen schmecken äusserst delikat, haben zartes Fleisch, mit dem Sie behutsam umgehen müssen. Ein zu langes Pochieren im Fond würde das Fleisch unweigerlich trokken machen, versuchen Sie mit einer Gabel oder Nadel den Garpunkt zu kontrollieren: das Fleisch ist gar, wenn die Nadel oder Gabel ohne Widerstand durch das Fleisch geführt werden kann.

Zu einem Fricassée lässt sich selbstverständlich **jedes andere weisse Geflügel oder Fleisch**, wie zum Beispiel • **Kaninchen**- oder • **Kalbfleisch** verarbeiten, die Methode bleibt die gleiche. Hingegen lässt sich mit Gemüse spielen, indem Sie ein Bett aus • **Lauch** zubereiten; aus • **Lauch mit Trüffelstreifen**; ein • **Spinatbett** oder ein Bett aus • **Grün- oder Federkohl**. Besonders harmonisch schmecken auch • **Champignons**, die Sie ganz kurz in Butter sautieren und der Sauce zufügen; oder diese mit kleinen, in Butter gedünsteten • **Zwiebeln** ergänzen.

Was immer Sie als Fleisch oder Geflügel wählen, es darf nur kurz gegart werden, damit es unter allen Umständen saftig bleibt. Ein Fricassée, nach alter Schule zubereitet, wird sehr lange, viel zu lange gekocht. Wenn Sie also auf Rezepte dieser Art stossen, dann denken Sie bitte daran, das Gericht auf die etwas modernere Art zuzubereiten.

Théeis mit Rotweinzwetschgen

20		*sehr schöne Dörrzwetschgen*	Zwetschgen waschen und über Nacht in Porto einlegen.
2,5	*dl*	*roter Porto*	
2,5	*dl*	*Rotwein*	Zwetschgen mit dem Porto zum Kochen bringen, Rotwein, die aufgeschnittene Vanillestange und Zucker zufügen und auf kleinstem Feuer während ca. 2 Stunden *leise köcheln lassen*, auf jeden Fall sollte die Flüssigkeit langsam zu einem Sirup reduzieren. Vanillestange entfernen, Zwetschgen und Sirup erkalten lassen.
½		*Vanillestange*	
100	*g*	*Zucker*	
2,5	*dl*	*Milch*	Milch aufkochen, auf die Théblätter giessen und je nach Thésorte 5 bis 10 Minuten *zugedeckt* ziehen lassen.
5	*CL*	*Théblätter oder -spitzen*	
3		*Eigelb*	Eigelb und Zucker mit dem Schneebesen im Rührwerk weiss- und schaumigschlagen, die heisse Thémilch durch ein feines Sieb zufügen, kurz durchmischen, in die Kasserolle zurückgiessen und auf kleinem Feuer unter ständigem Rühren mit dem Holzlöffel kurz vors Kochen bringen. Die Masse soll sich dabei langsam verdicken, ohne zu kochen, was die Gerinnung der Eier zur Folge hätte. Die Crème durch ein feines Sieb in eine Schüssel passieren und kaltstellen.
125	*g*	*Zucker*	
2,5	*dl*	*Rahm*	Rahm schlagen, unter die Thécrème mischen und in der Sorbetière gefrieren.
4	*EL*	*Doppelrahm*	Zwetschgen mit Sirup in tiefe, kalte Teller auf Doppelrahm setzen und das Théeis dekorativ dazulegen.

Das Spiel

Théeis mit Rotweinzwetschgen ist ein Rezept, das zum Spielen nicht geeignet ist. Es ist von der harmonischen Zusammenstellung her so perfekt, dass ihm jede andere Idee nur schaden könnte. Und weil es nichts zu spielen gibt – ausser, ich erinnere Sie an das • **Théparfait** (S. 160) – ist die Gelegenheit gegeben, Sie an dieser Stelle auf die Zubereitung von **Crèmen** hinzuweisen.

• **Vanillecrème**. 2,5 dl Milch mit 2 aufgeschnittenen Vanillestangen zum Kochen bringen und neben dem Herd, zugedeckt, während ca. 10 Minuten ziehen lassen. 6 Eigelb und 100 g Zucker mit dem Schneebesen im Rührwerk weiss- und schaumigschlagen, die heisse Milch zufügen, kurz durchmischen, zurück in die Pfanne geben und auf kleinem Feuer, unter ständigem Rühren mit einem Holzlöffel, kurz vors Kochen bringen; die Masse soll sich dabei langsam verdicken, ohne zu kochen, was die Gerinnung der Eier zur Folge hätte. Die Crème durch ein feines Sieb in eine Schüssel passieren und kaltstellen. 1,5 dl Rahm steifschlagen und vorsichtig unter die kalte Crème ziehen.

• **Caramelcrème**. 80 g Zucker caramelisieren, mit 1,5 dl Milch ablöschen, und caramelisierten Zucker auf kleinem Feuer völlig auflösen lassen. 20 g Zucker und 6 Eigelb mit dem Schneebesen im Rührwerk schaumigschlagen, die heisse Caramelmilch zufügen, kurz durchmischen, zurück in die Pfanne geben und auf kleinem Feuer, unter ständigem Rühren mit einem Holzlöffel, kurz vors Kochen bringen. Die Masse soll sich dabei langsam verdicken, ohne zu kochen, was die Gerinnung der Eier zur Folge hätte. Die Crème durch ein feines Sieb in eine Schüssel passieren und kaltstellen. 1,5 dl Rahm steifschlagen und vorsichtig unter die kalte Crème ziehen.

• **Mousse au chocolat**. 125 g Zartbitterschokolade und 2 EL Wasser in einem Pfännchen auf dem Wasserbad schmelzen, 50 g Zucker zufügen und völlig auflösen und erkalten lassen. 4 Eigelb und 2 EL Grand-Marnier unter die Schokoladenmasse rühren. 2,5 dl Rahm sehr steifschlagen und sorgfältig unter die Masse ziehen, in schöne Gläser füllen, kaltstellen und vor dem Servieren mit gehobelter Schokolade bestreuen.

Mise en place

Am Vortag • Perlhühnchen zerlegen und aus den Karkassen einen Fond zubereiten • Dörrzwetschgen in Porto einlegen

Am Tag selbst

Pilzsalat

Salate rüsten, waschen, gut trocknen und auf eine flache Platte ordnen, mit Klarsichtfolie verschliessen, kaltstellen

Vinaigrette zubereiten

Pilzchen sauberreiben, allenfalls in Scheiben schneiden und mit Klarsichtfolie verschliessen

Fleisch von allen Häutchen und Sehnen befreien

Jakobsmuscheln

Jakobsmuscheln auslösen, kurz unter fliessendem Wasser waschen, das Fleisch quer durchschneiden, dann unter Klarsichtfolie verschliessen und kaltstellen

Nage zubereiten

Gemüse in Julienne schneiden, mit Klarsichtfolie verschliessen

---

Théeis

Zwetschgen auf kleinem Feuer leise köcheln, dann im Sirup erkalten lassen

Die Masse für das Théeis zu einer Crème köcheln und kaltstellen

Rahm für das Théeis steifschlagen und kaltstellen

Perlhühnchen

Gemüse rüsten, waschen, in Form schneiden bzw. Blättchen zupfen und unter Klarsichtfolie verschliessen

Perlhuhnfricassée soweit zubereiten, dass das Geflügelfleisch nur noch in der Sauce erwärmt werden muss – wichtig dabei ist, dass Sie dieses Gericht als allerletztes zubereiten, damit das Geflügelfleisch nicht Schaden nimmt

Für die allgemeine Mise en place • Teller warm- bzw. kaltstellen • Butter, Öl, Salz, Pfeffermühle etc. bereitstellen • *Mise en place* kontrollieren, damit Sie hinterher ruhig arbeiten können

Arbeitsablauf

Pilzsalat

Kurz bevor Sie die Gäste an den Tisch bitten, das Rehfleisch rosa braten und an der Wärme durchziehen lassen. Pilzchen sautieren, Bratsatz auflösen, zur Vinaigrette geben. Salate mit der Vinaigrette bepinseln und dekorativ auf die Teller legen. Rehfleisch in dünne Scheiben schneiden und zum Salat legen

Salat servieren

Jakobsmuscheln

Gemüsejulienne kurz in Butter dünsten, die Nage erhitzen, abschmecken. Jakobsmuscheln mit wenig Salz und weissem Pfeffer aus der Mühle würzen, auf das Gemüsebett legen und kurz durchziehen lassen. In tiefe, heisse Teller verteilen und mit der Nage auffüllen

Jakobsmuscheln servieren

Perlhühnchen

Selleriegemüse in Butter und im eigenen Saft dünsten

Sauce erwärmen, das Geflügelfleisch in der Sauce heiss durchziehen lassen, auf das Gemüsebett legen und die heisse Sauce darübergeben

Perlhuhnfricassée servieren

Théeis

Rahm unter die Thécrème mischen und in der Sorbetière verarbeiten

Zwetschgen mit Sirup in tiefe Teller auf Doppelrahm geben und das Théeis dazulegen

Théeis servieren

Herbst-Menu III

Amuse-Bouche

Millefeuille mit Räucherlachs

Suppe

Pilzragout

Sauté von Rebhühnchen

Käse

Zimteis auf Apfelsauce

Millefeuille mit Räucherlachs

200	*g*	*Blätterteig (S.83)*	Blätterteig zu einem Band von ca. 30×5 cm ausrollen, kaltstellen. Ofen auf 220 Grad aufheizen, Teigband während ca. 15–20 Minuten backen, mit einem feinen Sägemesser Deckel vorsichtig vom Boden trennen, eventuell ungebackene Lagen auslösen. Das Band auf einem Kuchengitter auskühlen lassen.
1	*dl*	*Rahm*	Rahm steifschlagen und kaltstellen.
100 *1*	*g* *EL*	*Räucherlachs* *Meerrettich* *Salz* *ein Hauch Cayenne* *weisser Pfeffer aus der Mühle* *ein paar Tropfen Zitronensaft* *Dillspitzen*	Lachs in kleinste Würfel oder Streifen schneiden. Meerrettich feinreiben und Dillspitzen sorgfältig unter den Rahm heben, vorsichtig würzen. Die Masse mit einem Spachtel auf den Blätterteigboden verteilen (ca. 3–5 cm hoch), Blätterteigdeckel aufsetzen, sorgfältig in ca. 6 cm breite Schnitten schneiden. Achten Sie beim Schneiden darauf, dass Sie nicht zu viel Druck auf den Teig ausüben, lassen Sie das Sägemesser die Arbeit tun. Erst wenn Sie auf die Rahmschicht stossen, sollten Sie mit etwas mehr Druck zum Blätterteigboden vorstossen. Die Schnitten auf kalte Teller verteilen und mit einem Dillsträusschen garnieren.

Das Spiel

Das Millefeuille ist mit Sicherheit eine effektvolle kalte Vorspeise, die zudem köstlich schmeckt. Sie lässt sich gut vorbereiten, besonders wenn Sie den kalten Rahm in einer kalten Schüssel von *Hand* schlagen!

Wer es nicht lassen kann, mischt ein kleines Döschen • **Kaviar** unter den Rahm! Selbstverständlich lässt sich diese delikate Vorspeise auch mit • **geräucherten Forellen** herstellen. Geräucherter Aal hingegen dürfte sich weniger gut eignen, da er zu fett ist und das Millefeuille, in Verbindung mit dem Rahm, zu schwer machen würde. Doch weshalb eigentlich nur geräucherten Fisch verwenden? Glauben Sie nicht auch, dass sich • **Crevetten** dazu eignen? Oder zum Beispiel • **Langustinen**, die Sie ganz kurz über Dampf auf den Punkt garen, auskühlen lassen, in feine Würfel schneiden und unter den Rahm mischen, dem Sie rosa Pfeffer und Estragonblättchen zufügen.

Denkbar sind auch • **Jakobsmuscheln:** das ausgelöste Nüsschen kurz über Dampf auf den Punkt garen und in feine Würfel schneiden. Den Corail in wenig Salzwasser während ca. 4–5 Minuten blanchieren, erkalten lassen und in feinste Brunoise schneiden. Muschelfleisch und Corailbrunoise unter den Rahm mischen und feine Dillspitzen zufügen. Unter der Voraussetzung, dass die Muscheln knallfrisch sind, dürfen Sie diese auch roh verwenden!

Pilzragout

400	*g*	*Pilze, wie etwa Steinpilze, Eierschwämmchen (Pfifferlinge), Champignons*
1	*EL*	*Butter*
1		*Schalotte*
½		*Knoblauchzehe*
1		*Scheibe Frühstücksspeck*
		Salz
		weisser Pfeffer aus der Mühle
		eine Spur Muskat
		ein paar Tropfen Zitronensaft
		gezupfte, flache Petersilie
		kalte Butter

Von den Pilzen alle erdigen Teile sorgfältig abschaben und die Pilze mit einem Küchentuch sauberreiben, je nach Grösse in Scheiben schneiden oder sehr kleine Pilze ganz lassen.

Schalotte, Speck und Knoblauch in feinste Brunoise schneiden. Speck kurz in wenig Wasser blanchieren.

Butter, Schalotten-, Speck- und Knoblauchwürfelchen in einer Kasserolle mit möglichst weitem Boden aufs Feuer setzen und goldgelb dünsten. Dann die Pilze zufügen und bei grosser Hitze sautieren, bis die Pilze Wasser abgeben. Alles auf ein Sieb schütten, die aufgefangene Flüssigkeit aufkochen und auf grossem Feuer so viel kalte Butter einschwenken, bis die gewünschte Konsistenz erreicht ist. Die sautierten Pilze zur Sauce geben, vorsichtig würzen, gezupfte Petersilie untermischen und auf tiefe, heisse Teller verteilen.

Das Spiel

Für mich, die in den Bergen zu Hause ist, drängt sich im Spätsommer ein Pilzgericht mit selbstgesuchten und mit Freude gesammelten Pilzen geradezu auf. Steinpilze und Eierschwämmchen, einfach zubereitet, sind mit ihrem typischen Waldgeschmack eine Köstlichkeit, die schwer nachzuempfinden ist, besonders dann, wenn Sie an Pilze gewohnt sind, welche durch eine lange Reise viel von ihrem frischen Aroma verloren haben.

Auf das Pilzragout lässt sich ein • **Wachtelei**, rosa gebratene • **Geflügelleber** oder in Streifen geschnittene, kurz sautierte • **Kalbs**- oder • **Kaninchenleber** legen. Sie können die Pilze auch zu einem • **Risotto** (S.129) servieren oder, was ganz besonders herrlich schmeckt, zu selbstgemachten • **Nudeln** (S.135). Als Beilage zu einem • **Wildgericht** sind Pilze beinahe schon klassisch und bilden eine harmonische Verbindung. Eine unkomplizierte, köstliche kalte Vorspeise ist ein • **Pilzsalat**. Auch als • **Suppe** sind Pilze im Herbst willkommen, es sei denn, Sie bereiten die Suppe mit Champignons zu, die über das ganze Jahr angeboten werden (S.121).

Wenn Sie einem Pilzragout wenig Weisswein und etwas mehr Rahm zufügen, lassen sich • **Pastetchen** füllen (S.154), oder • **Portionenförmchen**, serviert unter einer • **Blätterteighaube** (S.274).

Sauté von Rebhühnchen

4		*junge Rebhühnchen*	Kaufen Sie die Rebhühnchen bratfertig, dies erspart Ihnen sowohl Arbeit als auch die Unsicherheit, mit der Sie die Hühnchen abflämmen müssten. Vergessen Sie jedoch nicht, die Leber mit nach Hause zu nehmen.
8		*Scheiben Frühstücksspeck*	Schenkel und Brüstchen sorgfältig auslösen. Die dünnen Speckscheiben um die Brüstchen wickeln und mit Küchenfaden festbinden. So präpariert auf einen Teller legen und mit Klarsichtfolie verschliessen. Die Knöchelchen kleinhacken und einen Jus zubereiten (S.98) mit dem einzigen Unterschied, dass Sie an Stelle des Rotweins mit Madère ablöschen und zusätzlich vier Wacholderbeeren beifügen. Den Jus durch ein Tuch passieren und zur Seite stellen.
			Für das Geflügelköpfchen (so Sie Lust und Zeit haben):
4		*Dariolförmchen von ca. 0,75 dl Inhalt* *weiche Butter*	Förmchen mit weicher Butter auspinseln und kaltstellen.
			Die Haut von den Schenkeln abziehen, das Schenkelfleisch sorgfältig von den Knochen lösen, alle Sehnen und Knorpel wegschneiden. Von der Leber verbliebene Gallenrückstände entfernen.
150	*g*	*ausgelöstes Schenkelfleisch*	Schalotte und Knoblauch kleinschneiden, in der Butter goldgelb dünsten, Schenkelfleisch und Leber zufügen, kurz Farbe nehmen lassen und auf einen Teller geben. Überschüssige Bratbutter weggiessen, Bratsatz mit Madère und Jus auflösen und sirupartig einkochen lassen, durch ein feines Sieb zu dem Fleisch passieren und alle Zutaten kaltstellen.
		Rebhuhnleber	
1	*CL*	*Butter*	
1		*kleine Schalotte*	
1/2		*Knoblauchzehe*	
2	*EL*	*Madère*	
4	*EL*	*Rebhuhnjus*	

1		*ganzes Ei*
0,5	*dl*	*Rahm*
		Salz
		weisser Pfeffer aus der Mühle
		ein paar Tropfen Madère

Schenkelfleisch, Leber und Ei im Mixer (oder in der Moulinette) feinpürieren, Rahm zufügen, vorsichtig würzen, das Aroma eventuell mit ein paar Tropfen Madère abrunden und nochmals kurz durchmixen. Diese Masse in die Dariolefórmchen füllen, mit bebutterter Alufolie verschliessen und im Wasserbad auf dem Herd zugedeckt bei kleinem Feuer ca. 20 Minuten garen.

1	*CL*	*Butter*
1	*EL*	*Traubenkernöl*
		Gewürzmischung (S.41)
0,5	*dl*	*Madère*
1,5	*dl*	*Rebhuhnjus*
		kalte Butter

Während dieser Zeit die Brüstchen in die heisse Butter-Öl-Mischung legen, Hitze reduzieren und die Brüstchen ca. 4 bis 6 Minuten zugedeckt rosa braten, auf einem Kuchengitter an der Wärme durchziehen lassen. Überschüssiges Bratöl weggiessen, Bratsatz mit Madère und Jus auflösen, auf grossem Feuer ca. 10 bis 20 g kalte Butter einschwenken.

Speckstreifen von den Brüstchen lösen, letztere auf heisse Teller legen. Das Geflügelköpfchen zunächst auf einen kleinen Teller stürzen und dann auf den grossen Teller gleiten lassen, Rebhuhnbrüstchen mit wenig Jus umgiessen.

Mögliches Gemüse: **Federkohl**

Vom Federkohl die schönen Blätter ablösen, grünblanchieren, auf einem Sieb gut abtropfen lassen. Wenig Schalotten-, Knoblauch und Speckbrunoise in Butter goldgelb dünsten, Federkohl zufügen, vorsichtig würzen und heissschwenken.

Mögliche Beilage: **Spätzli** (S.130)

Das Spiel

Rebhühnchen sind nicht einfach aufzutreiben, und wenn ich Ihnen dennoch dieses Rezept verrate, dann geschieht es in der Annahme, Sie könnten sie doch eines Tages in Ihrer Küche liegen haben, und auch deshalb, weil sich das Rezept mit einem **andern kleinen Geflügel** nachvollziehen lässt.

Wenn Sie keine Lust auf das Geflügelköpfchen haben, dann braten Sie die Schenkel knusprig und rosa, die Leber ganz kurz in Butter und legen Schenkel und Leber zum Brüstchen.

Nehmen Sie an Stelle von Rebhühnchen • **junge Tauben**, die Sie mit Frühlingsgemüse servieren, oder • **Wachteln**, begleitet von einem Petersiliengemüse (S.222), auf das Sie ein Wachtelspiegelei setzen, oder • **Stubenküken**, die Sie mit glacierten Frühlingszwiebeln (S.157) zubereiten, oder • **Perlhühnchen**, von denen Sie für 4 Personen nur zwei brauchen. Zum Perlhühnchen passt ein Linsengemüse hervorragend:

• **Linsengemüse:** 150 g Linsen (die besten kommen aus **Le Puy** in Frankreich). Linsen verlesen und über Nacht in handwarmes Wasser einlegen. Anderntags auf einem Sieb gut abtropfen lassen. Je 1 EL Speck-, Karotten-, Schalotten- und Kartoffelbrunoise in Butter dünsten, mit 6 dl Geflügelbouillon auffüllen, 1 Lorbeerblatt, 1 ungeschälte Knoblauchzehe und Linsen zufügen und auf kleinem Feuer weichkochen. Lorbeerblatt und Knoblauchzehe entfernen, das Gemüse mit Salz, weissem Pfeffer aus der Mühle und ein paar Tropfen Aceto Balsamico (oder bestem Rotweinessig) würzen. Wenn Sie am Schluss noch ca. 20 g Butter einrühren, wird das Gemüse in der Konsistenz sämiger.

Zimteis auf Apfelsauce

100	*g*	*Zucker*
1,5	*dl*	*Wasser*
4		*Zimtstangen*

Wasser, Zucker und die zerbrochenen Zimtstangen auf *kleinstem Feuer* ca. 2 Stunden auf 1 dl reduzieren. Es ist von grösster Bedeutung, dass dieses Reduzieren langsam geschieht, damit sich das volle Zimtaroma entwickeln kann und der Zucker nicht kristallisiert. Zimtsirup durch ein kleines Sieb passieren und erkalten lassen.

2	*dl*	*Milch*
3		*Eigelb*

Die ausgekochten Zimtstangen zur Milch geben, aufkochen und neben dem Herd zugedeckt ziehen lassen. Zimtsirup und Eigelb mit dem Schneebesen im Rührwerk schaumigschlagen, die heisse Milch durch ein feines Sieb zufügen, kurz durchrühren, in die Kasserolle zurückgeben und auf kleinem Feuer unter ständigem Rühren mit dem Holzlöffel kurz vors Kochen bringen. Die Masse soll sich dabei langsam verdicken, ohne zu kochen (dies würde nämlich die Eier gerinnen lassen). Die Crème durch ein feines Sieb in eine Schüssel passieren und kaltstellen.

2		*aromatische Äpfel*
50	*g*	*Zucker*
		Zitronensaft
½		*Vanillestengel, aufgeschnitten*
		Zuckersirup (S. 51)

Äpfel waschen, Kerngehäuse entfernen, in Schnitze schneiden. Äpfel, Zucker, Saft einer halben Zitrone und die Vanillestange auf kleinem Feuer zugedeckt zu einem Mus kochen, anschliessend durch ein feines Sieb streichen, mit Zuckersirup zu einer flüssigen Sauce verlängern und kaltstellen.

2	*dl*	*Rahm*

Rahm schlagen, unter die Zimtcrème mischen und in der Sorbetière gefrieren.

Apfelsauce auf kalte Teller ausgiessen und das Zimteis auf die Sauce setzen.

Das Spiel

Zimteis und Apfelsauce ist ein Dessert, das besonders in der Advents- und Weihnachtszeit einen Duft verbreitet, der an die Kindheit erinnert. Auch wenn Sie keine Sorbetière besitzen, brauchen Sie nicht auf diese leise Erinnerung zu verzichten, denn das sehr harmonische Dessert ist als **Parfait** (S.160) nachvollziehbar. Nur: eine kleine Glacemaschine zu besitzen, ist ein Wunsch, den Sie sich irgendeinmal erfüllen sollten! Es muss nicht diese wundervolle und leistungsfähige Maschine aus Italien sein, die über ein eigenes Kühlaggregat verfügt und verständlicherweise etwas teurer in der Anschaffung ist. Es gibt die kleinen Maschinen – sie sind noch nicht lange auf dem Markt, die elektrisch betrieben werden, mit Eis, Salz und Wasser kühlen und nicht mehr ins Tiefkühlfach gestellt werden müssen. Vielleicht sollten Sie die Angaben über Eismaschinen auf S.25 nochmals lesen, damit Sie Lust darauf bekommen... Denn ein selbstgemachtes Eis schmeckt allemal besser als alles, was durch Konservierungsmittel haltbar gemacht werden muss. Die Vorstellung allein, dass Sie in der Früchtesaison all die herrlichen Produkte zu Eis und Sorbets verarbeiten können, müsste Sie im Grunde von der Notwendigkeit einer Sorbetière überzeugen, umso mehr, als es die schönste Art ist, Vitamine zu tanken.

Als kleines Detail dürfen beim Zimteis auf Apfelsauce ein paar • **caramelisierte Apfelscheiben** erscheinen. Zimt passt ebenso gut zu • **Birnen**, also könnte die Apfelsauce durch eine • **Birnensauce** oder gar durch eine • **Zwetschgensauce** ersetzt werden.

Im Zusammenhang mit Zimteis ist der Augenblick gekommen, Sie auf weitere Zubereitungsarten von Rahmeis hinzuweisen. Sie finden nachstehend ein paar ausführliche Rezepte:

• **Vanilleeis.** 2 Vanillestangen der Länge nach aufschneiden, mit 2,5 dl Milch aufkochen und neben dem Herd, zugedeckt, ca. 10 Minuten ziehen lassen. 4 Eigelb und 125 g Zucker mit dem Schneebesen im Rührwerk weiss- und schaumigschlagen, die heisse Milch zufügen, kurz durchmischen, zurück in die Kasserolle geben und auf kleinem Feuer, unter ständigem Rühren mit dem Holzlöffel, kurz vors Kochen bringen. Die Masse soll sich dabei langsam verdikken, ohne zu kochen, was sonst die Gerinnung der Eier zur Folge hätte. Die Crème durch ein feines Sieb in eine Schüssel passieren und kaltstellen. 2,5 dl geschlagenen Rahm zur Vanillecrème geben und in der Sorbetière gefrieren.

Vanilleeis schmeckt auf einer • **Fruchtsauce** (S.211), köstlich, aber auch mit einem • **Fruchtsalat**, mit • **Orangensauce** (S.263) oder, was Männer wie Kinder mögen, mit einer heissen • **Schokoladensauce**:

• **Schokoladensauce.** 100 g Zartbitterschokolade zusammen mit 1 EL Wasser auf kleinem Feuer unter ständigem Rühren mit dem Holzlöffel vollständig schmelzen; 0,5 dl Rahm in kleinen Mengen zugeben und kurz aufkochen lassen.

• **Honigeis**. 200 g Honig in einem nicht zu heissen Wasserbad flüssig werden lassen, in die Schüssel des Rührwerks geben und zusammen mit 3 ganzen Eiern mit dem Schneebesen schaumigschlagen. 2,5 dl Milch aufkochen, zur Eier-Honigmasse geben, kurz durchmischen, zurück in die Pfanne geben und auf kleinem Feuer, unter ständigem Rühren mit einem Holzlöffel, kurz vors Kochen bringen. Die Masse soll sich dabei langsam verdicken, ohne zu kochen, was sonst die Gerinnung der Eier zur Folge hätte. Die Crème durch ein feines Sieb in eine Schüssel passieren und kaltstellen. 2,5 dl geschlagenen Rahm unter die Honigcrème mischen und in der Sorbetière gefrieren.

Honigeis passt besonders gut zu einer • **Beerensauce** (S.211) oder auf einen Teller mit • **gemischten Früchten**, mit einer Sauce serviert, die Sie aus eben diesen gemischten Früchten zubereiten.

• **Carameleis**. 100 g Zucker caramelisieren, mit 2,5 dl Milch ablöschen, Zucker auf kleinem Feuer völlig auflösen lassen. 25 g Zucker und 4 Eigelb mit dem Schneebesen im Rührwerk schaumigschlagen, die heisse Caramelmilch zufügen, kurz durchmischen, zurück in die Pfanne geben und auf kleinem Feuer, unter ständigem Rühren mit einem Holzlöffel, kurz vors Kochen bringen. Die Masse soll sich dabei langsam verdicken, ohne zu kochen, was sonst die Gerinnung der Eier zur Folge hätte. Die Crème durch ein feines Sieb in eine Schüssel passieren und kaltstellen. 2,5 dl geschlagenen Rahm unter die Caramelcrème mischen und in der Sorbetière gefrieren.

Wenn Ihnen die Idee gefällt, so legen Sie das Carameleis auf • **Doppelrahm** und bestreuen es mit gestossenem • **Krokant** (S.43). Eine weitere, sehr interessante Variation zu diesem Thema, nämlich das • **Théeis mit Rotweinzwetschgen**, finden Sie an anderer Stelle (S.236), ebenso andere • **Fruchtrahmeisrezepte** (S.212). Für Sie, die keine Sorbetière besitzen, sind die köstlichen • **Parfaitideen** gedacht (S.160).

Mise en place

Am Vortag • Blätterteig herstellen

Am Tag selbst

Rebhuhnsauté

Geflügel zerlegen, aus den Knöchlein einen Jus herstellen und auf ca. 1,5 dl reduzieren

Brüstchen mit Speck umwickeln, auf einen Teller legen und mit Klarsichtfolie verschliessen, kaltstellen

nach Wunsch Geflügelköpfchen vorbereiten

Federkohl rüsten, waschen, grün- und garblanchieren, auf Haushaltpapier in eine flache Schüssel legen, mit Klarsichtfolie verschliessen

Schalotte in feinste Brunoise schneiden und unter Klarsichtfolie verschliessen

Zimteis

Zimtsirup herstellen, die Masse für das Zimteis zu einer Crème kochen und kaltstellen

Apfelsauce zubereiten und kaltstellen

Rahm für das Zimteis steifschlagen und kaltstellen

Pilzragout

die sauber abgeriebenen Pilze je nach Grösse in Scheiben schneiden und unter Klarsichtfolie verschliessen

Schalotte, Knoblauch und Speck in feinste Brunoise schneiden, Speck kurz blanchieren, Petersilie zupfen und alles unter Klarsichtfolie verschliessen

---

Millefeuille

Blätterteigband backen und auskühlen lassen, Deckel vom Boden trennen

Räucherlachsrahm herstellen, das Millefeuille füllen und kaltstellen

---

Suppe

Die entsprechenden Zutaten richten, Suppe zubereiten — Rahm aber noch nicht zufügen

---

Für die allgemeine Mise en place • Teller warm- bzw. kaltstellen • Butter, Öl, Salz, Pfeffermühle etc. bereitstellen • entsprechendes Kuchenblech und -gitter warmstellen, um das Geflügel durchziehen zu lassen • Ofen vorheizen nicht vergessen

Arbeitsablauf

Millefeuille

Kurz bevor Sie Ihre Gäste an den Tisch bitten, schneiden Sie das Millefeuille mit aller Sorgfalt auf und legen es zusammen mit dem Dillsträusschen auf kalte Teller

Eventuell Geflügelköpfchen pochieren

Millefeuille servieren

Suppe

Suppe erwärmen, wenn notwendig Rahm zufügen, abschmecken, in Tässchen füllen

In diesem Fall die Geflügelköpfchen erst jetzt auf das Feuer setzen

Suppe servieren

Pilzragout

Pilze sautieren und auf heisse, tiefe Teller verteilen, mit Petersilie bestreuen

In diesem Fall die Geflügelköpfchen erst jetzt auf das Feuer setzen

Pilzgericht servieren

Rebhuhnsauté

Gemüse heissschwenken und zugedeckt am Herdrand warmstellen

Geflügelbrüstchen rosa braten, zugedeckt und an der Wärme durchziehen lassen, Sauce fertigstellen, zwischendurch die Brüstchen wenden, damit der Saft nicht ausläuft

Geflügel und Gemüse dekorativ auf heissen Tellern anrichten

Rebhuhnsauté servieren

Zimteis

Während Sie sich mit Ihren Gästen unterhalten, bereitet die Sorbetière für Sie das Zimteis zu

Apfelsauce auf kalte Teller ausgiessen, das Zimteis auf die Sauce setzen

Zimteis servieren

Winter-Menu I

Amuse-Bouche

Entenleberschnitzel als Salat

Suppe

Jakobsmuscheln an Sauternessauce

Gefüllte Paupiettes vom Kalbsfilet mit Gemüse

Käse

Orangenfeuilleté

Entenleberschnitzel als Salat

120	*g*	*Trockengemüse wie Bohnen, rote, weisse, schwarze oder bunte Linsen*	Gemüse über Nacht in handwarmem Wasser einweichen und anderntags in Salzwasser (eventuell getrennt) weichkochen.
1	*EL*	*Balsamicoessig*	Aus allen Zutaten eine Sauce rühren, Schalotte in feinste Brunoise und Schnittlauch in feinste Röllchen schneiden, der Sauce untermischen.
2	*EL*	*bestes, neutrales Öl*	
1	*EL*	*Bouillon*	
		Salz	
		weisser Pfeffer aus der Mühle	
1		*Schalotte*	
1		*Bund Schnittlauch*	
			Das Gemüse während ca. 15 Minuten in der Vinaigrette marinieren, auf Teller verteilen.
4		*Entenleberschnitzel à ca. 50 g*	Die Schnitzel einseitig würzen, durch Mehl ziehen, überschüssiges Mehl abklopfen, in einer heissen, trockenen Bratpfanne (eventuell beschichtetes Material) beidseitig auf den Punkt braten. Damit die Schnitzel perfekt geraten, sollten Sie unbedingt darauf achten, dass erstens die Pfanne heiss ist und zweitens die Leberschnitzel gut durchgekühlt sind. Dann werden diese nach etwa 30 bis 60 Sekunden knusprig und innen rosa gebraten sein.
		Gewürzmischung (S.41)	
		wenig Mehl	
			Schnitzel auf den Salat setzen und mit der restlichen Vinaigrette beträufeln.

Das Spiel

Entenleber ist sicher eines der herrlichen Produkte, die seit ein paar Jahren in unser Bewusstsein eingedrungen sind; es stellt einen der grössten Genüsse dar. Im Grunde ist sie durch nichts zu ersetzen, höchstens durch die Gänseleber, die zwar feiner im Geschmack, doch weniger aromatisch ist. Nun dürfte es schwierig sein, Entenleber im Anbruch zu kaufen, so dass Sie mit einer ganzen Leber nach Hause zurückkehren, die zwischen 500–700 g schwer sein kann. Behandelt wird sie wie unter dem Rezept für die **Entenleberterrine** beschrieben: Häutchen abschaben, Flügel trennen, eventuelle Gallenrückstände ausschneiden und die grossen Blutgefässe auslösen. Die Leber in Schnitzel schneiden und unbedingt kaltstellen.

Nun ist es denkbar, dass je nach Personenzahl Leber übrig bleibt, mit der sich eine kleine • **Terrine** machen lässt, oder Sie braten kleine • **Entenleberwürfelchen** knusprig und servieren diese auf selbstgemachten Nudeln, begleitet von einer kleinen **Trüffelsauce** (S.271). Dies ist nur eine Idee von vielen: auch auf einem • **Pilzragout** schmeckt gebratene Entenleber herrlich (S.244) oder im • **Blätterteigpastetchen** serviert (S.154), dann auf einem • **Lauch**- oder • **Spinatbett**, mit einer Trüffelsauce kombiniert, der Sie am Schluss sehr wenig Rahm unterziehen; oder Sie braten Entenleber knusprig und servieren diese auf caramelisierten • **Apfelscheiben**. Eine kleine Besonderheit ist das folgende

• **Cassolette**. Säuerliche Äpfel in Würfel von ca. 1 cm Seitenlänge schneiden, in wenig Butter und Zucker caramelisieren, gleichgrosse Brotwürfelchen in Butter knusprig braten. Gebratene Entenleberschnitzel mit Trüffelsauce überziehen und mit Apfel- und Brotwürfelchen umlegen.

• **Entenleberschnitzel mit Weichseln** (Sauerkirschen). Weichseln kurz in wenig Zuckersirup, einem nussgrossen Stück Butter und wenig Sherryessig kochen, die Kirschen auf Teller geben, gebratenes Entenleberschnitzel auf die Kirschen setzen, die Flüssigkeit sirupartig reduzieren und die Schnitzel damit überziehen.

Es ist Winter, und so drängen sich Trockengemüse geradezu auf, die darüber hinaus gut schmecken (übrigens auch ohne Entenleber, mit gebackenen Zwiebelringen und knusprig gebratenem Speck bestreut). Weil es Winter ist, eignen sich natürlich auch **Wintergemüse** für einen Salat, die mit der warmen Entenleber äusserst harmonisch sein können. Besonders fein sind kleine • **Rettiche**, die sogenannten Eiszäpfchen, die kurz blanchiert und in Scheiben geschnitten werden. Ebenso schmecken auch • **Artischocken**, deren Böden ich damals im *Landhaus* in feinste Brunoise geschnitten und mit einer Trüffelbrunoise vermischt habe, dann wurde beides in einer Sherry-Nussöl-Vinaigrette kurz mariniert und als kleines Ragout zum Schnitzel serviert. Wenn es dem Frühling zugeht und die ersten • **grünen Spargeln** auf dem Markt zu finden sind oder die ersten feinen • **Kohlrabi**, wird ein Entenlebersalat zu einer besonderen Köstlichkeit. Ferner passt die Entenleber zu • **Lauch**, der in feine Streifen geschnitten und in Salzwasser kurz blanchiert wird (nur den weissen und hellgrünen Teil verwenden), oder zu • **Schwarzwurzeln**, welche in Milchwasser gegart und dann in feine Scheiben geschnitten werden.

• **Entenleberschnitzel auf Petersilienbett mit Champignons**. 60 g Petersilienblumen in Salzwasser grün blanchieren, auf ein Sieb schütten, in der Hand ausdrücken, auf Haushaltpapier trocknen und in einer Sherry-Nussöl-Vinaigrette kurz marinieren. 100 g Champignons sauberreiben, in Scheiben schneiden, mit wenig Vinaigrette bepinseln, Petersilie in die Mitte der Teller legen, das warme Schnitzel auf dieses grüne Bett setzen, mit der restlichen Vinaigrette beträufeln und mit den Champignons umlegen.

Eine Vinaigrette, wie sie zum Entenleberschnitzel als Salat angebracht ist, sollte stets einen leicht süsslichen oder fruchtigen Geschmack haben, der bei der Sherry-Nussöl-Vinaigrette durch Beifügen von sehr wenig Honig erreicht werden kann, beim Balsamicoessig ohnehin schon gegeben ist und beim Himbeeressig durch die Frucht zum Tragen kommt. Letzteren können Sie übrigens selbst herstellen:

• **Himbeeressig**. 400 g aussortierte Himbeeren in eine Schüssel geben, mit 5 dl bestem Weissweinessig bedecken, unter Klarsichtfolie verschliessen und 48 Stunden ziehen lassen.

Jakobsmuscheln an Sauternessauce

1,5	*kg*	*Jakobsmuscheln in der Schale* *oder*	Jakobsmuscheln auslösen und unter fliessendem Wasser waschen, quer durchschneiden, auf einen Teller legen, mit Klarsichtfolie verschliessen und kaltstellen.
300	*g*	*ausgelöstes Muschelfleisch*	
1	*dl*	*Gemüsefond (S. 96)*	Gemüsefond und Wein auf 1 dl reduzieren, den flüssigen Rahm zufügen, die kalte Butter auf kleinem Feuer und in kleinen Mengen einschwenken, vorsichtig würzen und dann den geschlagenen Rahm unterziehen.
1	*dl*	*Sauternes*	
1	*EL*	*flüssiger Rahm*	
50	*g*	*kalte Butter*	
		Salz	
		ein Hauch Cayenne	
		ein Hauch Curry	
1	*EL*	*geschlagener Rahm*	
1		*Chicorée* *wenig Butter* *Zucker* *Salz* *feinstes Olivenöl* *Koriander aus der Mühle*	Vom Chicorée die äusseren Blätter ablösen, der Länge nach aufschneiden, unter fliessendem Wasser waschen, in einem Haushalttuch trocknen und in feinste Julienne schneiden. Eine Spur Zucker in wenig Butter goldgelb caramelisieren, Chicoréejulienne beifügen und kurz dünsten, wenig salzen.

Muschelfleisch vorsichtig salzen, mit einer Spur Zucker bestreuen und im heissen Olivenöl kurz caramelisieren. (Dieser Vorgang dauert je nach Dicke der Muscheln höchstens 30 bis 45 Sekunden).

Chicorée auf Teller verteilen, Jakobsmuscheln dazulegen und mit der Sauce umgiessen. Vorsichtig ein paar Umdrehungen Koriander aus der Mühle über das Gericht streuen.

Das Spiel

Über die Bearbeitung von Jakobsmuscheln habe ich im Kapitel **Die Küchensprache** auf das Wesentliche hingewiesen. Zu ergänzen wäre, dass das schneeweisse, zarte Muschelfleisch leicht süsslich schmeckt und daher eine Spur Zucker sehr gut verträgt, und dass es auf gar keinen Fall zu lange gegart werden darf. Das Fleisch soll seine opalene Transparenz behalten, sonst wird es gummig. Im übrigen lassen sich Jakobsmuscheln vielseitig verwenden, jederzeit in einer anderen • **Sauce** (S.169, S.194, S.220), in einer • **Nage** (S.232), als • **Salat** (S.153) oder als • **Suppe**:

• **Suppe mit Jakobsmuscheln.** ½ CL Schalottenbrunoise in wenig Butter dünsten, einen Hauch Knoblauch zufügen, mit 0,25 dl Vermouth sowie 0,25 dl trockenem Weisswein ablöschen, kurz etwas reduzieren, mit 1,5 dl Geflügel- oder Fischfond und 1,5 dl Rahm auffüllen, zur gewünschten, leicht sämigen Konsistenz köcheln lassen, mit Salz, einem Hauch Cayenne und Safran, dem Abgeriebenen einer Zitronenschale sowie ein paar Tropfen Zitronensaft würzen und der Suppe zum Schluss wenig geschlagenen Rahm unterziehen. Muschelfleisch in Würfel schneiden und sekundenschnell in wenig Olivenöl sautieren, in Tässchen verteilen und mit der Suppe aufgiessen. Eventuell feinste blanchierte Gemüsebrunoise (aus Karotten, Lauch und engl. Sellerie) der Suppe beifügen.

Allerfrischeste Jakobsmuscheln schmecken roh mariniert unvergleichlich köstlich:

• **Roh marinierte Jakobsmuscheln.** Muschelfleisch in feine Scheiben schneiden, auf kalte Teller legen, mit wenig Salz, weissem Pfeffer aus der Mühle und frischgemahlenem Koriander würzen, mit einer Mischung aus ein paar Tropfen Zitronensaft sowie einem Esslöffel Olivenöl beträufeln, während ca. 1 Stunde im Kühlschrank durchziehen lassen und zusammen mit knusprigem Bauernbrot servieren. Es ist besonders darauf zu achten, dass mit den Gewürzen vorsichtig umgegangen wird, damit der herrliche Eigengeschmack des Muschelfleisches durch nichts verfremdet wird.

Gefüllte Paupiettes vom Kalbsfilet mit Gemüse

12		*Kalbsfiletmédaillons à ca. 40 g*	Médaillons dünnklopfen und kaltstellen.
150	*g*	*Kalbfleisch*	Fleisch und Eiweiss im Mixer (oder Moulinette) pürieren, Rahm zufügen, vorsichtig würzen, nochmals kurz durchmixen und kaltstellen.
30	*g*	*Eiweiss*	
30	*g*	*Rahm*	
		Salz	
		weisser Pfeffer aus der Mühle	
200	*g*	*gemischtes Gemüse wie Karotten, Kohlrabi, Broccoliblütenstiele*	Das gerüstete Gemüse in möglichst gleichmässige Würfel von ca. 1 cm Seitenlänge schneiden – die dabei entstehenden Abschnitte in feinste Brunoise schneiden (oder hacken). Gemüsewürfel und -brunoise getrennt blanchieren und auf einem Sieb gut abtropfen lassen. Die Brunoise unter die Fleischfarce mischen.
			Aus der Fleischfarce 12 kleine Würstchen formen, satt in die Médaillons einrollen und mit einem Hölzchen verschliessen.
1	*EL*	*Traubenkernöl*	Die Paupiettes würzen, in der mässig heissen Öl-Butter-Mischung ca. 5 Minuten goldbraun sautieren und an der Wärme durchziehen lassen.
1	*EL*	*ausgelassene Butter*	
		Gewürzmischung (S.41)	
0,5	*dl*	*roter Porto*	Überschüssiges Bratöl weggiessen, den Bratsatz mit Porto und Rotwein auflösen, auf grossem Feuer um zwei Drittel reduzieren, Jus beifügen, kurz reduzieren, den geschlagenen Rahm in der Sauce zerfliessen lassen und nach Bedarf nachwürzen.
0,5	*dl*	*Rotwein*	
1,5	*dl*	*Kalbsjus (S.98)*	
1	*EL*	*geschlagener Rahm*	
			Paupiettes und Sauce auf heisse Teller geben und mit den in Butter heissgeschwenkten Gemüsewürfeln bestreuen.

Mögliche Beilage: **Grüne Nudeln** (S.135).

Das Spiel

Sie haben inzwischen längst erfahren, dass Entenleber und Trüffeln zu den köstlichsten, aber auch kostbarsten Produkten gehören. Damals im *Landhaus* bestand kein Grund, auf diese zu verzichten, wenn mir der Sinn danach stand. Das vorstehende Rezept, das ursprünglich aus den beiden Edelprodukten bestand, beweist eben, dass es immer etwas zu spielen gibt:

• **Paupiettes mit Entenleber und Trüffeln.** Kalte, frische Entenleber in Stäbchen von ca. 1,5 cm Dicke schneiden, würzen, durch Mehl ziehen, überschüssiges Mehl abklopfen und in einer heissen, trockenen Pfanne sekundenschnell knusprig braten. Die flachgeklopften Schnitzel mit den Leberstäbchen belegen, satt aufrollen, mit einem Hölzchen verschliessen und in einer heissen Öl-Butter-Mischung kurz goldbraun sautieren. Überschüssiges Bratöl weggiessen, etwas Butter zum Bratsatz geben, zwei in Julienne geschnittene Trüffeln kurz sautieren, mit 0,5 dl rotem Porto ablöschen, mit 1,5 dl Kalbsjus auffüllen und am Schluss der Sauce wenig geschlagenen Rahm unterziehen.

Selbstverständlich lassen sich Paupiettes auch mit Champignons füllen:

• **Paupiettes mit Champignonsfarce.** 1 EL Schalottenbrunoise in Butter goldgelb dünsten, 100 g Champignonsbrunoise zufügen, kurz sautieren, würzen und auskühlen lassen. 50 g Weissbrotwürfel ohne Rinde in einer halben Tasse warmer Milch einweichen, gut ausdrükken. Weitere 50 g Weissbrot ohne Rinde in feinste Brunoise schneiden und in Butter knusprig braten. Champignonsbrunoise, eingeweichtes Brot, knusprige Brotwürfelchen, feingeschnittene Petersilie, 1 Eigelb und wenig Rahm zu einer gefügigen Masse rühren, würzen. Die Schnitzel mit der Farce füllen, kurz sautieren und mit einer Rotweinsauce (S. 290) servieren.

• **Paupiettes mit Champignons und Trüffeln.** Champignons- und Trüffelbrunoise kurz in Butter sautieren und zur Farce, wie sie im Rezept auf S. 261 beschrieben ist, geben. Schnitzel füllen und sautieren, überschüssiges Bratöl weggiessen, Butter zum Bratsatz geben. In Würfel geschnittene Champignons und Trüffeln (ca. 1 cm Seitenlänge) in der Butter kurz sautieren, mit Porto ablöschen und mit Kalbsjus auffüllen.

Können Sie sich vorstellen, dass man auf Kalbsfilet, Entenleber sowie Trüffel verzichten und aus der Farce (S. 261) allein ein • **Médaillon** formen kann, das in Butter gebraten, mit oder ohne Sauce, sehr fein schmeckt? Wenn Ihnen die Idee gefällt, dann sollten Sie die Zutaten für vier Personen bei der Farce entsprechend erhöhen: 400 g Kalbfleisch zusammen mit 80 g Eiweiss pürieren, 80 g Rahm zufügen, würzen, kaltstellen und anschliessend Médaillons formen. Ob Sie dann unter die Farce noch • **blanchierte Gemüsebrunoise** oder • **sautierte Champignonsbrunoise** mischen wollen, bleibt Ihnen überlassen. Dann meine ich, dass die jeweilige Brunoise, in grösser geschnittenen Würfeln, in der Sauce wieder erscheinen müsste!

Orangenfeuilleté

250 g Blätterteig (S.83)

Blätterteig nach Rezept herstellen, auf einem bemehlten Tisch zu einem Band von ca. 8×24 cm und 3 mm Dicke ausrollen, mit einem scharfen Messer in vier gleichgrosse Rechtecke schneiden, auf ein bebuttertes Backblech legen, ca. 30 Minuten kaltstellen und anschliessend im vorgeheizten Backofen (auf der mittleren Rille) bei 220 Grad während ca. 15–20 Minuten backen. Blätterteigdeckel mit einem feinen Sägemesser vorsichtig vom Boden trennen, eventuell ungebakkene Lagen entfernen und auf einem Kuchengitter auskühlen lassen.

Kandierte Orangenjulienne:
4 Orangen
3 dl Zuckersirup (S.51)

Mit einem Kartoffelschäler von den Orangen die Schale abschälen, in feinste Julienne schneiden, diese in kochendem Wasser während ca. 2 bis 3 Minuten blanchieren, auf ein Sieb schütten und dann mit dem Zuckersirup aufsetzen. Die Orangenjulienne soll nun auf *kleinstem Feuer* während ca. 2 Stunden kandieren. Dabei ist es wichtig, dass die Reduktion nicht *zu* schnell vor sich geht, weil sonst der Zucker kristallisieren könnte. Julienne im Sirup auskühlen lassen.

Von den Orangen mit einem scharfen Messer alle weissen Häutchen ablösen, das Fleisch filetieren. Diese Orangenfilets sind für die Füllung der Feuilletés gedacht und werden beiseite gestellt.

Orangensauce:
3 Orangen
100 g Zucker
0,5 dl Passionsfrucht

Aus diesen Zutaten wird die Sauce hergestellt: von den Orangen mit einem scharfen Messer die Haut und alle weissen Häutchen ablösen, dann filetieren, wobei Sie den Saft auffangen. Zucker goldgelb caramelisieren, mit den Orangenfilets und dem aufgefangenen Saft auflösen, auf 1,5 dl reduzieren, im Mixer pürieren, durch ein feines Sieb passieren und mit dem Passionsfruchtsaft verlängern, kaltstellen.

Sabayon:

1	*dl*	*Weisswein oder Champagner*
2		*Eigelb*
50	*g*	*Zucker*

Aus diesen Zutaten stellen Sie den Sabayon her: Eigelb und Weisswein in einer entsprechenden Schüssel *auf* dem Wasserbad zu einer Crème schlagen, durch ein feines Sieb in die Schüssel des Rührwerks streichen, Zukker zufügen und ca. 20 Minuten im Rührwerk auf schnellen Touren mit dem Schneebesen zu einer zähflüssigen Crème schlagen.

1	*dl*	*Rahm*

Rahm steifschlagen, vorsichtig unter den Sabayon heben, die Hälfte des Sabayons auf die Feuilletés verteilen, die Orangenfilets auf den Sabayon setzen, 1 CL Orangenjulienne mit Sirup auf die Filets geben und mit dem restlichen Sabayon überziehen. Blätterteigdeckel mit Puderzucker bestäuben, auf die Feuilletés setzen, diese in kalte Teller legen und mit der kalten Orangensauce umgiessen.

Das Spiel

Ein Dessert, das – ich gebe es gerne zu – etwas aufwendig ist, auf das Sie jedoch niemals verzichten dürfen! Es lässt sich gut vorbereiten, nur: Zum-aus-dem-Häuschen-Gehen braucht es den besten selbstgemachten Blätterteig und den Passionsfruchtsaft in der Sauce! Jede Abweichung von diesem sehr spezifischen Rezept mit Orangen würde viel von seiner Besonderheit nehmen. Das will nun allerdings nicht besagen, dass sich Feuilletés mit anderen Früchten nicht kombinieren lassen:

• **Feuilletés mit Beeren oder pochiertem • Stein- oder • Kernobst**. Einen Teil der Früchte aussortieren und als Einlage in die Feuilletés zuschneiden, die restlichen Früchte im Mixer pürieren, durch ein feines Sieb passieren, mit wenig Zitronensaft und Zuckersirup zu einer Sauce verlängern, diese auf die Teller ausgiessen, in die Pastetchen wenig geschlagenen, vanillierten Rahm einfüllen, Beeren bzw. Früchte aufsetzen, mit restlichem Rahm überziehen und die Teigdeckelchen darauf legen.

Zum Thema Orangen gibt es noch weitere Ideen, beispielsweise den • **Orangengratin** (S.187) ein • **Orangensoufflé** (S.147) oder • **Orangensalat**, für den Sie die ausgelösten Filets rosettenförmig auf die Orangensauce setzen und mit der kandierten Orangenjulienne bestreuen. Eine interessante Variante ist schliesslich die Orangensuppe:

• **Orangensuppe**. Orangenfilets leicht erwärmen, die Sauce wie im Hauptrezept beschrieben zubereiten, jedoch nicht reduzieren, sondern nur mixen und durch das Sieb passieren, erwärmen und ca. 20 g kalte Butter einschwenken. Diese Suppe über die Orangenfilets geben und vielleicht mit einem Honigeis (S.251) servieren.

Mise en place

Am Vortag • Blätterteig herstellen • Trockengemüse einweichen • Gemüsefond herstellen • Jakobsmuscheln auslösen • Muschelfleisch unter Klarsichtfolie verschliessen, kaltstellen

Am Tag selbst

Entenleber-Salat	Trockengemüse getrennt in Salzwasser weichkochen Vinaigrette zubereiten Schalotte und Schnittlauch feinschneiden Entenleber in Schnitzel schneiden und kaltstellen
Suppe	Entsprechende Zutaten richten, Suppe zubereiten, aber Rahm noch nicht zufügen
Paupiettes	Gemüse für Farce und für die Sauce zuschneiden, Gemüse blanchieren, mit Klarsichtfolie verschliessen Farce herstellen und Paupiettes füllen, mit Klarsichtfolie verschliessen und kaltstellen An sich dürfen Sie die Sauce zubereiten, was die Arbeit während des Essens erleichtert, indem Sie Portwein und Rotwein reduzieren, mit Jus auffüllen, jedoch den Rahm noch nicht zufügen
Jakobsmuscheln	Chicorée in Julienne schneiden und unter Klarsichtfolie verschliessen für die Sauce: Gemüsefond und Sauternes reduzieren, zusammen mit den übrigen Zutaten auf die *Mise en place* stellen
Orangenfeuilleté	Blätterteig zuschneiden und backen Orangen filetieren, Orangenjulienne kandieren, Orangensauce herstellen Sabayon schlagen, *kühl-*, aber nicht kaltstellen Rahm steifschlagen und kaltstellen

Allgemeine Mise en place in gewohnter Weise kontrollieren

Arbeitsablauf

Entenleber-Salat

Kurz bevor Sie Ihre Gäste an den Tisch bitten, Trockengemüse in der Vinaigrette mit Schalotten und Schnittlauch marinieren, auf Teller verteilen

Entenleberschnitzel braten, auf den Salat legen und mit restlicher Vinaigrette beträufeln

Salat servieren

Suppe

Suppe erwärmen, wenn vorgesehen Rahm zufügen, abschmecken, in Tässchen füllen

Suppe servieren

Jakobsmuscheln

Chicorée caramelisieren

Sauce mit Butter binden

Jakobsmuscheln braten, zum Gemüse in heisse, tiefe Teller legen und mit der Sauce umgiessen

Jakobsmuscheln servieren

Paupiettes

Paupiettes sautieren, an der Wärme durchziehen lassen

Bratsatz auflösen, zur erwärmten Sauce geben

Gemüse in Butter heissschwenken

Paupiettes auf heisse Teller legen, mit der Sauce überziehen und mit dem Gemüse bestreuen

Paupiettes servieren

Orangenfeuilleté

Feuilletés aufbauen, auf kalte Teller legen, mit Sauce umgiessen

Feuilletés servieren

Winter-Menu II

Amuse-Bouche

Räucherlachs mit buntem Salat

Suppe

Royale mit Trüffelsauce

Poulardenbrust unter Blätterteighaube

Käse

Exotische Früchte mit Sorbets

Räucherlachs mit buntem Salat

	Nussölvinaigrette (S.102)	Vinaigrette nach dem Rezept vorbereiten
	Diverse Saisonsalate, wie Frisée (krause Endivie), Nüsslisalat (Feldsalat), Chicorée	die sauberen, gut getrockneten Salate auf einem flachen Teller auslegen, mit der Nussölvinaigrette bepinseln und dekorativ auf grossen Tellern anrichten.
200 g	*Räucherlachs*	hauchdünne Lachsscheiben zwischen die Salate legen.
	feinste Meerrettichjulienne *feinste Schnittlauchröllchen*	mit der restlichen Vinaigrette beträufeln, Meerrettichjulienne und Schnittlauchröllchen über den Salat streuen.

Das Spiel

Dies ist mit Sicherheit kein aufregendes Rezept und eher gedacht, von Ihnen als Idee für einen einfachen, jedoch attraktiven Salat aufgenommen zu werden. Ein nicht unwesentliches Detail: verwenden Sie dazu nur den allerbesten Räucherlachs!

● **Räucherlachs mit Wildreis**. 4 EL gekochter Wildreis und 2 EL gekochte Karottenbrunoise mit 200 g in kleine Würfel geschnittenem Räucherlachs mischen, alles in Nussölvinaigrette (S.102) kurz marinieren. Den Salat dekorativ auf Teller anrichten, mit feinen Schnittlauchröllchen bestreuen. Achten Sie darauf, dass der Reis und die Karottenbrunoise noch warm unter den Lachs gemischt werden, dies macht den Salat besonders apart.

Ob Sie nun mit bunten Salaten oder mit Wildreis und Karotten spielen, in beiden Fällen kann selbstverständlich auf den Lachs verzichtet und dafür die köstliche, ● **geräucherte Forelle** verwendet werden.

Royale mit Trüffelsauce

4		*Dariolefőrmchen von ca. 0,75 dl Inhalt* *weiche Butter*	Förmchen mit weicher Butter auspinseln und an die Kälte stellen,
0,5	dl	*Rahm*	alle Zutaten gut vermischen und vorsichtig würzen, durch ein feines Sieb passieren, die Förmchen auffüllen und mit bebutterter Alufolie verschliessen. Die Förmchen in ein passendes Wasserbad stellen und auf dem Herd zugedeckt während ca. 20–30 Minuten auf kleinem Feuer garen. Achten Sie darauf, dass das Wasser nicht kocht, sondern sich nur leise an der Oberfläche bewegt. Während dieser Zeit bereiten Sie die Trüffelsauce zu.
2		*ganze Eier*	
		Salz	
		weisser Pfeffer aus der Mühle	
		geriebene Muskatnuss	
		ein Hauch Cayenne	
1		*grosse Trüffel*	Trüffel kleinschneiden und in wenig Butter kurz anziehen, Porto zufügen, auf ca. 1 EL reduzieren, mit Kalbsjus auffüllen und auf grossem Feuer so viel kalte Butter einschwenken, bis die gewünschte Konsistenz erreicht ist.
		wenig Butter	
0,5	dl	*roter Porto*	
1	dl	*Kalbsjus*	
		kalte Butter	
			Royale auf tiefe, heisse Teller stürzen und mit der heissen Sauce übergiessen.

Das Spiel

Ein Gericht, zu dem es nicht viel ergänzend zu sagen gibt, weil es von der harmonischen Verbindung her ganz einfach perfekt ist. Das Zusammenfügen dieser beiden Produkte – einerseits das einfache Produkt Ei, anderseits die herrliche Trüffel – ergibt eine Vorspeise, an die sich Ihre Gäste mit Sicherheit erinnern werden! Ein Gericht, das sich übrigens gut vorbereiten lässt. Ein Royale ist aber auch zum Spielen geeignet:

Mit Pilzen, zum Beispiel: • **Morcheln** • **Steinpilze** • **Eierschwämmchen** (Pfifferlinge) oder • **Champignons**, die Sie, sauber gewaschen und getrocknet, in wenig Butter anziehen, mit Porto, Madère oder Wein ablöschen, reduzieren und mit dem Kalbsjus auffüllen, der mit kalter Butter gebunden wird.

Mit Sommergemüse wie etwa • **Tomaten** • **Peperoni** oder • **Ratatouillegemüse**, die Sie in kleine Würfel schneiden, in wenig Olivenöl kurz dünsten, mit Salz, weissem Pfeffer aus der Mühle und einem Hauch Knoblauch vorsichtig würzen.

• **Auf einem Spinatbett**. Gewaschener und gut getrockneter, entstielter Spinat in einer Kasserolle mit weitem Boden in Butter dünsten, bis der Spinat zusammenfällt und alle Flüssigkeit verdampft ist, wobei Sie mit einer Gabel, an der eine Knoblauchzehe steckt, ständig umrühren. Mit wenig Rahm auffüllen, sämig reduzieren lassen, mit Salz, weissem Pfeffer aus der Mühle und einer Spur Muskat würzen. Royale auf das Spinatbett stürzen.

• **Mit Geflügelleber**. Diese mit Gewürzmischung würzen, in ausgelassener Butter rosa sautieren, aus der Pfanne stechen und um den Royale legen. Überschüssige Bratbutter weggiessen, Bratsatz mit wenig rotem Porto auflösen, reduzieren, wenig Kalbjus zufügen und mit kalter Butter binden.

• **Mit Champignons und Schinken**. Ca. 100 g Champignons und ca. 50 g Schinken in kleine Würfel schneiden, in wenig Butter sautieren, mit Wein oder rotem Porto (es braucht wenig) ablöschen, mit ca. 1 dl Kalbsjus auffüllen und mit kalter Butter binden. Royale mit diesem kleinen Ragout umgiessen.

Eine hübsche Idee ist, den Royale in einen Suppenteller zu stürzen, mit • **Consommé** aufzufüllen und **mit kleinem Gemüse** zu umlegen.

Poulardenbrust unter Blätterteighaube

250	g	*Blätterteig (S.83)* *eine hohe Auflaufform von ca. 20 cm Durchmesser*	Blätterteig auf einem leicht bemehlten Tisch ca. 3 mm dick ausrollen, im Durchmesser der Auflaufform einen Deckel ausschneiden, der um 2 cm grösser sein soll als die Form selbst. Blätterteigdeckel kaltstellen.
1 70 70 70	EL g g g	*Butter* *Karottenjulienne* *Lauchjulienne* *Selleriejulienne*	Butter aufschäumen lassen, die Gemüsejulienne zufügen, wenig salzen und zugedeckt auf kleinem Feuer im eigenen Saft gardünsten.
1 4	CL	*geklärte Butter* *Poulardenbrüstchen* *Gewürzmischung (S.41)*	Poulardenbrust auf der Hautseite würzen, in der heissen Butter kurz Farbe geben (pro Seite ca. 1 Minute), Haut abziehen, die Brüstchen in die Form legen und mit der Gemüsejulienne bedecken.
1 1,5 2 50	dl dl dl g	*Weisswein* *Geflügelfond* *Rahm* *kalte Butter*	Überschüssige Bratbutter weggiessen, Bratsatz mit Weisswein auflösen, mit Geflügelfond auffüllen und auf 1 dl reduzieren, Rahm zufügen, kurz durchkochen lassen und die kalte Butter in kleinen Mengen in die Sauce einschwenken.
     1		*Salz (wenn nötig)* *weisser Pfeffer aus der Mühle* *ein Hauch Cayenne* *eine Spur Curry* *ein paar Tropfen Zitronensaft* *Eigelb, mit wenig Wasser zerquirlt*	Die Sauce vorsichtig würzen, durch ein feines Sieb auf die Poulardenbrüstchen passieren. Den äusseren, oberen Rand der Auflaufform mit Eigelb bepinseln, Teigdeckel vorsichtig über die Form legen und am Rand gut andrücken, Deckel vorsichtig mit Eigelb bepinseln, die Form in den vorgeheizten Ofen auf die mittlere Rille schieben und während 20 Minuten bei 200 Grad backen.

Das Spiel

Ein Gericht, das sich nicht nur gut vorbereiten lässt und herrlich schmeckt, sondern ganz besonders attraktiv auf Ihre Gäste wirkt. Das volle Aroma wird unter dem Blätterteigdeckel eingefangen und entfaltet sich in *dem* Augenblick, wo Sie ihn einschneiden und als Beilage zum Gericht reichen. Sie könnten es einmal mit einer • **Consommé**, in die Sie viel Gemüsejulienne einlegen, mit einem • **Pilzragout**, einem • **Geflügel**- oder • **Kaninchenragout** oder einem • **Milken-(Bries-)ragout** versuchen. Das Gericht lässt sich in jedem Fall lang bevor Ihre Gäste eintreffen, vorbereiten, nur der Blätterteigdeckel darf erst im letzten Augenblick aufgesetzt werden: kurz bevor Sie die Form in den Ofen schieben.

• **Mit Pilzen** als kleine Vorspeise. 400 g geputzte und sauber abgeriebene Pilze wie beispielsweise • **Eierschwämmchen** (Pfifferlinge) • **Steinpilze** • **Champignons** • **Austernpilze** oder was Ihnen der Markt bietet, in Butter mit einer fein geschnittenen Schalotte so lange sautieren, bis alle Flüssigkeit verdampft ist. Mit wenig Weisswein ablöschen, kurz reduzieren, mit ca. 1,5 dl Rahm auffüllen, mit Salz, weissem Pfeffer aus der Mühle, einer Spur Knoblauch und ein paar Tropfen Zitronensaft würzen, zur gewünschten Konsistenz reduzieren, in feuerfeste Portionenförmchen füllen, mit Blätterteigdeckel verschliessen und im Ofen bei 200 Grad ca. 20 Minuten backen.

• **Mit Milken-(Bries-)röschen**. Wenn Ihnen die Idee gefällt, sollten Sie sich an das Rezept auf S.154 halten, die Menge reicht dann für 4 Personen (gedacht als kleine, warme Vorspeise). Falls Sie das Gericht als Hauptgang servieren möchten, sollten Sie daran denken, dass die Zutaten angepasst werden müssen.

• **Mit Kaninchenragout und Morcheln**. Für dieses Rezept lesen Sie bitte auf S.144, wo es ein Detail zu beachten gibt: das Fleisch nicht auf dem Herd weichgaren, sondern nach dem Anbraten in die Auflaufform füllen. Sauce nach Rezept zubereiten, auf das Fleisch geben und mit dem Blätterteigdeckel verschliessen. Die Form wird nun für 20 Minuten bei 200 Grad in den Ofen geschoben. Diese Zeit reicht völlig aus, damit das Fleisch schön durchzieht.

Geflügelbrüstchen lassen sich auf viele Arten zubereiten, ohne dass Sie einen grossen Aufwand betreiben müssen. Lassen Sie mich aufzählen.

• **Geflügelbrüstchen an Estragonsauce**. 4 Geflügelbrüstchen am Vorabend mit Estragonblättchen belegen, in eine Schüssel ordnen, mit Klarsichtfolie verschliessen und über Nacht im Kühlschrank stehen lassen. In wenig Butter 1 kleingeschnittene Schalotte und 1 Estragonzweiglein anziehen, mit 1 EL Estragonessig ablöschen, diesen fast völlig reduzieren, mit 1 dl Weisswein und 1,5 dl weissem Geflügel- oder Kalbsfond auffüllen, auf die Menge von ca. 1 dl reduzieren, 2 dl Rahm zufügen, kurz durchkochen lassen und die Sauce auf grossem Feuer

mit ca. 50 g kalter Butter binden. Mit Salz, einer Spur Curry, einem Hauch Cayenne und ein paar Tropfen Zitronensaft würzen. Die Sauce durch ein Sieb passieren; sie lässt sich übrigens gut vorbereiten!
Geflügelbrüstchen mit Gewürzmischung würzen, durch ausgelassene Butter ziehen und unter dem heissen Grill im Ofen mit der Hautseite nach oben während ca. 6–8 Minuten rosa braten. Haut abziehen, Geflügelfleisch quer zur Brust in Scheiben schneiden, fächerartig auf heisse Teller legen. In die Sauce gezupfte Estragonblättchen einstreuen und die heisse Sauce auf die Brüstchen giessen.

• **Geflügelbrüstchen mit Kräutern**. Ca. 30 g Gemüsejulienne in wenig Butter kurz dünsten, mit 0,5 dl Weisswein, 1 EL trockenem Vermouth und 1,5 dl weissem Geflügel- oder Kalbsfond ablöschen, dann auf die Menge von ca. 1 dl reduzieren. Mit 2 dl Rahm auffüllen, kurz durchkochen lassen und die Sauce auf grossem Feuer mit ca. 50 g kalter Butter binden. Mit Salz, einer Spur Curry, einem Hauch Cayenne, Koriander aus der Mühle und ein paar Tropfen Zitronensaft würzen. Die Sauce lässt sich gut vorbereiten. Eine flache Gratinform mit Butter auspinseln, mit 2 Schalotten, einer Knoblauchzehe, die Sie in sehr feine Lamellen geschnitten haben, und mit 2 EL feingeschnittenen Kräutern wie Majoran, Thymian, Basilikum, Petersilie und Kerbel ausstreuen. 4 Geflügelbrüstchen mit Gewürzmischung würzen, mit der Hautseite nach oben auf die Kräuter legen, mit wenig flüssiger Butter beträufeln, die Form in den auf 250 Grad vorgeheizten Ofen schieben. Die Brüstchen während ca. 6–8 Minuten rosa braten. Haut abziehen, das Fleisch quer zur Brust in Scheiben schneiden, auf heisse Teller legen, die Kräuter auf die Brüstchen verteilen und mit der heissen Sauce umgiessen.

• **Geflügelbrüstchen mit Kräutersauce**. Rezept für die Kräutersauce auf S. 183.

Selbstverständlich können Sie ein Geflügelbrüstchen auch mit einer **dunklen Sauce** auf der Basis von Jus servieren. Optimal würde Ihnen das Gericht gelingen, wenn Sie dafür nicht Kalbsjus, sondern einen aus Geflügelkarkassen zubereiteten Geflügeljus verwenden. Es muss indes nicht sein, wahrlich nicht – aber das Gericht würde um einiges perfekter... Lassen Sie sich von den folgenden Saucenrezepten inspirieren: • S. 290 • S. 271.

Poulardenbrüstchen können Sie einzeln kaufen, allerdings ist dann fraglich, ob Sie eine gute Qualität erhalten. An sich wäre es vernünftiger, das ganze Geflügel einzukaufen, selbst zu zerlegen (**Geflügelbrust auslösen**, **Geflügelschenkel auslösen**, **Geflügelschenkelfleisch auslösen**) und jetzt zu erfahren, was sich damit alles zubereiten lässt. Zum Beispiel: Aus den Brüstchen **alle vorstehenden Rezepte** und Ideen oder ein • **Geflügelsalat** (S. 192); aus den Knochen ein • **Geflügelfond** (S. 94) oder • **-jus** (S. 98); aus der Leber eine • **Geflügellebermousse** (S. 109), ein • **Geflügellebersalat** (S. 166), ein • **Geflügelleberragout** zum Royale (S. 272) oder im **Pastetchen** (S. 156); aus den Schenkeln • **Geflügelmousse** (S. 110) • **Gemüseterrine** (S. 286) oder • **Geflügelterrine** (S. 284) sowie die nachfolgenden eigenständigen Gerichte:

• **Gefüllte Poulardenschenkel an Portosauce**. Für die Farce: 100 g Geflügel- oder Kalbfleisch von allen Sehnen befreien, mit 1 Eiweiss im Mixer (oder Moulinette) pürieren, durch ein Sieb in eine kalte Schüssel streichen, 1 dl Rahm mit einem Holzlöffel in kleinen Mengen unter die Masse arbeiten – dabei so sorgfältig vorgehen, als würden Sie eine Mayonnaise aufschlagen. Vorsichtig mit Salz, weissem Pfeffer aus der Mühle, einer Spur Curry, einem Hauch Cayenne, ein paar Tropfen weissem Porto und Zitronensaft würzen. 1 EL gekochte Karottenbrunoise und 1 EL Broccolibrunoise (aus geschälten, grünblanchierten Broccolistengeln) unter die Masse mischen, in einen Spritzsack mit Lochtülle füllen und ca. 30 Minuten kaltstellen. 4 Poulardenschenkel (auch Pouletschenkel sind ohne weiteres möglich) auslösen (**Geflügelschenkel auslösen**). Die entstandene Unterschenkeltasche mit der Farce füllen, mit dem Oberschenkelfleisch mittels Hölzchen verschliessen, mit Gewürzmischung würzen, in heisse, ausgelassene Butter legen, auf allen Seiten goldbraun braten, Hitze reduzieren und zugedeckt während ca. 25 Minuten weichschmoren. Schenkel aus der Kasserolle stechen und warmstellen. Überschüssige Bratbutter weggiesssen, Bratsatz mit 1 dl rotem Porto auflösen, auf die Menge von ca. 2 El reduzieren, 1,5 dl Geflügel- oder Kalbsjus zufügen und auf grossem Feuer soviel kalte Butter einschwenken, bis die gewünschte Konsistenz erreicht ist. Mit Salz, weissem Pfeffer aus der Mühle, einer Spur Curry, einem Hauch Cayenne und ein paar Tropfen Zitronensaft vorsichtig würzen. Von den Schenkeln die Haut abziehen, das Fleisch quer in Scheiben schneiden, à cheval auf heisse Teller legen und mit der Sauce umgiessen.

• **Gefüllte Poulardenschenkel mit Orangensauce**. Die Farce wird wie vorstehend beschrieben zubereitet, nur ersetzen Sie den Porto durch ein paar Tropfen Armagnac, würzen zusätzlich mit abgeriebener Orangenschale und ersetzen die Gemüsebrunoise durch in Streifen geschnittenes Basilikum. Die Poulardenschenkel wie oben beschrieben braten und warmstellen. Überschüssige Bratbutter weggiessen, Bratsatz mit 1 dl Orangensaft auflösen, auf die Menge von ca. 2 EL reduzieren, 1 EL kandierte Orangenjulienne mit Sirup (S.263) beifügen, mit 1,5 dl Geflügel- oder Kalbsfond auffüllen, dann auf ca. 1 dl reduzieren, mit 2 dl Rahm auffüllen, kurz durchkochen lassen und die Sauce auf grossem Feuer mit ca. 50 g kalter Butter binden. Mit wenig Salz, weissem Pfeffer aus der Mühle, einer Spur Curry, einem Hauch Cayenne, Koriander aus der Mühle, frisch geriebenem Ingwer und ein paar Tropfen Zitronensaft vorsichtig würzen. Von den Schenkeln die Haut ablösen, das Fleisch quer in Scheiben schneiden, à cheval auf heisse Teller legen, mit der heissen Sauce umgiessen, mit gehackten Pistazien bestreuen und mit caramelisierten Orangenfilets umlegen.

• **Geflügelragout auf Knoblauchtoast**. 0,5 dl Weisswein, 2,5 dl Geflügelfond (ersatzweise auch Gemüsefond), 50 g Röstgemüse, 1 in Lamellen geschnittene Schalotte, 1 ungeschälte Knoblauchzehe, Petersilienstengel, 1 Zweig Thymian, 1 Lorbeerblatt und 6 weisse Pfefferkörner zusammen aufkochen. 4 Poulardenschenkel in den Fond legen und zugedeckt auf kleinem Feuer während ca. 20–25 Minuten leise köcheln lassen. Poulardenschenkel aus dem Fond stechen, Fond auf grossem Feuer auf ca. 1 dl reduzieren, durch ein feines Sieb passieren, eventuell mit Krokopapier entfetten. 1 dl Sherry und Fond aufkochen und um die Hälfte reduzieren, mit 2 dl Rahm auffüllen, kurz durchkochen lassen und die Sauce mit ca. 50 g kalter Butter binden. Mit Salz, weissem Pfeffer aus der Mühle, einer Spur Curry sowie einem Hauch Cayenne vorsichtig würzen. 100 g gemischte Peperoniwürfel (rote, grüne, gelbe) von ca. 2 cm Seitenlänge in wenig Olivenöl zugedeckt im eigenen Saft weichdünsten, dann unter die Sauce mischen. Von den Schenkeln die Haut abziehen, das Fleisch von den Knochen lösen, ebenfalls in Würfel von ca. 2 cm Seitenlänge schneiden und der Sauce zufügen. 1 Knoblauchzehe zerdrücken und mit 2 CL weicher Butter vermischen. 8 Pariserbrotscheiben beidseitig mit dieser Knoblauchbutter bestreichen und im heissen Ofen bei 200 Grad knusprig backen. Je zwei Scheiben auf Teller verteilen, das heisse Ragout darauf anrichten und mit feinen Schnittlauchröllchen bestreuen.

• **Médaillon von gehacktem Geflügel an grüner Pfeffersauce**. 4 Geflügelschenkel auslösen (**Geflügelschenkel auslösen, Geflügelschenkelfleisch auslösen**), von allen Sehnen und Knorpeln befreien, Haut ablösen und das Fleisch durch den Wolf drehen. Das gehackte Geflügelfleisch mit Salz, weissem Pfeffer aus der Mühle, einer Spur Curry, einer Spur Paprika und ein paar Majoranblättchen würzen, mit wenig Rahm eine gute Bindung herstellen, die Masse zu 4 Médaillons formen, durch Mehl ziehen, überschüssiges Mehl abklopfen und in einer Butter-Öl-Mischung auf den Punkt braten, auf einem Gitter zugedeckt an der Wärme durchziehen lassen. Überschüssige Bratbutter weggiessen, Bratsatz mit 0,5 dl Apfelwein und 1 dl Geflügelfond auflösen, auf die Menge von 0,75 dl reduzieren, mit 1,5 dl Rahm auffüllen, kurz durchkochen lassen und die Sauce auf grossem Feuer mit ca. 40 g kalter Butter binden und durch ein feines Sieb passieren. 1 CL Senf aus grünem Pfeffer und 1 EL grüne Pfefferkörner der heissen Sauce zufügen. Vorsichtig mit Salz, weissem Pfeffer aus der Mühle, einer Spur Curry und einem Hauch Cayenne würzen. Médaillons auf heisse Teller verteilen und mit der heissen Sauce nappieren.

Die vorstehenden Rezepte sind mit • **jedem weissen Geflügel** denkbar; die Saucen können Sie selbstverständlich auf jedes **weisse Fleisch** (also auch Kalbfleisch) übertragen.

Exotische Früchte mit Sorbets

1 dl Limonensaft
100 g Puderzucker
1 CL feinste Brunoise oder Julienne aus der Limonenschale

Mit einem Kartoffelschäler von einer Limone hauchdünne Schalen abziehen, in feinste Brunoise oder Julienne schneiden, in wenig kochendem Wasser blanchieren und auf einem kleinen Sieb gut abtropfen lassen. Limonensaft und Puderzucker zusammen aufkochen, blanchierte Brunoise oder Julienne zufügen und kaltstellen.

Verschiedene exotische Früchte wie etwa Ananasscheiben, Orangen-, Grapefruitsfilets, Mango-, Kiwischeiben, Feigenviertel, ausgelöste Lychees, frische Datteln, Zwergorangen

Die kalte Limonensauce auf kalte Teller giessen, Früchte dekorativ auf Teller legen, und eventuell ein (oder gar verschiedene) Zitrussorbet in die Tellermitte setzen.

6 dl Orangensaft
Zucker, je nach Säuregehalt der Früchte (ca. 150—200 g)

Orangensorbet:
Zucker (am besten eignet sich Puderzucker) im Orangensaft auflösen und in der Sorbetière gefrieren.

6 dl Grapefruitsaft
Zucker, je nach Säuregehalt der Früchte (ca. 150—200 g)

Grapefruitsorbet:
Zucker (am besten eignet sich Puderzucker) im Grapefruitsaft auflösen und in der Sorbetière gefrieren.

3 dl Limonen- oder Zitronensaft
3 dl Wasser
ca. 250—300 g Zucker

Limonen- oder Zitronensorbet:
Zucker (am besten eignet sich Puderzucker) im Wasser auflösen, mit dem Limonen- oder Zitronensaft mischen, das Abgeriebene einer gewaschenen Limone, bzw. Zitrone zufügen und in der Sorbetière gefrieren.

Das Spiel

Im Winter gibt es wenig Früchte, so dass sich exotische Früchte, die um diese Jahreszeit am besten schmecken, geradezu anbieten. Dies ist ein erfrischendes, leichtes und sehr attraktives Dessert, das auch bloss mit der Limonensauce serviert, begeistern wird. Auf das Sorbet werden Sie ohnehin verzichten, wenn noch keine Sorbetière vorhanden ist. Wenn Sie jedoch Sorbets servieren, dann rate ich Ihnen, die Gäste auf das Dessert warten zu lassen. Da es sich bei den Rezepten um Sorbets aus reinen Fruchtsäften mit kleinem Zuckeranteil handelt, schmecken sie herrlich, nur vertragen diese überhaupt keinen Wärmeeinfluss und schon gar nicht das Tiefgefrieren, welches sie bloss hart werden liesse. Mit einer tüchtigen Sorbetière aber lässt sich Sorbet im Nu zubereiten. Eine kurze Wartezeit lohnt sich mit Sicherheit!

Sie können jederzeit auf gemischte Früchte verzichten und dafür nur eine einzelne Frucht verwenden. Zum Beispiel: • **Kiwischeiben** auf Limonensauce serviert, allenfalls mit einem Limonensorbet, oder • **Grapefruitfilets** auf Limonensauce, vielleicht mit einem Grapefruitsorbet, oder • **Orangenfilets** auf Orangensauce (S.263), ergänzt mit einem Orangensorbet. Weshalb nicht einfach • **Mangoscheiben** mit Limonensauce, eventuell mit einem Mangosorbet, das allerdings etwas anders zubereitet wird (S.172)?

Wieder einmal liegt es ganz bei Ihnen, mit den Produkten zu spielen. Wichtig ist, dass Sie auf die Harmonie der Zusammenstellung achten.

Mise en place

Am Vortag • Blätterteig und • ev. Fond herstellen

Am Tag selbst

Räucherlachs-Salat

Salate rüsten, waschen, gut trocknen, auf eine flache Platte oder einen Teller ordnen, mit Klarsichtfolie verschliessen, kaltstellen

Nussölvinaigrette zubereiten

Meerrettich in feinste Julienne schneiden und mit ein paar Tropfen Zitronensaft beträufeln, unter Klarsichtfolie verschliessen

Schnittlauch in feinste Röllchen schneiden und unter Klarsichtfolie verschliessen

Räucherlachs in hauchdünne Scheiben schneiden, auf einen Teller legen, mit Klarsichtfolie verschliessen und kaltstellen

Exotische Früchte

Früchte in entsprechende Form oder Filets schneiden, auf eine flache Platte ordnen, mit Klarsichtfolie verschliessen und kaltstellen

Limonensauce zubereiten

Fruchtsäfte für die Sorbets pressen und mit dem Zucker vermischen

---

Royale mit Trüffelsauce

Trüffelsauce zubereiten, in der Küche stehen lassen

Darioleförmchen buttern und kaltstellen

Royalemasse herstellen, die Förmchen damit füllen, mit bebutterter Alufolie verschliessen, kaltstellen

---

Poulardenbrust

Gemüsejulienne schneiden, weichdünsten

Blätterteigdeckel ausschneiden und kaltstellen

Poulardenbrust braten, in die hohe Auflaufform legen, mit der Gemüsejulienne bedecken und zur Seite stellen

Sauce zubereiten, durch ein Sieb passieren und in einem Saucenpfännchen zur Seite stellen (auf *keinen* Fall in den Kühlschrank!)

Suppe

Die entsprechenden Zutaten richten, Suppe zubereiten, aber Rahm noch nicht zufügen

Arbeitsablauf

Räucherlachs-Salat

Kurz bevor Sie Ihre Gäste zu Tisch bitten, bepinseln Sie die Salate mit der Nussölvinaigrette und legen diese zusammen mit dem Lachs dekorativ auf grosse Teller

Poulardenbrust

Poulardensauce erwärmen, in die Form auf das Gericht giessen, diese mit Blätterteig verschliessen, Blätterteigdeckel mit Eigelb bepinseln, die Form in den vorgeheizten Ofen auf die mittlere Rille schieben, Küchenuhr auf 20 Minuten einstellen

Salat servieren

Suppe

Suppe erwärmen, eventuell Rahm zufügen, abschmecken, in Tässchen füllen

In diesem Fall das Poulardengericht erst jetzt in den Ofen schieben

Suppe servieren

Royale mit Trüffelsauce

Bevor Sie die Suppe servieren: Royale ins Wasserbad setzen, mit heissem Wasser auffüllen und auf das Feuer stellen. Während Sie die Suppe erwärmen, bleibt genug Zeit, um das Wasser im Wasserbad zu kontrollieren – Sie wissen ja: es darf keinesfalls kochen. Küchenuhr auf 20 Minuten einstellen

In diesem Fall erst jetzt das Poulardengericht in den Ofen schieben

Royale servieren

Präsentieren Sie das schöne Poulardengericht Ihren Gästen, bevor Sie mit einem scharfen Messer behutsam den Blätterteigdeckel einschneiden! Blätterteig in Portionen schneiden und zum Gericht servieren

Poulardenbrüstchen servieren

Exotische Früchte

Während Sie die exotischen Früchte dekorativ auf Teller legen, bereitet die Sorbetière das Sorbet zu

Früchteteller servieren

Winter-Menu III

Amuse-Bouche

Geflügelterrine mit Schalottenconfiture

Suppe

Paniertes Seezungenfilet auf Lauch

Rindsfiletbraten

Käse

Apfeltörtchen

Geflügelterrine mit Schalottenconfiture

200	g	*Geflügelfleisch, pariert* *Schweinefleisch* *grüner Speck* *Geflügel- oder Kalbsleber* *weisse Pfefferkörner* *Lorbeerblatt* *Thymianzweiglein* *roter Porto*	Das sauber parierte Geflügelfleisch, Speck, Schweinefleisch und sauber geputzte Leber in Streifen schneiden, in eine passende Schüssel legen, Gewürze zufügen, mit so viel rotem Porto auffüllen, bis alle Zutaten bedeckt sind, mit Klarsichtfolie verschliessen und über Nacht im Kühlschrank marinieren lassen.
75 75 100 6 1 1	g g g		
200	g	*Spickspeckscheiben ca. 3 mm dick* *eine Terrinenform von ca. 500 g Inhalt*	Am nächsten Tag die gleichmässig dünn geschnittenen Spickspeckscheiben auf die Grösse der Form zuschneiden, die Form damit auslegen, wobei die Speckscheiben auf allen Seiten überlappen müssen, damit die Terrine verschlossen werden kann.
			Das marinierte Fleisch auf ein Sieb schütten, Gewürze entfernen, die aufgefangene Marinadenflüssigkeit kurz aufkochen, durch ein feines Sieb passieren (mit diesem Vorgehen lässt sich das Eiweiss ausflocken und ausscheiden). Fleisch, Speck und Leber durch den Fleischwolf (mittlere Scheibe) drehen.
1 30	CL g	*Butter* *Schalottenbrunoise*	Schalottenbrunoise in der Butter goldgelb dünsten, mit der Marinadenflüssigkeit ablöschen und sirupartig einkochen lassen, kaltstellen.
1		*Eiweiss* *Salz* *weisser Pfeffer aus der Mühle* *ein Hauch Cayenne* *eine Spur Curry* *eine Spur Paprika* *eine Spur Knoblauch* *Porto*	Eiweiss unter die Fleischmasse arbeiten und nicht zu zaghaft würzen, die ausgekühlten Schalotten zufügen und mit ein paar Tropfen Porto das Aroma abrunden. Diese Farce nun in die Form füllen, mit den überlappenden Speckscheiben verschliessen (eventuell ein Lorbeerblatt und 1 Thymianzweiglein auf den Speck legen), die Terrine mit Deckel oder Alufolie verschliessen und

im vorgeheizten Ofen auf der mittleren Rille bei 150 Grad im Wasserbad während 45 Minuten pochieren.

Nach 45 Minuten die Garprobe mit dem Finger machen: unter dem Druck Ihres Fingers soll die Masse sehr wenig nachgeben. Gibt sie zuviel nach, dann darf die Terrine unbesorgt weitere 15 Minuten im Ofen bleiben!

Terrine aus dem Wasserbad nehmen, bei Küchentemperatur auskühlen lassen und anschliessend im Kühlschrank kaltstellen.

Die Terrine entwickelt das beste Aroma, wenn sie erst nach zwei Tagen angeschnitten wird.

Mögliche Beilage: **Schalottenconfiture** (S.286).

Das Spiel

Terrinen, ob mit einer etwas gröberen, rustikaleren oder einer sehr feinen Farce zubereitet, sind beliebt. Ausserdem haben sie den grossen Vorteil, dass sie leicht vorbereitet werden können.

Die im vorstehenden Rezept angegebene Menge Geflügelfleisch kann natürlich jederzeit ausgewechselt werden durch • **Kaninchenfleisch** und entsprechende Leber (oder Kalbsleber) durch jede Art • **Wild** (ob Wildfleisch oder Wildgeflügel) mit der zugehörigen Leber (oder Kalbsleber), schliesslich auch durch • **Kalbfleisch** mit Kalbsleber. Die übrigen Zutaten bleiben in jedem Fall dieselben.

Eine Terrine verträgt gut eine Einlage, beispielsweise kurz sautierte, • **passende Leber** • **grüne Pfefferkörner und eingeweichte Rosinen** • **gehackte Pistazien** • **Dörrzwetschgen** oder • **irgendein Kräutlein** eventuell auch in feine Würfel geschnittene • **Zunge** oder • **das entsprechende Filet** (von Wild, Kaninchen, Geflügel).

Eine ausgezeichnete Beilage zu dieser Terrine ist die Schalottenconfiture, jedoch passen Frühlingszwiebeln oder süss-saure Rotweinzwetschgen ebenfalls hervorragend:

• **Schalottenconfiture.** 40 g Zucker in 40 g Butter goldgelb caramelisieren, 200 g in Lamellen geschnittene Schalotten zufügen und unter ständigem Rühren mit einem Holzlöffel goldgelb werden lassen. Mit 0,5 dl Weissweinessig ablöschen, diesen vollständig einkochen lassen, dann mit 2 dl Weisswein auffüllen, 2 CL Honig sowie wenig Salz zufügen und zugedeckt während ca. 30 Minuten auf kleinem Feuer köcheln lassen. Anschliessend weitere 30 Minuten offen (ohne Deckel) und ebenfalls auf kleinem Feuer zu Confiture kochen, am Schluss mit weissem Pfeffer aus der Mühle aromatisieren. *Kühlstellen,* aber nicht kaltstellen.

• **Frühlingszwiebeln.** 500 g Zwiebeln, 8 weisse Pfefferkörner, 6 Korianderkörner, 1 geschälte, entkernte und in Würfel geschnittene Tomate, 1 Thymiansträusschen, 1 Lorbeerblatt, 1 EL Weissweinessig, 1 dl feinstes Olivenöl und 2 dl Weisswein zusammen aufkochen, die Zwiebelchen auf kleinem Feuer darin garen und dann auskühlen lassen.

• **Süss-saure Rotweinzwetschgen.** 250 g Dörrzwetschgen waschen, mit 3 dl Rotwein sowie 2 dl Zuckersirup, 1 Zimtstange, 2 Orangenscheiben, 1 Zitronenscheibe und zwei Gewürznelken zum Kochen bringen. Während 2 Stunden auf kleinstem Feuer leise köcheln lassen. Vielleicht ist es gerade hier noch einmal angebracht, Sie daran zu erinnern, dass in meinen Rezepten stets vermerkt ist, wann etwas *zugedeckt* zu köcheln hat. In diesem Rezept beispielsweise steht nichts davon, folglich muss die Wein-Zucker-Lösung *offen* leise köcheln. Nur so ist es möglich, durch Reduktion den gewünschten Sirup zu erhalten!

Ergänzend zum Hauptrezept hier noch das Beispiel einer feinen Farce:

• **Gemüseterrine mit feiner Fleisch- oder Geflügelfarce:** 300 g geschälte Karotten am Stück in Salzwasser garen, anschliessend mit dem Kartoffelschäler von oben nach unten möglichst lange und breite Streifen abziehen, mit denen eine bebutterte Terrinenform (Inhalt 500 g) ausgekleidet wird, die Karottenstreifen müssen die Längsseiten der Form überlappen, damit die Terrine hinterher verschlossen werden kann. Die restlichen Karotten in gleichmässige Stäbchen von ca. 1 cm Durchmesser schneiden. 200 g Broccoliblütenstengel schälen, in ebenso grosse Stäbchen schneiden und kurz in Salzwasser grünblanchieren. Es muss nicht sein, aber Sie können zusätzlich noch 1 grosse, schwarze Trüffel ebenfalls in Stäbchen schneiden.

Für die Farce: 200 g sauber pariertes Kaninchenfleisch (oder • **Geflügel**- oder • **Kalbfleisch** oder • **Schinken**) mit 2 Eiweiss im Mixer (oder Moulinette) pürieren, durch ein Sieb in eine kalte Schüssel streichen, 2 dl Rahm mit dem Holzlöffel sorgfältig in die kalte Masse einarbeiten und zwar so, als wollten Sie eine Mayonnaise aufschlagen. Dann mit Salz, weissem Pfeffer aus der Mühle, einem Hauch Cayenne, einer Spur Curry und 1 EL trockenem Vermouth (Noilly Prat) würzen und 1 Stunde kaltstellen. Die Terrine wie folgt aufbauen: ein Viertel der Farce auf den Boden der Form füllen, glattstreichen, Karottenstäbchen der Länge nach regelmässig einlegen, mit einem weiteren Viertel der Masse zudecken, glattstreichen, eventuelle Trüffelstäbchen einlegen, wiederum mit einem Viertel der Farce zudecken, glattstreichen, schliesslich die Broccolistäbchen einlegen, den letzten Viertel der Masse einfüllen und glattstreichen. Die Terrine mit den überlappenden Karottenstreifen verschliessen, Dekkel aufsetzen und im Ofen auf der mittleren Rille bei 180 Grad im Wasserbad 60 Minuten pochieren. Die Terrine ist erst dann genügend pochiert, wenn sie sich unter Ihrem leichten Fingerdruck noch ein wenig elastisch anfühlt. Sollte die Terrine nach diesen 60 Minuten unter dem Fingerdruck zuviel nachgeben, dann lassen Sie die Form ruhig noch etwas länger im Ofen. Anschliessend bei Küchentemperatur auskühlen und über Nacht im Kühlschrank durchkühlen lassen.

Für die Sauce: Weil sich beim Zuschneiden der gekochten Karotten Abschnitte ergeben, werden diese mit wenig Nussölvinaigrette (S. 102) im Mixer püriert, mit Vinaigrette und wenig Rahm zu einer Sauce verlängert (eventuell noch Majoranblättchen einstreuen), mit der Sauce die Terrinenscheiben umgiessen.

Eine letzte Bemerkung: Lassen Sie sich vom aktuellen Gemüseangebot inspirieren, es müssen nicht Karotten, Broccoli und Trüffel sein!

Paniertes Seezungenfilet auf Lauch

300	*g*	*Lauch, nur der weisse und hellgrüne Teil*	Lauch unter fliessendem Wasser sorgfältig waschen, in Streifen schneiden, kurz in Salzwasser blanchieren, auf einem Sieb gut abtropfen lassen, in der Butter kurz dünsten und vorsichtig salzen.
1	*CL*	*Butter*	
		Salz	
1	*dl*	*Rahm*	Rahm zum Lauch giessen und reduzieren, bis eine Bindung mit dem Lauch entsteht, mit einem Hauch Cayenne, weissem Pfeffer aus der Mühle und ein paar Tropfen Zitronensaft würzen.
		weisser Pfeffer aus der Mühle	
		ein Hauch Cayenne	
		wenig Zitronensaft	
300	*g*	*Seezungenfilet*	Seezungenfilet in breite Streifen schneiden, vorsichtig salzen, durch Rahm ziehen und dann im Paniermehl wenden, in der mässig heissen Butter-Öl-Mischung goldgelb braten und auf das heisse Lauchgemüse setzen.
		Salz	
3	*EL*	*Rahm*	
		feinstes, weisses Paniermehl	
1	*EL*	*Butter*	
1	*EL*	*Olivenöl*	

Das Spiel

Die Seezunge liefert besonders im Winter ein feines, wohlschmeckendes Fleisch. Ein anderer Fisch, der sich ebenfalls gut zum Panieren eignet, ist der **Lotte** (auch Seeteufel genannt). Er hat ein feines, sehr schmackhaftes Fleisch, welches an das Fleisch der Krustentiere erinnert.

● **Piccata von Lotte auf Tomatensauce**. 2 geschälte und entkernte Tomaten kleinschneiden, 1 CL Schalottenbrunoise in wenig Butter und Olivenöl goldgelb dünsten, Tomaten zufügen, kurz durchschwenken, eine zerdrückte Knoblauchzehe beifügen und mit Salz, weissem Pfeffer aus der Mühle sowie einer Prise Zucker würzen. Alles zusammen im Mixer pürieren, durch ein Sieb streichen, auf dem Feuer 40 g kalte Butter in die Sauce einschwenken, feingeschnittenes Basilikum untermischen, eventuell mit wenig Bouillon zur gewünschten Konsistenz verlängern. 300 g Lotte in Médaillons schneiden, salzen, durch Rahm ziehen, in feinstem, weissem Paniermehl wenden und in einer Öl-Butter-Mischung goldgelb braten, auf der Tomatensauce anrichten.

Zu paniertem Fisch passt auch ein herrliches Sommergemüse (S.272).

Rindsfiletbraten mit rosa Pfeffer

500 g Rindsfilet (Herzstück)
Traubenkernöl
Gewürzmischung (S.41)

Ofen auf 250 Grad vorheizen. Das Fleisch würzen, in einem entsprechenden Brattopf im heissen Öl auf allen Seiten während ca. 2 Minuten anbraten, Brattopf in den Ofen schieben (mittlere Rille), das Fleisch ca. 13 bis 14 Minuten darin braten und dabei öfters mit Bratöl übergiessen.

Die Bratzeit in diesem Rezept richtet sich nach einem Rindsfiletherzstück von etwa 8 cm Durchmesser – je dünner das Fleisch ist, desto weniger lang dürfen Sie es im Ofen braten.

Fleisch nach der Bratzeit auf einem Kuchengitter im ausgeschalteten Backofen während ca. 12 Minuten rosa durchziehen lassen, dabei in regelmässigen Abständen wenden, damit der Saft nicht auslaufen kann.

1 dl Rotwein
1,5 dl Kalbsjus
20 g kalte Butter
1 EL rosa Pfeffer

Überschüssiges Bratöl weggiessen, Bratsatz mit Wein auflösen, um zwei Drittel reduzieren, Jus zufügen, kurz durchkochen lassen, durch ein feines Sieb passieren, die Butter einschwenken und rosa Pfeffer zufügen.

Fleisch aufschneiden, auf heisse Teller legen und mit dem reduzierten Jus umgiessen.

Mögliches Gemüse: **Broccoli**

Von Broccoli die Röschen ablösen, Blütenstengel schälen, in Scheiben schneiden und getrennt grünblanchieren, das überschüssige Salz in Eiswasser entziehen, auf einem Sieb gut abtropfen lassen, in Butter heissschwenken und vorsichtig würzen.

Mögliche Beilage: **Champagnerrisotto** (S.129)

Das Spiel

Bevor Sie sich an das Rindsfilet wagen, sollten Sie den Text im Kapitel **Die Küchensprache** unter dem Begriff **Fleisch im Ofen braten** sorgfältig durchlesen. Beachten Sie vor allem eine Sache: das Fleisch genügend lange bei ausgeschaltetem Ofen durchziehen lassen und wirklich fleissig wenden, damit der kostbare Saft nicht verlorengeht! Ob Sie nun das Fleisch am Stück, wie • **Rindsfilet** • **Entrecôte** • **Huft** oder • **Hohrücken** im Ofen braten oder in Portionen geschnitten auf dem Herd, die nachfolgenden Ideen bringen bestimmt viel Abwechslung:

• **Rotweinsauce**. In wenig Butter 1 kleingeschnittene Schalotte, ca. 10 g Karotten, 20 g Frühstücksspeck, 1 Lorbeerblatt, 1 Thymianzweiglein und Petersilienstengel kurz dünsten, 4 weisse Pfefferkörner zufügen, mit 2 dl Rotwein ablöschen, um zwei Drittel reduzieren, mit 1,5 dl Kalbsjus auffüllen, ca. 40 g kalte Butter einschwenken, durch ein Sieb passieren und vorsichtig mit wenig Salz sowie weissem Pfeffer aus der Mühle würzen. Diese Sauce lässt sich einerseits sehr gut vorbereiten, anderseits aber auch noch zusätzlich charakterisieren mit • **Mark**, das Sie kurz in Salzwasser pochieren, mit • **grünem Pfeffer** und eingeweichten **Rosinen**, mit • **Trüffelscheiben**, die in Butter gedünstet werden, mit • **Champignons**, mit einem • **Kräutlein** (etwa Thymian), mit knusprig gebratenen • **Schalotten** • **Senf** • **verschiedenen grobgemahlenen Pfeffersorten**...

• **Portosauce**. 0,5 dl Rotwein und 0,5 dl roten Porto um zwei Drittel reduzieren, mit 1,5 dl Kalbsjus auffüllen, ca. 40 g kalte Butter einschwenken und zum Schluss mit ein paar Tropfen Porto das Aroma unterstreichen.

• **Schalottensauce**. 100 g Schalottenbrunoise in 1 EL Butter auf kleinem Feuer goldgelb dünsten, wenig Tomatenpurée beifügen und gut mitrösten, mit 0,5 dl Rotwein ablöschen, mit 1,5 dl Kalbsjus auffüllen und zugedeckt auf kleinem Feuer ca. 1 Stunde leise köcheln lassen. Dann entfetten, zur gewünschten Konsistenz reduzieren und würzen.

Mit Rindsfilet sind natürlich noch weitere Gerichte möglich. Die anschliessenden Rezepte sind als Hommage für die Gäste gedacht, welche über zwanzig Jahre meinen Weg verfolgt und diesen mit mir gegangen sind. Die Phantasienamen sind bezeichnend für diese Rezepte – nichtsdestoweniger sollen sie an dieser Stelle erscheinen und damit jene Gäste versöhnen, die nie so ganz recht verstehen konnten, weshalb ich plötzlich auf «Nouvelle» machte!

• **Filetgoulyas**. In 2 CL Butter 1 EL Schalottenbrunoise dünsten, 1 geschälte und entkernte, kleingeschnittene Tomate sowie 200 g rote, geschälte, in Würfel geschnittene Peperoni (Paprika) zufügen, mitdünsten, mit 1 CL Paprika bestreuen, mit 1,5 dl Rotwein ablöschen, mit 1,5 dl Kalbsjus auffüllen und zugedeckt auf kleinem Feuer ca. 15 Minuten leise köcheln lassen. Dann im Mixer pürieren, durch ein Sieb streichen, 4 EL Rahm zufügen, mit Salz, weissem Pfeffer aus der Mühle, einer Spur Curry sowie ein paar Tropfen Zitronensaft würzen. Je 50 g rote und grüne, in kleine Würfel geschnittene Peperoni in wenig Butter kurz dünsten, würzen, in die Sauce geben und 50 g in Scheiben geschnittene, kurz in Butter gedünstete Champignons beifügen. 500 g Rindsfilet in Würfel von ca. 2 cm Seitenlänge schneiden, mit Gewürzmischung würzen, Schalottenbrunoise in Butter goldgelb dünsten, Fleisch zufügen, auf grossem Feuer kurz sautieren und in der heissen Sauce kurz durchziehen lassen. Es ist wichtig, dass das Fleisch in einer Bratpfanne mit möglichst weitem Boden und in kleinen Mengen sautiert wird, damit die Hitze nicht absinkt. Nur so schliessen sich die Fleischporen und der Saft kann nicht austreten. Am besten schmeckt Goulyas mit Polenta (S.131) serviert!

• **Some like it hot**. Manche mögen's heiss – und so war es damals in der Tat! 500 g Rindsfilet in Würfel von ca. 2 cm Seitenlänge schneiden, mit Gewürzmischung würzen, Schalottenbrunoise in einer Bratpfanne mit möglichst weitem Boden dünsten, Fleisch zufügen, auf grossem Feuer kurz sautieren und in einer Schüssel zugedeckt an der Wärme durchziehen lassen – das Fleisch gelingt besser, wenn es in kleinen Portionen sautiert wird, es bleibt saftig und rosa. Überschüssige Bratbutter weggiessen, Bratsatz mit 1 dl Weisswein auflösen, 1 dl weissen Kalbs- oder Geflügelfond zufügen und auf die Hälfte reduzieren. 4 Estragonzweiglein zupfen, die Blättchen zur Seite legen und die leeren Zweige zur Sauce geben, mit 2 dl Rahm auffüllen, zur gewünschten Konsistenz reduzieren, durch ein Sieb passieren, 1 EL grüne Pfefferkörner sowie die gezupften Estragonblättchen dazugeben, mit Salz, weissem Pfeffer aus der Mühle, einer Spur Curry, einem Hauch Cayenne, ein paar Tropfen Zitronensaft und 1 CL Senf (aus grünem Pfeffer) würzen. Das Fleisch in die sehr heisse Sauce geben, den eventuell ausgetretenen Fleischsaft sirupartig reduzieren und der Sauce am Schluss beifügen. Zu diesem Gericht passt Trockenreis.

Wenn Sie nachfolgendes Rezept ausprobieren, werden Sie feststellen dürfen, dass es nicht immer Rindsfilet sein muss:

• **Rindsschmorbraten**. 1 kg gespickte Rindshuft von allerbester Qualität würzen, auf allen Seiten in Traubenkernöl anbraten, ein halbes Kalbsfüsschen und ein Stück Speckschwarte kurz in Wasser blanchieren, trocknen und dann mitrösten. Fleisch aus der Pfanne stechen, überschüssiges Bratöl weggiessen, die Hitze reduzieren, Butter zum Bratsatz geben, ca. 100 g Zwiebelbrunoise, 100 g Gemüsebrunoise und 1 zerdrückte Knoblauchzehe darin dünsten, 1 CL Tomatenpurée zufügen, gut mitrösten, mit 5 dl rotem Burgunder ablöschen, zur Hälfte reduzieren, mit 2,5 dl Kalbsjus auffüllen, ein kleines Zweiglein Rosmarin beifügen und das Fleisch zugedeckt auf kleinstem Feuer (oder im Ofen) während ca. 2 Stunden weichschmoren – es sollte in jedem Fall butterweich sein und viel von der Sauce aufgesogen haben (dann lässt es sich mit der Gabel zerdrücken.). Wichtig bei diesem Rezept: Das Fleisch wirklich langsam und bei milder Hitze garen. Eine feine Beilage sind **Nudeln** (S.135) oder **Polenta** (S.131).

Apfeltörtchen

4	*Tarteförmchen von ca. 16 cm Durchmesser weiche Butter Zucker*	Tarteförmchen mit Butter auspinseln, mit Zucker ausstreuen und kaltstellen.
350 g	*Blätterteig (S.83)*	Blätterteig nach Rezept herstellen, auf bemehlter Arbeitsfläche sehr dünn ausrollen, auf die Grösse der Förmchen zuschneiden und diese damit belegen. Mit einer Gabel den Teig einstechen, 30 Minuten kaltstellen.
2	*aromatische Äpfel Butter Zucker Zimt*	Äpfel schälen, Stielansatz und Kernhaus entfernen, in feinste Scheiben schneiden, den Teigboden damit belegen. Zimt und Zucker darüberstreuen, einzelne Butterflocken auf die Äpfel verteilen und im heissen Ofen auf der mittleren Rille bei 200 Grad während 20 Minuten backen. Noch heiss auf den Teller heben und sofort servieren.

Das Spiel

Hinter den köstlichen Tartes steht ein kleines Geheimnis: es ist der Zucker, mit dem die Förmchen ausgestreut werden, und der dann beim Backen caramelisiert. Sie sollten deshalb sofort aus den Förmchen gelöst werden, weil sie sonst kleben. Tartes schmecken nur dann herrlich, wenn sie noch heiss serviert werden. Ein Grund, weshalb sie nicht vorgebacken werden dürfen. Wenn es Ihnen Spass macht, können Sie Doppelrahm oder eine Kugel Vanilleeis dazu servieren.

Es versteht sich von selbst, dass viele Früchte für eine Tarte geeignet sind, zum Beispiel • **Birnen** • **Zwetschgen,** • **Aprikosen** • **Kirschen** • **Rhabarber** oder • **Feigen**. Für Törtchen mit Beeren muss der Teigboden blind vorgebacken werden, und Kuchenteig (S.85) passt dafür besonders gut:

• **Erdbeertörtchen.** Die Tarteförmchen mit Kuchenteig auslegen, einstechen und mit Backerbsen belegen. Im Ofen während ca. 20 Minuten auf der mittleren Rille bei 200 Grad bakken, erkalten lassen, mit Erdbeergelée ausstreichen, wenig geschlagenen Rahm darüberziehen, die Erdbeeren anordnen und mit wenig Gelée bepinseln. Eine Art Gelée können Sie herstellen, indem Sie Erdbeerconfiture durch ein feines Sieb streichen.

Nachfolgende Rezepte haben mit einem Fruchttörtchen überhaupt nichts zu tun. Es ist aber leicht vorstellbar, dass Sie zum Dessert – oder zum Café – einmal ein besonderes Gebäck servieren möchten. Dann nämlich könnten es gefüllte Windbeutelchen (Choux) sein, beispielsweise mit vanilliertem, geschlagenem Rahm oder mit:

• **Schokoladenrahm.** 2,5 dl Rahm und 50 g Zartbitterschokolade zusammen aufkochen, gut durchkühlen lassen und dann wie gewöhnlichen Rahm schlagen. Dies gelingt tatsächlich, nur muss der Schokoladenrahm wirklich eiskalt sein.

• **Caramelrahm.** 100 g Zucker caramelisieren, mit 2,5 dl Rahm ablöschen, 50 g Butter zufügen und leise köcheln lassen, bis aller Zucker aufgelöst ist. Dann kaltstellen, anschliessend im Mixer kurz aufschlagen und über Nacht im Kühlschrank ruhen lassen, anderntags wie gewöhnlichen Rahm schlagen. Zu Ihrer Erinnerung: Über das Caramelisieren steht im Kapitel **Die Küchensprache** mehr geschrieben (S.32).

Mise en place

Drei Tage vorher • Terrinezutaten marinieren

Zwei Tage vorher • Terrine herstellen

Am Vortag • Schalottenconfiture herstellen, kühl-, aber *nicht* kaltstellen • Blätterteig herstellen

Am Tag selbst

Rindsfiletbraten

Fleisch sauber parieren, mit Klarsichtfolie verschliessen, kaltstellen

Alle Zutaten für die Rotweinsauce auf die *Mise en place* stellen

Broccoli entsprechend zuschneiden, grünblanchieren, gut abtropfen lassen und unter Klarsichtfolie verschliessen

Suppe

Alle Zutaten richten, Suppe herstellen, aber Rahm noch nicht beifügen

Seezungenfilet

Filets in breite Streifen schneiden, unter Klarsichtfolie verschliessen und kaltstellen

Lauch zuschneiden, blanchieren, gut abtropfen lassen und unter Klarsichtfolie verschliessen

Alle übrigen Zutaten auf die *Mise en place* stellen

Apfeltörtchen

Förmchen mit Teig belegen und kaltstellen, alle übrigen Zutaten auf die *Mise en place* stellen

Geflügelterrine

Terrine aus dem Kühlschrank nehmen.

Für die allgemeine Mise en place • Teller warm- bzw. kaltstellen • Kuchenblech und Kuchengitter warmstellen, um das Fleisch durchziehen zu lassen • Butter, Öl, Salz, Pfeffermühle etc. bereitstellen • Ofen auf 250 Grad vorheizen nicht vergessen • das Rindsfilet 1 Stunde vor Gebrauch aus dem Kühlschrank nehmen • *Mise en place* kontrollieren, damit Sie hinterher ruhig arbeiten können

Arbeitsablauf

Geflügelterrine

Kurz bevor Sie die Gäste an den Tisch bitten, Terrine aufschneiden und mit der Schalottenconfiture auf kalte Teller legen

Rindsfilet anbraten, in den Ofen schieben und Küchenuhr auf Zeit stellen

Terrine servieren

Suppe

Suppe erwärmen, wenn vorgesehen Rahm zufügen, abschmecken, in Tässchen füllen

In diesem Fall erst jetzt das Fleisch in den Ofen schieben

Suppe servieren

Seezungenfilet

Rahmlauch zubereiten

Fische panieren und goldgelb braten, Lauch auf heisse Teller verteilen und die Fischfilets darauf legen

In diesem Fall erst jetzt das Fleisch in den Ofen schieben

Fisch servieren

Rindsfiletbraten

Fleisch an der Wärme durchziehen lassen, in regelmässigen Abständen wenden

Sauce zubereiten

Gemüse in der Butter heissschwenken

Ofen für Tartes auf 220 Grad vorheizen

Fleisch aufschneiden, mit wenig Sauce umgiessen und das Gemüse dazulegen

Filetbraten servieren

Apfeltörtchen

Teig mit Äpfeln belegen, mit Zimt und Zucker bestreuen, Butterflocken verteilen und die Tartes 20 Minuten backen.

Apfeltörtchen heiss servieren (Mmh!)

Rezeptverzeichnis

Rezepte aus dem Kapitel Grundzubereitungen

Grundzubereitungen

Diverses

Amuse-Bouche

Suppen

Beilagen

Rezepte aus den Menus im Laufe der Jahreszeiten

Kalte Vorspeisen

Warme Vorspeisen

Fleisch und Geflügel

Gemüse

Desserts

Variationen

Kalte Vorspeisen

Warme Vorspeisen

Fleisch und Geflügel

Saucen

Desserts

Bildteil

Frühlings-Menu I

Milkensalat mit Frühlingsgemüse

Rezept Seite 140

Frühlings-Menu I

Langustinen mit Spinat

Rezept Seite 142

Frühlings-Menu I

Kaninchenragout mit Morcheln

Rezept Seite 144

Frühlings-Menu I

Rhabarbersoufflé

Rezept Seite 146

Frühlings-Menu II

Langustinensalat mit Spargeln

Rezept Seite 152

Frühlings-Menu II

Blätterteigpastetchen mit Milken und Zucchini

Rezept Seite 154

Frühlings-Menu II

Stubenküken mit Frühlingszwiebeln

Rezept Seite 157

Frühlings-Menu II

Eisparfait auf Sauerkirschensauce

Rezept Seite 159

Frühlings-Menu III

Geflügellebersalat

Rezept Seite 166

Frühlings-Menu III

Forellenmousseline an Sherrysauce

Rezept Seite 168

Frühlings-Menu III

Kaninchenrücken mit Majoran

Rezept Seite 170

Frühlings-Menu III

Erdbeeren mit Erdbeersorbet

Rezept Seite 172

Sommer-Menu I

Lachsterrine

Rezept Seite 178

Sommer-Menu I

Nudeln mit Tomaten und Basilikum

Rezept Seite 181

Sommer-Menu I

Kalbsfiletmignons mit Kräutern

Rezept Seite 183

Sommer-Menu I

Kirschengratin

Rezept Seite 186

Sommer-Menu II

Geflügelsalat

Rezept Seite 192

Sommer-Menu II

Lachsmédaillons an Chablissauce

Rezept Seite 194

Sommer-Menu II

Lammsattel mit Thymian

Rezept Seite 196

Sommer-Menu II

Millefeuille mit Himbeeren

Rezept Seite 198

Sommer-Menu III

Fischsalat

Rezept Seite 204

Sommer-Menu III

Ravioli mit Gartenkräutern

Rezept Seite 206

Sommer-Menu III

Lammkotelett mit Koriander

Rezept Seite 209

Sommer-Menu III

Pochierter Pfirsich auf Himbeersauce

Rezept Seite 211

Herbst-Menu I

Entenleberterrine

Rezept Seite 218

Herbst-Menu I

Filet von St. Petersfisch an Peperonisauce

Rezept Seite 220

Herbst-Menu I

Rehmédaillons mit Petersiliengemüse

Rezept Seite 222

Herbst-Menu I

Brombeersuppe

Rezept Seite 224

Herbst-Menu II

Pilzsalat mit Rehfilet

Rezept Seite 230

Herbst-Menu II

Jakobsmuscheln à la nage (im Sud)

Rezept Seite 232

Herbst-Menu II

Perlhuhnfricassée

Rezept Seite 234

Herbst-Menu II

Théeis mit Rotweinzwetschgen

Rezept Seite 236

Herbst-Menu III

Millefeuille mit Räucherlachs

Rezept Seite 242

Herbst-Menu III

Pilzragout

Rezept Seite 244

Herbst-Menu III

Sauté von Rebhühnchen

Rezept Seite 246

Zimteis auf Apfelsauce

Rezept Seite 249

Winter-Menu I

Entenleberschnitzel als Salat

Rezept Seite 256

Winter-Menu I

Jakobsmuscheln an Sauternessauce

Rezept Seite 259

Winter-Menu I

Gefüllte Paupiettes vom Kalbsfilet mit Gemüse

Rezept Seite 261

Winter-Menu I

Orangenfeuilleté

Rezept Seite 263

Winter-Menu II

Räucherlachs mit buntem Salat

Rezept Seite 270

Winter-Menu II

Royale mit Trüffelsauce

Rezept Seite 271

Winter-Menu II

Poulardenbrust unter Blätterteighaube

Rezept Seite 273

Winter-Menu II

Exotische Früchte mit Sorbets

Rezept Seite 278

Winter-Menu III

Geflügelterrine mit Schalottenconfiture

Rezept Seite 284

Winter-Menu III

Paniertes Seezungenfilet auf Lauch

Rezept Seite 288

Winter-Menu III

Rindsfiletbraten

Rezept Seite 289

Winter-Menu III

Apfeltörtchen

Rezept Seite 292